LES ROIS PASTEURS

DU MÊME AUTEUR

Massada, les guerriers de Dieu, Jean-Claude Lattès, 1979.
Les Vergers d'Osiris, Olivier Orban, 1981, prix RTL Grand Public.
T. 1 : *Pour le trône d'Horus.*
T. 2 : *Le Prêtre d'Amon.*
Guillaume le Conquérant, Olivier Orban, 1982, prix littéraire de Normandie.
Néfertiti, reine du Nil, Robert Laffont, 1984.
Théodora, Olivier Orban, 1984.
Le Roi David, Denoël, 1985.
Le Signe du Taureau, vie de César Borgia, Mercure de France, 1987.
Catherine Sforza, la dame de Forli, Denoël, 1987.
Duchesse de la nuit, Robert Laffont, 1986-1988.
T. 1 : *Le Sceau de Satan.*
T. 2 : *Le Lion du Nord.*
T. 3 : *Les Chemins de l'aurore.*
Le Soleil de la Perse, La Table Ronde, 1988.
Messaline (en collaboration avec Violaine Vanoyeke), Robert Laffont, 1988.
Le Jardin de la Rose. Pétrarque et Laure, Éditions RMC, 1989.
Les Douze Travaux d'Hercule, Le Rocher, 1989.
Le Manuscrit secret du Nil, Le Rocher, 1993.
Cléopâtre, le crépuscule d'une reine, Critérion, 1994.
Le Roman des pyramides, Le Rocher, 1996-1998.
T. 1 : *Khéops et la pyramide du soleil.*
T. 2 : *Le Rêve de pierre de Khéops.*
T. 3 : *Khéphren et Didoufri.*
T. 4 : *Khéphren et la pyramide du Sphinx.*
T. 5 : *Mykérinos et la pyramide divine.*
Saint-Tropez porte de l'Orient, Le Rocher, 2000.
Théodora, impératrice d'Orient, Le Rocher, 2001.
Le Journal de Sophie Clarency, L'Archipel, 2002.
T. 1 : *Le Journal de Sophie Clarency.*
T. 2 : *Un modèle à Montparnasse.*
T. 3 : *Un si beau mariage.*
Les Larmes d'Isis, L'Archipel, 2006 :
T. 1 : *Le Seigneur des serpents.*

(Suite en fin de volume)

GUY RACHET

LES ROIS PASTEURS

LES LARMES D'ISIS

l'Archipel

Si vous désirez recevoir notre catalogue et être tenu au courant de nos publications, envoyez vos nom et adresse, en citant ce livre, aux Éditions de l'Archipel,
34, rue des Bourdonnais 75001 Paris.
Et, pour le Canada,
à Édipresse Inc., 945, avenue Beaumont,
Montréal, Québec, H3N 1W3.

ISBN 978-2-84187-845-1

1

En sortant de l'eau, dont il s'étonnait qu'elle fût chaude, un avantage à ses yeux car elle lui paraissait plus efficace pour se laver, Khéty s'étira et soupira. Il aurait volontiers séjourné encore quelque temps dans ce lieu qui lui donnait une idée de la vie dans les Champs d'Ialou, ces jardins où vivaient pour l'éternité les âmes des morts justifiés devant la déesse Maât.

Il avait quitté Malkilim et son hospitalière tribu depuis maintenant... il ne savait plus très bien : cinq jours ? Non, plutôt six, lui semblait-il. Il avait marché dans le désert pendant deux grandes journées. Mais ce désert, dont il ne savait si c'était celui de Madian ou de Séir, était bien moins rébarbatif que les solitudes affrontées depuis son départ de l'Égypte. Il apercevait au loin des montagnes qui lui semblaient couvertes d'une végétation, maigre il est vrai, mais suffisant à constituer des pâturages. Lorsqu'il s'arrêtait à la nuit tombée, comme il venait de le faire, il trouvait toujours assez de feuillages pour se ménager une couche qui ne fût pas trop rugueuse. Ce soir, il percevait autour de lui toute une vie nocturne, tandis que, dans le désert qu'il avait quitté, il devinait à peine de faibles bruissements d'insectes ou, plus souvent, le bruit du vent nocturne qui se heurtait aux flancs craquelés des collines avoisinantes. Il lui arrivait aussi d'entendre au loin le hurlement d'un loup ou les ricanements d'une hyène, ce qui n'était pas pour lui faciliter le sommeil. Dans la journée, il avait même aperçu, dans les brumes du lointain, des troupes de gazelles – voire, une seule fois, les silhouettes de lions –, tandis que dans le ciel volaient des aigles et des faucons.

Puis, il était arrivé dans cette oasis, dont le proche horizon était barré par de hautes collines couvertes d'une dense végétation. Et là, entre deux lignes de rocs taillés à pic, il avait découvert cette rivière qui se perdait dans les sables. Une rivière chaude sur les eaux de laquelle s'élevaient de légères fumerolles, qui répandaient une odeur étrange, dont il était incapable de déterminer la nature. Mais en contrebas de l'une de ces hauteurs, aux flancs roides patinés par le temps et les vents, jaillissait en permanence une source dont l'eau claire était fraîche et délicieuse, contrastant avec les eaux vertes de la rivière où elle allait se perdre. Et tout à l'entour, dans l'ouverture de l'étroite vallée formée par la rivière, se déployait un entrelacs très dense de buissons et d'arbres bas et touffus qu'il n'avait encore jamais vus ailleurs dans son Égypte natale.

Les eaux chaudes de la rivière ne devaient pas attirer le gros gibier et, partant, les prédateurs, car pendant les jours qu'il avait passés en ce lieu inhabité, il n'avait pas vu le moindre troupeau de gazelles ni le moindre animal susceptible de présenter un danger. Grâce à quoi il avait pu connaître un sommeil tranquille, ce qui lui avait manqué depuis tant de temps qu'il traînait dans le désert. Il s'était même constitué un étroit abri au cœur d'une basse végétation et s'y était aménagé un épais lit de feuillages. Les seules choses à redouter, lui avaient appris les nomades Shasou, étaient les scorpions jaunes et les serpents. Mais il n'avait pas vu de ces scorpions qui se cachaient sous des pierres. Quant aux serpents, nombreux il est vrai en ce lieu, il ne les redoutait évidemment pas. Et si en vérité il s'était ainsi attardé dans cette sorte de paradis solitaire, ç'avait été pour en capturer une dizaine, qu'il avait apprivoisés en les nourrissant de rats et autres rongeurs, attrapés à l'aide de pièges de sa fabrication. Il avait d'ailleurs exercé une telle fascination sur les serpents que ces derniers, sans doute satisfaits d'être nourris grassement sans avoir à se fatiguer, passaient leurs journées à dormir au soleil dans le voisinage de Khéty, qui trouvait la meilleure des distractions en les saisissant pour leur parler longuement, tenant leurs têtes tout près de ses lèvres sans crainte qu'ils ne cherchent à le mordre.

Selon une habitude prise depuis qu'il s'était installé dans cette oasis, après s'être baigné et avoir longuement bu à la source, il grimpa au sommet de l'une des hauteurs rocheuses qui dominaient l'étendue d'eau. De ce plateau élevé, il pouvait observer à la ronde, dans toutes les directions. Ainsi avait-il pu voir passer des troupeaux de gazelles, et des bouquetins du côté des montagnes. Mais aucun lion ni aucun humain n'était en vue... sauf aujourd'hui. Il lui sembla d'abord distinguer, dans un lointain flou, brouillé par la lumière du soleil et la chaleur de l'air qui semblait faire danser l'horizon, une suite de points mouvants. Il porta sa main à son front, en visière pour se protéger des rayons du soleil qui brillait haut dans le ciel, face à lui. Ainsi resta-t-il immobile, à scruter l'apparition. Il se convainquit à la fin que les points non seulement se mouvaient, mais qu'ils grossissaient. Il attendit avec cette patience acquise dans le désert, ainsi qu'au cours des longues nuits de son adolescence passées à observer les animaux, près de la mer du Sud. Au bout d'un moment, ce qui à ses regards n'avait été que de simples points prit lentement forme ; bientôt il discerna des hommes qui s'avançaient, escortés de quelques ânes.

Il se rappela ce que lui avait appris Kénaz à propos des Ismaélites. Mais ces inconnus n'étaient peut-être pas des Ismaélites, et ils n'avaient pas forcément de mauvaises intentions à l'égard d'un voyageur de rencontre.

Tout en se hâtant de redescendre de son observatoire, Khéty spécula sur les desseins possibles de ces nomades qui, à l'évidence, se dirigeaient vers l'oasis. Allait-il devoir quitter en hâte ce havre de repos, dans la crainte d'être réduit par eux en esclavage ? Évidemment, il fallait bien qu'il se décidât à quitter ce lieu qui lui paraissait une image de l'Amentit. Il se prit à penser que si cette oasis lui paraissait si agréable, c'est parce qu'il errait depuis trop longtemps dans ce désert inhospitalier. Lorsqu'il songeait cependant au village de son enfance, même cette oasis lui paraissait un lieu de déréliction, réflexion qui ne pouvait que l'encourager à s'éloigner sans plus tarder. Mais Khéty était curieux, et courageux, aussi, ou peu conscient du danger potentiel. Voilà pourquoi, après un moment d'hésitation, il ceignit son pagne et alla s'installer à l'ombre d'un acacia. Comme, en passant, il avait relevé les pièges déposés la veille, qui lui avaient permis de prendre deux lapins et trois petits rongeurs, une fois installé, il entreprit de dépecer les lapins. Aussitôt les serpents, attirés par l'odeur, s'imagina-t-il, vinrent s'établir auprès de lui, attendant qu'il leur lançât en partage les rongeurs pris au piège.

Il avait disposé à portée de main un vase de terre cuite aux lèvres écrêtées qu'il avait découvert non loin de là, abandonné par d'anciens voyageurs. Il l'avait rempli de l'eau de la rivière afin de purifier ses doigts du sang des lapins dépecés. Et, sur le côté opposé, il avait placé ses deux javelots, son poignard de bronze et son bâton de lancer, afin que les nouveaux venus puissent voir qu'il n'était pas un pauvre hère incapable de se défendre.

Les bêtes une fois préparées, il alluma un feu dans le foyer qu'il avait aménagé le jour de son arrivée dans l'oasis, et il les mit à rôtir chacun sur une broche taillée dans un bois dur et droit. Puis, il s'assit, attendant que son repas fût prêt. Se levant de temps à autre pour tourner les broches, il se trouvait heureux d'avoir pu capturer deux lapins de belle taille, car il pourrait ainsi inviter les voyageurs à partager son repas.

Ces derniers surgirent soudain au détour de l'une des hauteurs, qui dominait la rivière. Ils étaient six hommes, avec trois ânes chargés de leurs bagages. Il parut à Khéty qu'ils manifestaient des mœurs pacifiques, chantant tout en marchant, accompagnés par l'un d'entre eux qui faisait vibrer les cordes d'une lyre pourvue d'une boîte de résonance, tandis qu'un autre tirait des sons sinueux d'une longue flûte taillée dans un roseau. En les apercevant, Khéty se sentit rassuré : aucun d'entre eux ne portait le pagne et la coiffe des Ismaélites. Leurs vêtements étaient même des plus variés : si deux d'entre eux arboraient des pagnes amples, trois autres étaient vêtus de longues tuniques, différentes les unes des autres ; un seul ne portait qu'un curieux pagne, très étroit, qui formait sur la taille un épais bourrelet, et dont le tissu remontait sous l'entrejambe. La robe de l'un de ces hommes était teinte de couleurs vives, bordée de franges, et son étoffe paraissait si épaisse qu'il devait étouffer, songea Khéty, sous un pareil vêtement.

En apercevant l'Égyptien, les voyageurs s'arrêtèrent et l'homme qui se trouvait à leur tête le salua en leur nom. Khéty lui répondit à la manière égyptienne, mais dans la langue des Cananéens :

— Bienvenue ! Soyez les bienvenus !

— Mon nom est Shukriya, lui apprit l'homme.

— Es-tu aussi un Shasou ? lui demanda Khéty.

— Moi-même et mes compagnons, nous sommes des Khabirou.

Khéty, qui n'avait jamais entendu parler de cette tribu, hocha la tête sans oser demander ce qu'étaient ces Khabirou, craignant de blesser Shukriya en laissant éclater son ignorance. Il crut plus utile d'adopter une attitude similaire à celle de l'étranger, en imaginant que c'était ainsi que se manifestait chez lui la politesse :

— Moi, dit-il, mon nom est Khéty, et je suis un Égyptien.

— J'ai bien pensé que tu étais un Égyptien, quoique tu portes le pagne des Shasou, répliqua Shukriya d'un ton joyeux, visiblement satisfait d'avoir visé juste.

Tandis qu'ils échangeaient ces politesses, les cinq autres voyageurs s'étaient rangés aux côtés de Shukriya et examinaient avec curiosité le jeune Égyptien.

Et voilà que l'un des hommes brandit soudain son javelot, criant à Khéty :

— Ne bouge pas, ne parle plus... Derrière toi, je vois un serpent... Si tu bouges, il aura peur, il se croira agressé, il se jettera sur toi. Je connais ces serpents : ils bondissent comme un bouquetin, ils se détendent comme la corde d'un arc, et ils te saisissent à la nuque ou à la gorge ! Dès lors, tu es un homme mort.

À l'apparition des voyageurs, les serpents venus s'installer auprès de Khéty s'étaient réfugiés dans les buissons voisins et c'était l'un d'entre eux qui, par curiosité, venait voir de plus près les étrangers.

— Baisse ton arme, lui dit Khéty, car je me sens menacé par ton javelot, et je n'aime pas ça. Ne crains rien pour moi, ce serpent est mon ami.

Et, tournant le torse, d'un geste rapide et précis, il saisit par le cou le serpent et le tint devant lui, son long corps se lovant sur l'un des genoux de Khéty, assis en tailleur.

— Serais-tu un dieu, pour ne pas craindre le roi des serpents ? s'étonna l'homme, qui baissa son bras armé.

— Apprends, lui répondit Khéty sans chercher à dénier une quelconque ascendance divine, que je suis le Seigneur des serpents... Vois...

Et, parlant ainsi, de sa main gauche restée libre, il frappa le sol à plusieurs reprises. Aussitôt les autres serpents surgirent des fourrés et vinrent se lover aux côtés de leur maître, sous les regards effarés des Khabirou.

Après avoir reposé son serpent, satisfait de l'effet produit par ce que les témoins de la scène regardaient comme la puissance de sa magie, Khéty se leva pour aller retirer les lapins du foyer.

— Si vous voulez me faire honneur, dit-il alors aux étrangers, qui restaient immobiles, leur attention partagée entre les serpents et les gestes de Khéty, laissez vos ânes dans l'ombre de ces arbres et acceptez de partager mon maigre repas. Vous n'avez rien à craindre de ces serpents, ils sont repus. Ils ne s'attaqueraient qu'à quelqu'un qui chercherait à me nuire.

— Voilà une chose qui n'est certes pas dans nos intentions, n'est-ce pas, mes amis ? dit Shukriya à l'adresse de ses compagnons.

Ces derniers opinèrent et Shukriya reprit, en désignant chacun des voyageurs :

— Lui, il s'appelle Taribatum et il vient du pays des Deux Fleuves, de la grande cité de Babylone. Avant de se joindre à nous, il possédait une taverne où il servait aussi des repas à la manière de son pays. C'est le plus âgé d'entre nous.

C'était précisément celui qui était vêtu de la lourde robe à franges, et son âge apparaissait dans son visage ridé et une épaisse barbe grisonnante. Il salua Khéty, puis il détacha un siège bas en bois, lié sur le dos d'un des ânes, le déposa dans l'ombre d'un arbre bas et alla s'asseoir dessus.

— Lui, reprit alors Shukriya en désignant l'homme qui tenait dans sa main droite la lyre avec laquelle il avait accompagné son chant, c'est Kéliya. Il vient d'un pays situé loin vers le nord, appelé le Naharina. Il parle mal la langue de Canaan, car c'est un Hourrite.

À son tour l'homme, dont la barbe était soigneusement taillée en pointe, salua Khéty, et il vint s'asseoir sur une pierre, auprès de Taribatum.

Shukriya désigna alors l'homme qui avait le plus intrigué Khéty, vêtu de cet étroit pagne qui laissait les jambes et les hanches entièrement découvertes. Il avait un visage glabre, fin, triangulaire, aux pommettes saillantes, et un bandeau serrait son front et sa chevelure sombre qui tombait dans son dos en plusieurs longues tresses. Khéty apprit de la bouche de Shukriya que son nom était Yawa et qu'il venait d'une île lointaine, au large de la Grande Verte, appelée Kaptara. C'était lui qui jouait de la flûte.

L'homme qui avait brandi le javelot dans l'intention de défendre Khéty contre le serpent lui fut présenté comme un Aamou du Retenou, dans le pays des Cananéens. Il portait une barbe taillée, mais il avait rasé sa moustache. Khéty apprit qu'il s'appelait Kushar. Enfin, le sixième des voyageurs portait le nom étrange de Lupakku. Khéty remarqua plus particulièrement le curieux bonnet pointu qui couvrait en partie sa chevelure, laquelle n'était pas noire, mais rousse, comme sa barbe. Shukriya fit savoir à Khéty qu'il venait d'un pays très lointain, un pays de montagnes où, à certains moments de l'année, il faisait si froid que du ciel tombaient des flocons blancs qui s'accumulaient plus nombreux encore que les sables du désert et formaient une épaisse croûte recouvrant le sol. Puis, lorsque revenaient le printemps et avec lui la chaleur, cette épaisse couche blanche se transformait en torrents d'eau qui allaient alimenter les rivières. C'était la première fois de sa vie que Khéty entendait prononcer le nom des Hittites, le peuple auquel appartenait Lupakku, et aussi qu'il entendait parler de la neige. Il est vrai qu'il n'avait non plus jamais entendu parler de Kaptara, ni même de Babylone.

Quant à Shukriya, qui s'était fait le porte-parole des voyageurs, comme s'il était leur chef, il apprit à Khéty qu'il venait lui aussi d'une ville du pays des Deux Fleuves, une ville qu'il assura être prestigieuse et avoir dominé la région pendant très longtemps – une ville dont notre héros n'avait non plus jamais entendu parler, Ur.

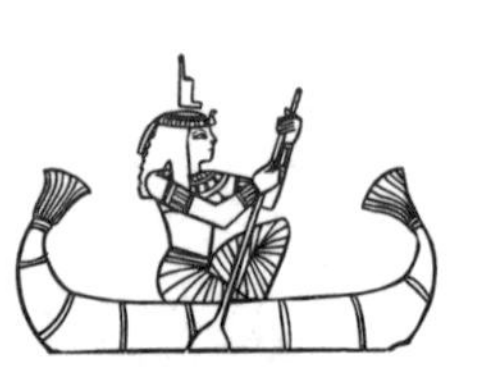

2

— Dis-moi pourquoi vous portez le nom de « Khabirou », alors que tu m'as dit que ce n'était pas le nom d'une tribu ? J'ai pu comprendre que vous veniez chacun d'horizons bien différents et souvent très lointains...

La question posée par Khéty s'adressait plus particulièrement à Shukriya qui, bien qu'originaire d'une lointaine cité où l'on ne parlait pas la langue des Cananéens, s'exprimait aisément dans leur langage.

Ils étaient assis tous les sept autour du foyer éteint. Ils avaient partagé les deux lapins, chacun s'étant plus ou moins brûlé les doigts en arrachant la part qu'il jugeait lui revenir. Ce repas avait été accompagné de pains et de dattes que Taribatum, le tavernier babylonien, était allé chercher dans un sac resté attaché sur le dos de l'un des ânes. Il avait aussi été arrosé de vin de palme, transporté dans une outre qui fut ainsi vidée. Taribatum avait cru rassurer Khéty en lui faisant savoir que, dans un grand panier fixé sur le dos du même âne, il y avait encore plusieurs outres de ce vin.

Ainsi, chacun avait mangé à sa faim, bu selon son plaisir, et l'on avait longuement roté avant de converser pour mieux se connaître.

— Nous ne sommes, répondit Shukriya, ni une tribu, ni un peuple. Peut entrer dans la maison des Khabirou qui le désire et qui vient s'intégrer à l'un de nos groupes. Ce nom de Khabirou, je ne sais qui nous l'a donné. Mais il remonte à bien des générations, et nous nous le transmettons. Pour les uns, il désigne des gens poussiéreux, des hommes qui, comme nous maintenant, parcourent les déserts, et aussi les routes de tous les pays. Il y a également parmi nous des émigrés, des fugitifs. Nous nous reconnaissons parce que nous n'appartenons à aucune tribu, à aucun peuple. Nous venons de partout dans le monde, et nous nous retrouvons sans doute par la volonté d'un dieu, celui des Khabirou, dont nul ne sait le nom. Nous allons ainsi par groupes sur les chemins du monde qu'éclaire le dieu Soleil, celui que nous appelons Shamash, afin de vivre selon notre bon plaisir ou, plutôt, selon les nécessités qui s'imposent à nous. Ici nous sommes six, qui sans doute un jour allons nous séparer pour nous intégrer à d'autres groupes de Khabirou. Car, à plusieurs, nous sommes plus forts, nous pouvons mieux nous défendre si nous sommes agressés au cours de nos pérégrinations.

Il se tut pour boire une rasade de vin, à même une nouvelle outre que Yawa venait d'apporter.

— Chacun de nous a des compétences, des capacités et, ainsi unis, nous pouvons nous entraider, poursuivit-il.

— Mais, en ce moment même, que faites-vous dans le désert ? s'étonna Khéty. Ne venez-vous pas du Sud ? À quoi vous sert-il de parcourir ces solitudes, si vous n'êtes pas des bédouins appartenant à l'une des tribus de Madian ou de Séir, à une tribu de ces Shasou ?

— Tu sembles ignorer, lui apprit son interlocuteur, que, à moins de deux jours de marche vers le midi, il y a des mines de cuivre. Elles ont été exploitées il y a longtemps, par des gens de ton pays, de l'Égypte, puis abandonnées. Aujourd'hui, elles sont de nouveau ouvertes… mais c'est pour le compte du seigneur des Hyksos. Ainsi avons-nous appris qu'on cherchait des hommes robustes pour tirer le cuivre du sol, des hommes habiles pour le fondre et en faire des lingots. Or, ce travail, je le connais et, il y a un an, je suis venu me présenter, avec mes compagnons, pour travailler dans ces mines. Nous avons été engagés. Et maintenant, après douze mois de labeur, nous sommes de retour vers le nord, vers des régions plus accueillantes. Car travailler dans le désert, au fond des mines, est très éprouvant. Il ne faut pas le faire plus d'une année. Mais c'est un travail lucratif...

Il se tourna alors vers Yawa, le jeune homme de l'île de Kaptara :

— Va, Yawa, montre-lui nos trésors.

Docile, Yawa se leva et revint avec un panier ôté du dos de l'un des ânes. Il en sortit des rouleaux de fils rigides, pareils à de l'or, qui brillaient au soleil.

— Vois, dit-il à Khéty, du cuivre fondu nous avons fait ces rubans. Avec cela, nous pouvons nous payer tout ce que nous voulons, nous pouvons mener la belle vie pendant plusieurs mois avant de reprendre la route et le travail.

La vue des fins rubans de cuivre rappela à Khéty ce qu'il avait pu observer sur les marchés de Shedet, la ville des Crocodiles de son enfance. Sa mère, qu'il avait souvent accompagnée, échangeait des poissons ou des canards, ou encore des pigeons, ou des oiseaux chassés dans les marais, contre d'autres biens manufacturés. Mais il avait aussi eu souvent l'occasion de voir que de nombreux chalands échangeaient des marchandises, en général fabriquées par des artisans, tels de petits meubles ou des bijoux, contre des morceaux de cuivre ou même d'argent ou d'or, qu'on coupait et qu'on pesait sur ces mêmes bascules à deux plateaux servant aussi, à ce qu'il avait appris de son maître Mersebek, à peser le cœur des défunts, mis en balance avec la plume de Maât.

Ce qui ne l'empêcha pas de s'étonner qu'avec ces morceaux de métal on puisse faire, comme on le disait en Égypte, « de nombreuses maisons de bière ». Mais c'est une autre question qui lui vint cependant aux lèvres :

— Dis-moi, à quoi cela sert-il de chercher ce cuivre dans ces mines ? Est-ce pour faire des rouleaux pour les échanger contre de la nourriture ?

Shukriya tendit la main vers le poignard de bronze de Khéty :

— Cette arme, dit-il, elle t'appartient...

Khéty hocha la tête.

— Sais-tu avec quoi elle est faite ?

Cette fois il secoua la tête car il l'ignorait.

— Sa lame est faite avec du bronze, un mélange de cuivre et d'un métal blanc qui vient de très loin, un métal appelé étain. Or Shareq, le roi des Pasteurs, a besoin d'énormément de cuivre. Pour les portes et les ornements des palais qu'il se fait construire, mais plus encore pour fabriquer des armes de bronze afin d'équiper son armée. Et les guerriers qu'il a rassemblés sont très, très nombreux. Il lui faut ainsi un grand nombre d'armes qu'il fait fondre et forger dans les cités de Canaan. Car son ambition est d'étendre sa puissance au Nord, et surtout au Sud, sur l'Égypte, sur ton pays, Khéty. Voilà pourquoi Shareq a voulu que fussent ouvertes et de nouveau exploitées les mines de cuivre de Madian.

— Ainsi, c'est pour préparer la guerre ? soupira Khéty.

— C'est avant tout pour forger des armes, insista Shukriya qui, après un silence, reprit : Est-ce l'idée qu'il veut envahir ton pays qui te chagrine ?

— Non, pas vraiment, répliqua Khéty en relevant la tête. Vois, j'ai quitté l'Égypte comme un fugitif. Peu m'importe que la vallée soit envahie par les Pasteurs. S'ils réussissent dans leur entreprise, c'est parce que le roi qui règne dans la grande ville du Sud se révèle incapable de défendre son royaume. Il ne mérite donc pas de régner.

— Voilà une profonde vérité, assura Taribatum, le Babylonien. Celui qui ne sait pas défendre son bien ne mérite pas de le garder.

— Taribatum, intervint Kéliya, il me paraît que nous tous, ici, sommes bien mal placés pour parler ainsi. Car si nous nous trouvons réunis en ce lieu désert au bout du monde, n'est-ce pas parce que nous n'avons pas su défendre le peu de biens que nous avions ? Toi-même, n'avais-tu pas une maison à Babylone ? Et ne l'as-tu pas perdue ?

— Kéliya, je parle tout aussi bien pour nous. Il est vrai que j'avais une maison et que nombreux étaient ceux qui fréquentaient ma taverne pour y boire et y manger ma cuisine. Mais le dieu Mardouk a voulu m'éprouver. Mon épouse s'est éprise de l'un des garçons qui servaient dans ma taverne. Et ils se sont bien arrangés, avec la complicité d'un homme malin, pour me ruiner. Je ne sais comment ont pu s'accomplir de telles injustices ! Le dieu Mardouk m'a abandonné, il s'est mis du côté de mes ennemis. Et moi, je me suis retrouvé en prison pour des dettes que je n'avais pas contractées. Et libéré de prison, j'ai été banni de ma ville, et je me suis retrouvé parmi les Khabirou.

Après avoir ainsi parlé, il poussa un long soupir.

— Tous autant que nous sommes, reprit alors Kéliya le Hourrite, nous pourrions raconter l'injustice ou la colère d'un dieu qui nous a jetés sur les routes poussiéreuses de ce monde. Mais de nous tous, n'est-ce pas toi, Yawa, qui pourrais le plus légitimement te plaindre ? Dans ton pays, n'étais-tu pas le fils d'un seigneur puissant, maître de l'une des plus belles cités de ton île ? Et pourtant, alors que tu te baignais dans la mer toute proche de ta cité, n'as-tu pas été enlevé par des pirates, qui t'ont vendu comme esclave sur les marchés du port de Tyr, dans le pays de Canaan ?

— Ce n'est que trop vrai, reconnut Yawa.

Khéty l'apprit plus tard, Yawa avait été esclave pendant quatre ans au service d'un maître qui en avait fait son amant. Ce qui lui avait permis, il est vrai, de connaître une captivité relativement douce ; il avait appris à jouer de la flûte et à danser pour complaire à son maître. Puis, ce dernier était allé rejoindre les ombres de ses ancêtres. Yawa avait alors profité du désordre qui s'était installé dans la demeure de son maître, où plusieurs héritiers se disputaient son héritage, pour prendre la fuite et se joindre à une troupe de Khabirou. Et ainsi, de troupe en troupe, de vagabondage en vagabondage, il s'était joint au groupe constitué par Shukriya.

Le vin de palme commençant à faire ses effets, le ton changea bientôt et les hommes se mirent à chanter des chansons, accompagnés par la lyre de Kéliya. Entraîné par l'exemple, Khéty participa à leur joie, tandis que les serpents, sans doute étonnés par les vibrations des claquements de mains et des sons de la musique, allèrent se réfugier parmi les buissons.

Taribatum, qui avait retrouvé sa bonne humeur, dit alors à Khéty :

— Je crois avoir compris que tu es le maître de ces serpents qui t'entourent. Voici pour toi une petite histoire que j'ai entendue dans ma taverne à plusieurs reprises. Écoute : c'est une souris poursuivie par une mangouste. Affolée, elle se jette dans un trou qui sert de logis à un serpent. En le voyant, elle lui dit : « Salut ! Je suis envoyée par un charmeur de serpent[1]. »

Tout le monde se mit à rire de cette plaisanterie, qui parut inspirer Shukriya :

---

1. Cette blague authentique provient d'une tablette babylonienne où étaient rassemblés quelques « dits populaires » de la même farine. La voici dans sa langue originale : *« pi'azu lapaan shikkêina khuri sêri eruba / umma mushlakhkhu ishpuranni shulmu »* (ce mot de *shulmu*, en finale, signifie « salut », c'est la forme akkadienne de l'hébreu *shalom* et de l'arabe *salam*). *(N.d.A)*

— Toi aussi, Khéty, tu envoies des souris auprès de tes serpents, mais c'est pour les nourrir… En vérité, tu possèdes une puissance magique qui te rend redoutable. Je crois pouvoir te dire, au nom de mes compagnons, que si tu acceptais de te joindre à nous pour poursuivre ta route, tu nous ferais non seulement un grand plaisir, mais plus encore un grand honneur.

— Ce serait bien volontiers, répondit Khéty, qui n'eût pas été fâché de se joindre à la joyeuse bande. Mais vois, ce que je veux, c'est me rendre chez les Hyksos, pour me mettre au service de leur roi, le seigneur Shareq. Et d'abord, je dois passer par la ville de Sodome, où je veux remettre ces serpents en cadeau au souverain de la cité, car je lui suis recommandé par Malkilim, puissant chef d'une tribu shasou.

— Qu'à cela ne tienne ! Nous aussi notre intention est de nous rendre, pour commencer, dans la plaine de Siddim. Nous pensons nous faire embaucher dans l'une des villes de cette région. Et pourquoi pas à Sodome ? Et, après tout, nous aussi, nous pourrions venir nous mettre au service du roi des Pasteurs. Nous avons entendu dire, à la mine, qu'il a besoin non seulement d'armes, mais aussi de bons guerriers. Or, nous savons aussi nous battre. Surtout toi, Lupakku. N'as-tu pas exercé un commandement dans l'armée de ton roi, au pays des Hittites ?

— Il est vrai que j'ai commandé une bonne troupe. Mais je l'ai trop bien commandée, je l'ai conduite dans nombre de batailles, si bien que j'ai acquis une telle gloire parmi les guerriers hittites que mon roi a craint que je ne cherche à m'emparer de son trône. Et c'est ainsi que j'ai été frappé par-derrière lors d'un combat puis laissé pour mort sur le champ de bataille. Et une fois remis de mes blessures, comme un insensé, je serais bien revenu auprès de mon roi, si je n'avais été averti par l'un de mes anciens soldats : il m'a appris que j'avais été frappé dans le dos par l'un de mes hommes, soudoyé par le roi, qui voulait ainsi se débarrasser de moi. Je sais maintenant qu'il ne faut pas chercher à briller plus que son souverain. Un roi ne peut souffrir une gloire qui fasse de l'ombre à la sienne. C'est ainsi que je me suis enfui et que je me retrouve parmi les Khabirou. Mais lorsque je vis des jours comme celui-ci, je ne m'en plains pas à mes dieux, je n'en suis pas fâché, et même je remercie Télépinou, le dieu qui préside chez nous au temps et à la végétation, car il est mon seigneur, et je sais que c'est lui qui m'a sauvé de la mort et de la vengeance du roi.

— Buvons au Seigneur dieu de Lupakku, afin qu'il nous soit favorable à nous aussi, et buvons pour fêter l'arrivée parmi nous de Khéty, le Seigneur des serpents ! proposa alors Shukriya, se saisissant de l'outre, qu'il éleva à bout de bras pour boire à la régalade.

3

Depuis longtemps déjà, Sodome avait débordé de ses anciens remparts pour déployer ses nouvelles demeures alentour. Si, vers le nord, son expansion avait été arrêtée par les carrières de sel qui participaient largement à son opulence, son faubourg sud gagnait de plus en plus de terrain sur les pâturages au milieu desquels elle avait été construite. Comme les quatre autres villes de la vallée de Siddim, Gomorrhe, Adamah, Séboïm et Béla, sa richesse résidait avant tout dans le commerce du sel tiré des réserves inépuisables de la mer Morte. Aussi, l'ancienne résidence royale, qui avait d'abord consisté en une simple demeure en pierre, au cours du temps et des travaux répétés d'agrandissement, s'était transformée en un véritable palais où le souverain avait peu à peu centralisé son administration. Le commerce et l'exploitation du sel avaient enrichi toute la population indigène de la ville, si bien que les pauvres n'étaient jamais que les étrangers venus chercher la protection des murs de la ville et un travail suffisamment rémunéré pour leur permettre de vivre – c'est-à-dire manger à sa faim et dormir sous un toit, fût-il de palmes couvertes de terre.

Le roi, ses familiers et ses scribes chargés de l'administration du royaume vivaient largement des taxes, notamment sur le commerce du sel, et de l'affermage des carrières de sel, que s'était attribuées l'État, au terme du partage très disputé de l'ensemble des salines avec les quatre autres villes riveraines.

Mais voici que depuis plusieurs jours, Magdiel, le roi de Sodome, était anxieux, soucieux, et qu'il s'enfermait dans la salle du trône avec le chef de son armée, Jakin. Il est vrai que le terme d'armée était quelque peu hyperbolique. Jakin commandait une troupe de quelque trois cents hommes, dont la tâche était de faire régner l'ordre dans la ville et de défendre sur son territoire les paysans, les éleveurs et les voyageurs, contre les attaques de nomades ou les larcins de voleurs. Et de veiller à ce que les ouvriers des cités voisines ne viennent pas exploiter clandestinement les carrières de sel réservées à la cité.

Magdiel était encore adolescent lorsque son père Béra avait été tué, au cours d'une guerre de défense contre des envahisseurs venus du nord – certains prétendaient même que c'était une armée levée par le roi de Babylone, désireux de contrôler le commerce du sel, qui avait causé sa perte. Toujours est-il que cette tentative de domination avait avorté, et Magdiel s'était vu installer sur le trône de son père par les anciens de la ville, les chefs de chacune des grandes familles qui dominaient le commerce et possédaient de nombreuses terres. Lors de cette guerre contre les envahisseurs venus du nord, Sodome s'était alliée avec les autres cités de la vallée. Le roi de Gomorrhe, Birsha, avait lui aussi perdu le souffle vital, tandis que les souverains des trois autres villes avaient sauvé leur existence en se réfugiant dans les montagnes bordant la vallée. Ils n'avaient retrouvé leur trône qu'après que les envahisseurs, ayant seulement réussi à piller Sodome et Gomorrhe, se furent retirés.

Les cinq cités avaient rapidement retrouvé leur ancienne opulence, mais une nouvelle menace s'était levée dans les plaines du couchant. Elle s'incarnait en Shareq, l'un des rois Pasteurs, autrement appelés

Hyksos, qui avait peu à peu étendu sa domination sur les villes de Canaan, à partir de sa capitale, Megiddo. Shareq avait fait ce qu'on pourrait appeler une tournée à la tête de son armée, dans la plaine de Siddim. Il avait ainsi montré sa force sans l'utiliser, et les cinq rois étaient venus au-devant de lui pour connaître ses exigences. Mais ils avaient eux-mêmes eu la prudence de se faire escorter chacun par sa propre armée, ce qui représentait au total un peu plus d'un millier de guerriers. Une force suffisante pour impressionner Shareq, qui leur proposa de signer un traité de paix, ou plus précisément d'assistance mutuelle. Il leur accordait ce qu'il appelait sa protection contre la concession du transport du sel, et des diverses marchandises dont ils faisaient commerce avec les caravaniers cananéens. Jusqu'à ce jour, ce transport était assuré par des nomades, Shasou, Ismaéliens ou Amalécites ; Shareq prit prétexte de se méfier de ces gens qui, lorsqu'ils ne se faisaient pas les fourriers du commerce, vivaient de rapines et de razzias. En outre, ils étaient réfractaires à toute taxation et s'arrangeaient pour apporter la marchandise jusqu'à la ville de Gaza, où ils la revendaient avec de beaux profits et repartaient discrètement en évitant de payer l'impôt. Or, avait expliqué Shareq, il s'était désormais rendu maître de Gaza et il avait besoin que les taxes lui fussent payées sur les marchandises et leur transport, ce pourquoi il exigeait que le trafic fût assuré par des caravaniers qui fussent ses sujets.

Comme de telles exigences ne touchaient pas réellement les intérêts des cinq rois, ni de leurs administrés, ils acceptèrent sans difficulté de signer un traité qui ne risquait que de léser les bédouins qui avaient assuré jusqu'à ce jour le transit des marchandises et du sel.

Mais maintenant que Shareq avait complètement dominé l'ensemble des territoires cananéens et que son ambition le poussait à envisager d'étendre largement les frontières de son petit empire, il s'était retourné contre les cités de la vallée de Siddim, d'autant plus qu'il fallait traverser les territoires qu'elles contrôlaient pour se rendre dans les mines de cuivre du pays de Madian, dont il avait ranimé l'exploitation. Usant de ce qu'on pourrait appeler son prestige, lequel résidait avant tout dans la crainte qu'inspirait sa puissance, il venait d'envoyer à chacun des rois de ces cités un messager porteur de l'arc et de la peau de mouton, comme il l'avait fait pour le roi d'Égypte. Les princes de la vallée, ne se trouvant qu'à quelques jours de marche de la capitale de Shareq, s'en inquiétèrent à juste titre. Car, par la voix de son messager, il leur ordonnait de le reconnaître comme leur suzerain. Ce qui concrètement se manifestait par le paiement annuel d'un tribut évidemment aussitôt jugé exorbitant par les intéressés, et l'apport par chacun d'eux d'une troupe de cinq cents hommes armés, ce qui obligeait les malheureuses cités à recruter des mercenaires et à les fournir en armes, après les avoir évidemment nourris et logés, en attendant qu'ils aillent grossir les rangs de l'armée hyksos.

Le roi de Gomorrhe avait alors pris l'initiative d'envoyer un messager à chacun de ses collègues pour leur faire part de ses intentions.

— Comment pourrions-nous payer un tel tribut, et cela chaque année, avait transmis le messager, et comment lever un tel nombre de guerriers sans nous ruiner ? Pour cela, il faudrait imposer de nouvelles contributions non seulement sur le menu peuple, ce qui ne serait certes pas de trop grande conséquence, car il a vécu à l'aise jusqu'à ce jour, mais aussi sur les riches marchands et les concessionnaires des carrières de sel. Or, il est toujours aventureux de mécontenter les puissants.

En conséquence de ces considérations raisonnables, le roi de Gomorrhe leur suggérait d'unir leur force et leurs richesses afin de lever ensemble une armée destinée à résister à toute volonté d'invasion de la part des Hyksos.

— Si Shareq se rend compte que nous sommes disposés à résister et nous voit conclure un traité d'alliance mutuelle, il n'insistera pas, fit observer le roi par la bouche de son messager. Il a trop besoin de conserver ses forces en vue de l'invasion de l'Égypte, qu'il prépare depuis longtemps, pour prendre le risque de les affaiblir au cours d'une guerre hasardeuse.

Et il avait ajouté cette observation judicieuse :

— Faisons comme si nous acceptions de nous soumettre, mais levons en réalité, les uns et les autres, une armée d'un millier d'hommes, ce qui fera au total une impressionnante troupe de quelque cinq mille guerriers. Au lieu de les envoyer à Shareq pour grossir ses forces, nous les garderons à notre service et défendrons nos frontières. Ainsi, si nous payons pour l'entretien d'une armée commune, nous épargnerons le tribut que prétend nous imposer cet arrogant Hyksos.

À l'instar des trois autres rois, Magdiel avait renvoyé l'ambassadeur à Gomorrhe avec des présents, en lui disant qu'il allait convoquer le conseil des Anciens pour décider de ce qu'il fallait faire. Mais il avait déclaré avoir l'intention de plaider pour une guerre défensive et non une soumission aux exigences de « l'arrogant Hyksos ».

Ainsi avait-il convoqué les Anciens et, selon la coutume, tenu assises aux portes de la ville. Il leur avait expliqué la situation, les exigences du roi Pasteur, les propositions du roi de Gomorrhe. Après de longues palabres, lorsque les Anciens eurent bien pesé le pour et le contre, ils avaient donné au roi tout pouvoir de signer un pacte d'alliance défensif avec le roi de Gomorrhe et les chefs des trois autres cités, qui eux aussi semblaient disposés à résister. On avait calculé que le recrutement et l'entretien d'une troupe de sept cents mercenaires, auxquels on joindrait les trois cents soldats placés sous le commandement de Jakin, pourraient être financés par un impôt annuel prélevé seulement sur les gens du peuple, les bergers et les paysans,

sans avoir à imposer les riches, qui considéraient apporter suffisamment à l'aisance publique en assumant les taxes afférentes à leur commerce.

Cet agrément des puissants étant acquis, il revenait à Magdiel de mettre au point la tactique à adopter et, surtout, de peser encore les avantages et les inconvénients d'un engagement militaire contre le puissant Hyksos.

Voilà pourquoi Magdiel consacrait tant de temps à examiner chaque détail avec le chef de son armée. Ce dernier lui avait fait valoir que non seulement il fallait trouver ces sept cents mercenaires, mais qu'il fallait aussi les armer et, dans le cas où on lèverait une partie de la troupe sur les paysans sujets du roi, voire sur les nomades installés sur le territoire contrôlé par Sodome, ou encore sur les esclaves réquisitionnés chez les riches citoyens, il fallait ensuite les entraîner, ce qui n'était pas une question subsidiaire ; des hommes sans armes, incompétents ou dépourvus de motivation, ne seraient pas plus utiles qu'un troupeau d'ânes.

Magdiel, roi de Sodome, était en colloque avec Jakin, le commandant de son armée, lorsqu'un serviteur vint s'agenouiller au pied du trône sur lequel il était assis, en l'occurrence un simple siège en bois recouvert d'un drap de couleur violette, teinte obtenue à l'aide d'un curieux coquillage importé de la mer qui baignait le port de Tyr. Le serviteur patienta avant que le souverain ne daignât jeter un regard sur lui, ce qu'il fit sans trop attendre.

— Eh bien, Erum, pourquoi me troubles-tu ainsi alors que je m'entretiens avec Jakin ? lui demanda-t-il.

— Mon seigneur, ton serviteur vient devant toi ! Il te dit : à la porte du palais, il y a sept hommes, des Khabirou. Ils désirent voir mon seigneur, ils demandent à être reçus par mon seigneur.

— Pourquoi devrais-je les recevoir ? Les Khabirou sont des gens des sables, ce sont des pillards.

— Mon seigneur, écoute leur message. Ceux-là, ils viennent du pays de Séir. Et, parmi eux, il en est un qui dit être envoyé par Malkilim, un chef des Shasou. Il dit qu'il a été l'ami de mon seigneur.

— Il est envoyé par Malkilim, dis-tu ?

— C'est ce qu'il m'a assuré.

Le roi se tourna alors vers le chef de son armée :

— Jakin, qu'en penses-tu ? Dois-je les recevoir ?

— Mon seigneur, je crois que ces hommes te sont envoyés par un dieu. Sept hommes ? Ce sont les premiers mercenaires que tu recrutes pour ton armée.

— Encore faudrait-il qu'ils sachent manier des armes, lui fit remarquer le roi.

— Je ne sais s'ils sont tous des guerriers, mais je peux assurer à mon seigneur que plusieurs d'entre eux ont des armes, des javelots, des arcs, des poignards, intervint Erum.

— Dans ce cas, conduis-les devant moi, ordonna Magdiel.

Comme il avait évoqué son ami Malkilim et qu'il portait un sac dans lequel il disait avoir un cadeau pour le roi, Khéty fut introduit le premier, en tête des six autres Khabirou ; Taribatum, l'aîné d'entre eux, venait juste derrière lui, suivi de Shukriya et de ses quatre autres compagnons. Ils s'arrêtèrent devant le roi et tombèrent tous les six à genoux.

— Je suis Magdiel, le roi de cette ville, le seigneur de Sodome, dit alors le prince. Dites-moi qui vous êtes et ce que vous attendez de moi.

Taribatum, qui savait comment parler aux rois et aux grands de ce monde, prit le premier la parole. Il commença par flatter le souverain en se servant d'un proverbe de son pays :

— L'homme, dit-il, est l'ombre du dieu et l'esclave est l'ombre de l'homme libre. Mais le roi est le miroir du dieu.

Le roi, qui avait l'habitude des flatteries, se sentit satisfait de cette entrée en matière, mais il n'y fut pas plus longtemps sensible. Ce fut alors Khéty qui prit à son tour la parole :

— Vois, je viens apporter à mon seigneur la bénédiction de Malkilim, le chef des Shasou.

— C'est bien, c'est bien. Tu me donneras des nouvelles de Malkilim. Il a été mon ami dès notre enfance. Je regrette de ne pas avoir pu laisser son peuple continuer de faire le transport de nos marchandises.

— Il sait que tu en as des regrets. Mon nom est Khéty, et le pays qui m'a vu naître est l'Égypte. Là-bas, j'ai acquis de la renommée, j'ai été officier dans l'armée de sa majesté qui règne dans la grande ville du Sud. Et je t'apporte un présent rare, des animaux chers à Anath, maîtresse du Ciel et de la Terre.

— Montre-moi quel est ce présent, digne des dieux si j'en crois ta parole.

Khéty entrouvrit le sac, y plongea la main et en retira un serpent. Ce qui n'effraya pas le roi qui, néanmoins, s'étonna :

— C'est un serpent dangereux, mais il est aimé d'Anath et nous en portons parfois sur l'autel de la déesse. Lui aurais-tu arraché ses crochets à venin, pour le saisir ainsi sans crainte ?

— Certes non... Vois.

Il effectua une pression sur la gorge de l'animal qui ouvrit sa gueule étroite, révélant ainsi les crochets aigus.

— Tu ne redoutes donc pas ses morsures ?

— Je ne les crains pas et je peux même guérir les plaies de ceux qui ont reçu le mortel venin dans leur chair. Dans mon pays, on sait que je suis le Seigneur des serpents.

— C'est une grande puissance que même un roi pourrait t'envier... Combien en as-tu dans ton sac ?

— Ils sont dix. Je les ai attrapés et dressés pour toi, pour les dieux de ta cité.

— Dans ce cas, rentre celui-ci dans le sac. Et remets le sac à ce serviteur, Erum, qui les apportera au temple d'Anath, où un prêtre se chargera de les élever.

Une fois que Khéty eut remis le sac à Erum, le roi leur demanda ce qu'ils attendaient de lui et, aussitôt après, sans attendre une réponse, il déclara :

— Je vois que vous êtes des guerriers. Si vous voulez devenir des mercenaires à ma solde, soyez les bienvenus. Vous serez logés dans une aile de ce palais, vous serez nourris, et vous recevrez des dons de sel et d'or à chaque nouvelle lune.

— Mon seigneur, répondit alors Khéty, je ne sais ce que désirent mes compagnons. Pour moi, je ne fais que traverser ta ville car mon intention est de me rendre auprès de Shareq, le roi des Pasteurs. Car j'ai entendu dire qu'il recrutait des guerriers et je viens me mettre à son service.

— Tu serais insensé d'agir ainsi, répliqua le roi. On sait que ce Shareq méprise ses soldats et qu'il ne les paye pas. C'est à peine s'il les nourrit. D'ailleurs, il ne va pas régner longtemps encore. Alors que, moi, je ferai de toi un officier dans mon armée, et je te paierai avec de l'or...

— Seigneur, comment sais-tu que Shareq ne va plus régner longtemps ? s'étonna Khéty.

— Sache qu'il a décidé de partir en guerre contre nous, contre les cinq rois de cette vallée. Or, nous sommes plus puissants que lui, nous avons de bons soldats, et il sera vaincu. Nous le capturerons et nous le mettrons à mort. Il est encore faible et ses soldats ne sont pas aguerris. Il ne peut être que vaincu par nous... Surtout si nous avons beaucoup de bons soldats comme toi et tes compagnons. Tu es ici mon hôte et il t'est loisible de partir pour te mettre au service de ce Shareq. Mais si tu t'engages dans son armée, tu deviens dès lors notre ennemi : si mes soldats te voient, ils te tueront et, s'ils te capturent, tu seras vendu comme esclave.

— S'il en est ainsi, intervint alors Shukriya, moi, je deviendrais bien volontiers un soldat de mon seigneur… et je suis persuadé que mes compagnons pensent comme moi. Avec Taribatum, l'homme à ma main droite, tu auras en plus un bon cuisinier, qui nous vient du pays des Deux Fleuves ; il mijotera pour mon seigneur de bons plats comme les aiment les gens de Babylone. Et toi, Khéty, puisque mon seigneur te propose de devenir un officier dans son armée et qu'il te donnera de l'or, peux-tu refuser d'entrer à son service ? Peux-tu refuser de combattre pour sa gloire et pour la tienne ?

Khéty, qui ignorait quelle était la vraie puissance des Hyksos et les réelles faiblesses des rois de cette vallée, songea qu'il pourrait mieux sauver son pays en combattant contre Shareq dans les rangs de l'armée du roi de Sodome. Et si les Hyksos étaient vaincus, si la menace qu'ils faisaient peser sur l'Égypte s'éloignait en partie grâce à son action, il lui serait doux alors de retourner à Avaris avec la troupe qu'il aurait commandée, les guerriers que lui confierait certainement Magdiel, et il pourrait assumer sa vengeance. Il s'imagina même tuer au combat le roi des Pasteurs, face au soleil, plutôt que de l'assassiner sans gloire, comme il en avait reçu la mission.

C'est ainsi que Khéty entra au service du roi de Sodome.

4

Le quartier où l'on installa les six Khabirou, en compagnie de Khéty qui, malgré son origine, fut regardé comme l'un des leurs, était situé à l'extrémité de l'esplanade au centre de laquelle s'élevait la résidence royale. Là étaient déjà logés une vingtaine d'hommes qui formaient la garde du roi. C'est ce que leur apprit le serviteur que Magdiel avait chargé de les conduire auprès de l'officier placé à la tête de la petite troupe. Ce dernier, couché sur une natte, somnolait à l'ombre d'un palmier.

— Il s'appelle Yapiranu, leur apprit leur guide. Il vaut mieux éviter de le réveiller. Ces soldats sont toujours ombrageux quand on les tire de leur sommeil.

Il les invita à le suivre à l'intérieur du bâtiment, où une galerie s'ouvrait sur plusieurs salles.

— Vous êtes les premières recrues, leur apprit-il. Vous pouvez choisir une ou deux salles pour vous installer. Je vous ferai apporter des nattes, des couvertures de laine et des coussins, selon votre désir : ainsi le veut mon seigneur notre roi. Les autres gardes occupent les salles au bout de ce couloir.

— En ce moment, où sont-ils et que font-ils ? demanda Kushar au serviteur.

— La moitié d'entre eux sont dispersés à travers le palais, dont ils assument la garde. Quant aux autres, ils doivent courir les tavernes de la ville.

— Eh, si je comprends bien, ils ont la belle vie ! s'exclama Shukriya.

— Je crois qu'ils ne se plaignent pas.

— Y a-t-il beaucoup de tavernes dans cette ville ? interrogea à son tour Lupakku, le Hittite.

— Suffisamment pour que tu puisses en changer chaque jour pendant un mois entier. Les gens de ce pays aiment les plaisirs, et notre roi plus encore qu'eux.

— Voilà une raison excellente de ne pas regretter d'entrer au service d'un pareil souverain. Qu'en pensez-vous, mes amis ?

Comme on peut l'imaginer, il fut vigoureusement approuvé par ses compagnons – tous, excepté Khéty.

— Sans doute c'est une vie bien agréable qui semble nous être promise au service d'un roi si généreux, reconnut-il. Mais, d'après ce qu'il nous a dit, il envisage une guerre contre le roi des Pasteurs. Alors, dites-moi, mes amis, croyez-vous que des hommes qui partagent leur temps entre les tavernes et des tours de garde soient capables de combattre des guerriers qui eux, me semble-t-il, se sont entraînés à la guerre depuis bien des années ?

Kéliya, le Hourrite, se gratta la tête d'un air songeur :

— La question de Khéty me paraît judicieuse, reconnut-il.

— C'est bien possible, concéda Lupakku, mais ce n'est pas à nous de changer les choses. Prenons-les telles qu'elles sont et profitons d'une pareille aubaine. Nous ramènerons suffisamment d'or pour nous réjouir pendant un bon bout de temps. Ensuite, laissons à nos dieux protecteurs, vos Ilâni à vous autres Babyloniens, Taribatum et Shukriya, et nos Téraphim, le soin de nous distribuer le sort qu'ils nous destinent.

— Et puis, enchaîna Taribatum, ici, ce ne sont que les gardes du roi. Nous ne savons pas comment sont entraînés les soldats de ce roi, car il doit bien disposer d'une véritable armée, pour avoir pu nous assurer qu'avec ses alliés, il allait défaire les troupes des Hyksos s'ils osent s'aventurer sur ses territoires.

Des serviteurs, hommes et femmes, entrèrent ensuite, porteurs de tout ce qu'il fallait pour le couchage, et de cruches remplies d'eau et de bière.

— Compagnons, proposa alors Shukriya, voilà maintenant des mois et des mois que nous avons partagé la même nourriture et la même salle pour le repos, quand encore nous ne dormions pas dans le désert. Il est vrai qu'il nous est arrivé de nous quereller, mais reconnaissez-le, sans jamais en venir aux coups. Il faut bien que chacun exprime ses opinions et cherche à convaincre l'autre : c'est une preuve d'affection. Nous avons aussi partagé les femmes quand nous avons pu en trouver, et partagé nos plaisirs, au point de nous en procurer mutuellement quand nous n'avions pas mieux. Aussi, je vous propose de poursuivre de cette manière, puisque je crois savoir que nous en sommes tous satisfaits. C'est réjouissant pour le cœur que d'avoir de bons compagnons en qui l'on peut mettre toute sa confiance, sur lesquels on peut compter, aussi bien dans la joie que dans la peine. Cette salle est de belle taille : n'en cherchons pas une autre et posons vos Ilâni et nos Téraphim côte à côte en ce même lieu…

— Shukriya, je crois pouvoir déclarer, au nom de nous tous, que nous partageons ton sentiment, assura Kushar le Cananéen. Et toi, Khéty, qu'en penses-tu ? Veux-tu rester parmi nous ? Tu seras ainsi notre protecteur, avec tes serpents.

— J'ai vécu avec vous pendant suffisamment de jours et de nuits pour avoir envie de rester votre ami et demeurer parmi vous. Votre présence réjouit mon cœur, et je remercie la déesse que nous adorons tous, Anath, qui est chez nous Hathor, de m'avoir fait rencontrer des compères tels que vous. Grâce à vous, je me sens maintenant un véritable Khabirou.

Les serviteurs s'étaient retirés ; chaque homme avait marqué sa place avec sa couche, et ils s'étaient largement désaltérés, directement aux cruches d'eau et de bière, lorsque entra le capitaine des gardes, qui en avait visiblement terminé avec sa sieste. Il les salua puis il leur dit :

— C'est donc vous, les nouveaux serviteurs de notre roi Magdiel ? Mon nom est Yapiranu et je commande ces sacripants que notre bon seigneur a chargés de sa garde. Il faut que mon seigneur vous ait à la bonne pour vous avoir ainsi engagés sur votre mine et logés ici même. Moi, je ne vous connais pas, mais je vous ai à l'œil. Je ne suis pas votre chef, mais je ne voudrais pas que vous veniez semer des mauvaises graines parmi mes hommes. Voilà ce que j'ai à vous dire. Maintenant, si vous voulez que nous soyons bons amis, je le veux bien aussi. Car après tout, quand on est obligé de vivre ensemble, il vaut mieux être amis plutôt que de se donner des coups de pied aux fesses. Qu'en pensez-vous ?

— Nous en pensons que tu parles avec Maât sur ta langue, s'enhardit à répondre Khéty, selon qui, jusqu'alors, Shukriya avait un peu trop souvent parlé en leur nom à tous.

Mais il avait oublié qu'il ne parlait pas à un Égyptien, de sorte que Yapiranu ouvrit la bouche et y enfonça ses doigts pour constater s'il avait réellement cette chose appelée Maât, et dont il ignorait tout, sur la langue.

Cela amusa Khéty, qui crut bon de préciser :

— Apprends que je viens de la Terre chérie, qu'on appelle aussi l'Égypte. Chez nous, Maât est la déesse de la Vérité et de la Justice. Ce que j'ai voulu te dire, c'est que tes paroles sont judicieuses et que mes compagnons et moi-même, nous sommes bien d'accord pour devenir tes amis aussi bien que ceux de tes hommes, dans la mesure où ils le voudront également. Tu dois savoir que nous n'avons pas été engagés par ton roi pour te faire de l'ombre ou pour commander tes hommes à ta place, mais pour nous battre contre l'ennemi Hyksos, ce vaincu de Kharou, dans le cas où il oserait attaquer ton souverain et les autres rois de cette vallée.

— C'est ce qui m'a été dit. Faudrait bien voir que ce Pasteur ose venir nous chercher querelle ! Moi seul avec mes hommes, je me charge de le ramener par la barbe, tout nu et captif devant le trône de notre seigneur Magdiel. Mais je reconnais que votre aide pourrait nous être utile.

Sans doute heureux de ses propres rodomontades, il éclata de rire et vint s'asseoir sur une natte, invitant ses nouveaux compagnons à faire cercle autour de lui.

— Je vais vous dire comment les choses se passent ici, et vous allez voir pourquoi nous sommes bien contents de servir un roi comme notre seigneur Magdiel, dans une ville comme Sodome. Il est vrai qu'il y a des étrangers, des pisse-froid qui nous ont menacés de la colère de leurs dieux, qui nous reprochent nos mœurs libres et les agréments que nous nous donnons dans la vie : comme vous êtes des Khabirou, à ce qu'on vient de me dire, j'espère que vous ne faites pas partie de ces gens, sans quoi nous ne pourrons être amis et vous ne sauriez vivre parmi nous. Je dis bien *vous* ne sauriez car, pour ce qui est de nous, nous acceptons toutes les croyances. Mais ces gens ne peuvent supporter que nous vivions ainsi librement et ils n'ont de cesse que de contraindre autrui à adopter leurs mœurs et leurs croyances ; ils ne peuvent supporter qu'on aime rire, plaisanter et surtout se moquer des dieux ou, plutôt, de leurs dieux. Sachez donc que nos ancêtres ont décidé de s'accorder une liberté totale de mœurs. C'est pourquoi nous pratiquons l'amour aussi bien entre filles qu'entre garçons, selon les préférences de chacun sans que personne y trouve sujet de médisance. Car chacun s'occupe de soi et non de ce que peuvent bien faire les autres. Toi, Taribatum, qui es un Babylonien, tu dois savoir que, dans ton pays, l'adultère est puni, et même il paraît que, chez certains nomades des déserts voisins, une femme mariée ou vierge qui couche avec un autre que son mari risque la lapidation. Chez nous, le mariage entre un homme et une femme n'a pas cours : on s'unit selon son désir et l'on se sépare de la même manière. Les couples ne restent unis que s'ils ont des enfants à élever, mais ce n'est pas pour autant qu'il leur est interdit de porter ailleurs leurs désirs. Ce n'est que dans ce cas qu'il existe une loi obligeant les parents à élever leurs enfants et à partager le même toit, mais il ne leur est pas fait obligation de partager la même couche. Et, depuis qu'il est devenu le prince de cette ville, mon seigneur Magdiel donne le meilleur exemple. Il ne goûte de plaisir qu'avec les beaux garçons et il en entretient plusieurs dans son palais. Mais, comme il serait utile qu'il ait un héritier, les Anciens l'ont prié de se choisir une femme, à qui il est demandé de vivre dans le palais jusqu'à ce qu'elle ait mis au monde un héritier. Ce que nous attendons toujours, bien qu'on puisse supposer que notre bon roi ait délégué l'un de ses amants pour féconder à sa place la jeune femme. Mais ce qui importe, c'est qu'on déclare l'enfant issu du roi, car c'est un préjugé tenace qui fait croire aux hommes des autres nations qu'il est nécessaire que ce soit de leur propre semence que naissent leurs héritiers. C'est un si ridicule préjugé qui a conduit des législateurs stupides à déclarer criminel l'adultère et à appliquer la peine de mort aux malheureuses femmes censées s'en être rendues coupables.

— Pourtant, chez nous, intervint Taribatum, si nous avons eu pour législateur l'un de nos rois, Hammourabi, c'est cependant le dieu Shamash, Soleil de Justice, qui lui a dicté les lois régissant aujourd'hui le droit à Babylone.

— Hé, la belle affaire ! Il faut être bien sot pour croire que ce sont les dieux qui viennent papoter avec les rois pour leur apprendre comment ils doivent gouverner les peuples. Même nous, qui pourtant croyons en notre bonne déesse Anath, nous savons que ce sont les hommes qui inventent les lois et évoquent le prestige d'un dieu pour pouvoir mieux les imposer. Croismoi, nous ne sommes pas dupes de ces imposteurs, même s'il faut faire semblant d'accepter toutes ces calembredaines pour ne pas contrarier les puissants. Nous savons que, chez nous, les lois qui nous régissent ont été établies par nos Anciens, et tout le monde ici les accepte et les respecte, sans se croire obligé de prétendre que c'est la déesse qui les a dictées à nos rois.

— Quoi qu'il en soit, intervint alors Kushar, même si ce n'est pas un dieu qui vous a imposé de si belles lois, ce que tu nous en as dit me séduit particulièrement, moi qui ai dû quitter précipitamment ma ville natale pour avoir connu les plaisirs de la déesse Ashérah avec une femme mariée.

— Qu'en est-il advenu de la femme ? lui demanda alors Yapiranu.

Kushar poussa un long soupir avant d'avouer :

— J'ai appris que, chez certains peuples barbares, la femme adultère est enterrée jusqu'au torse avant d'être tuée à coups de pierres. Dans ma cité, la férocité ne va pas aussi loin : l'homme et la femme sont dévêtus et s'ils sont suffisamment véloces, ils peuvent parvenir à échapper à leurs bourreaux qui, cependant, les poursuivent à coups de pierres. C'est ainsi que cette pauvre femme a été frappée par une pierre qui l'a jetée à terre, et elle a été ensuite sauvagement achevée. Moi, j'ai eu la chance de réussir à m'enfuir et j'ai été sauvé par une bande de Khabirou qui passait par là : mes amis ici présents, qui m'ont donné de quoi me vêtir. Depuis, je ne les ai plus quittés.

— Voilà qui est bien ! s'exclama Yapiranu. Si tu avais ainsi agi chez nous, personne ne t'aurait fait le moindre reproche et tu aurais pu prendre ton plaisir avec cette femme jusqu'à ce que vous vous soyez lassés l'un de l'autre. Reconnaissez que nos mœurs sont autrement plus civilisées que celles de ces bêtes féroces. C'est en se comportant ainsi les uns vis-à-vis des autres que nos manières se sont policées et nous sommes fiers de la douceur de nos mœurs. Le roi est le juge de nos déviations, mais il n'a que rarement besoin de sévir. S'il arrive qu'il y ait des rixes, elles sont exceptionnelles et ne portent presque jamais à conséquence. Le vol est tout aussi inhabituel car les revenus des mines de sel, des puits de bitume, du commerce et de l'artisanat font qu'on ne connaît guère chez nous la pauvreté. Le voleur pris sur le fait est simplement admonesté et c'est seulement s'il réitère trop souvent ses larcins qu'il reçoit une punition publique consistant en une légère bastonnade. Je dis légère, car ce ne sont pas les coups qui sont pour nous la plus grande punition, c'est l'humiliation de devoir paraître nu en public – c'est ainsi dépouillé de tout vêtement que le coupable reçoit son châtiment. En effet, si nos mœurs sont libres, si dans les tavernes nous assistons à des spectacles délicieux de danses sans voiles et même d'unions, nous avons conservé de nos anciennes mœurs l'opprobre contre la nudité en public, dans les rues ou les places de la ville.

— C'est bien en ces choses que vous, ici, êtes si différents des Égyptiens, intervint alors Khéty. Si nos mœurs sont beaucoup moins libres que chez vous, et si l'adultère, mal vu, fait même encourir un châtiment, les hommes qui travaillent dans les champs, voire dans les villes, n'ont aucune honte à se montrer sans le moindre vêtement. Et c'est entièrement nues que les femmes se baignent dans nos lacs et notre fleuve. Pour se vêtir, même nos rois se contentent d'un étroit pagne. Ce qui ne nous empêche pas de pouvoir être fiers de la magnificence de nos palais, de nos temples et de nos tombes, tous ornés de peintures et de sculptures, et couverts de l'écriture sacrée.

— Nous avons entendu parler de tout cela, et de la grandeur et de la puissance de ton pays, reconnut Yapiranu. Nous, dans tout le pays de Canaan, nous sommes incapables de façonner de grandes statues des dieux ou des rois, ni même de les représenter sur les parois des temples et des palais. Mais ainsi l'ont sans doute voulu les dieux, comme ils ont voulu que l'Égypte ait perdu son ancien lustre et se voie menacée aussi bien par les Cananéens, qui se sont lentement infiltrés dans vos villes, que par les armes des rois Pasteurs… Mais permettez-moi d'en terminer avec ce qui concerne cette ville dans laquelle vous avez décidé de vivre quelque temps au service de notre seigneur Magdiel. Ce qui nous distingue encore des autres peuples, c'est aussi le rejet de la peine de mort, largement appliquée ailleurs. Si un homme en tue un autre à la suite d'un affront subi ou par accident, il est banni pour une durée qui peut aller de quelques mois à quelques années. Le bannissement est à vie dans le cas d'un crime crapuleux, mais nous répugnons à donner la mort. Sauf, bien sûr, en cas de guerre, si nous sommes attaqués : face à des hommes armés qui veulent nous tuer ou nous réduire en esclavage, nous nous défendons les armes à la main. Mais, en temps de paix, il n'y a chez nous ni prisons ni bourreaux. Voilà donc, mes amis, la cité où vous avez choisi de résider : il vous faudra vous plier à ses mœurs.

— Ce sera davantage un plaisir qu'une pénible obligation, déclara Taribatum. Je suppose que, dans cette ville, on goûte aussi les bons vins et la bonne cuisine, comme à Babylone, où je tenais une auberge.

— Je ne l'ai pas mentionné, mais c'est une chose qui tombe sous le sens… du plaisir.

— Alors, je vais pouvoir me rendre utile en vous faisant goûter la bonne cuisine de chez nous.

— Ce que tu viens de nous apprendre, dit à son tour Kushar, ne peut que réjouir nos cœurs, mais je crains que cette vie de délices ne puisse durer que peu de temps. Non seulement vos richesses ne peuvent qu'attiser la convoitise de plus puissants que vous, mais même la liberté de vos mœurs est susceptible de provoquer l'hostilité de voisins plus austères ; car souvent ces peuples ne peuvent supporter que l'on vive ou que l'on pense d'une manière différente de la leur. Tant qu'ils n'ont pas la puissance, ils se contentent d'appeler sur vous la colère de leurs dieux irascibles ; mais si d'aventure ils se sentent suffisamment forts, ils ne manqueront pas de partir en guerre, sous prétexte de vous punir de ce qu'ils considèrent comme des crimes inexpiables.

— C'est bien ce qui nous paraît le plus redoutable. Nous ne craignons pas leurs dieux, mettant toute notre confiance dans la puissance d'Anath, notre déesse tutélaire, mais nous pouvons redouter leurs armes. Il faut encore vous dire que, suivant notre exemple, les gens des autres cités de cette vallée ont adopté les mêmes mœurs que les nôtres. Aussi sommes-nous prêts à nous unir pour défendre nos biens et cette manière de vivre qui est la nôtre et qui nous convient parfaitement.

5

Il était dans les intentions de Khéty de rendre une visite au temple d'Anath. Il avait appris de la bouche de Yapiranu que, dans toute la ville, un seul temple était consacré à la déesse tutélaire de Sodome. Il s'agissait d'un ensemble de bâtiments dispersés au milieu de jardins et de bosquets enfermés dans une vaste enceinte. Comme tous les temples consacrés à la déesse-mère, qu'on l'appelât Anath, Ashérah, Athirat en Canaan ou Ishtar à Babylone, celui-ci était desservi par un prêtre et surtout par des hiérodules. Ces femmes attachées au temple dispensaient généreusement leurs faveurs contre des dons qui participaient largement à l'entretien du culte et de son personnel.

Néanmoins, Khéty ne s'était pas fixé un jour précis pour aller sacrifier à cette déesse en qui il voyait une manifestation d'Isis et d'Hathor. Or, le soir même de son installation à Sodome avec ses compagnons, le roi avait envoyé auprès d'eux son serviteur Erum, pour les inviter à un festin organisé en leur honneur. La douceur de l'air avait permis que le festin fût servi non pas dans une salle du palais, mais dans une grande cour intérieure bordée d'arbres et pourvue d'un bassin alimenté par une citerne en sous-sol.

Khéty et ses compagnons avaient été installés sur des nattes à proximité du roi, assis au milieu de coussins. Auprès de ce dernier avaient pris place quatre jeunes gens, que Khéty supposa être les chers compagnons du roi, et des dignitaires, parmi lesquels il reconnut Jakin, le chef de l'armée, et Yapiranu, le capitaine de la garde. L'un des dignitaires, vêtu d'une ample tunique laissant nue son épaule et bordée d'une frange verticale, fut présenté à Khéty comme le prêtre d'Anath. Il se faisait appeler Abedanath, dont la traduction signifie « serviteur d'Anath » – Khéty supposa que ce surnom lui avait été conféré par son sacerdoce.

— On vient de me dire, entreprit tout de suite le prêtre, venu s'asseoir auprès de lui, que c'est à toi que la déesse doit ce don de serpents. Il a réjoui son cœur, car tu dois bien savoir que si Anath la Sublime est la maîtresse de la nature sauvage, si elle se dresse sur le dos d'un lion pour manifester sa puissance sur les animaux sauvages, elle est aussi la maîtresse des serpents, puisqu'elle règne dans le ciel comme sur le monde souterrain. Et elle est la vie éternelle, manifestée par les serpents, qui revêtent chaque année une peau nouvelle.

— Je sais qu'Anath est une puissante déesse et qu'elle est la maîtresse des serpents, comme le sont chez nous, en Égypte, Ouadjet et Isis, assura Khéty en mentant effrontément, car il avait cru jusqu'alors qu'Anath se manifestait plutôt sous la forme d'une vache, comme Hathor, ainsi qu'il avait pu le voir chez les Shasou.

— Tu as déclaré à notre seigneur Magdiel, m'a-t-on aussi rapporté, que chez toi tu portais le titre de Seigneur des serpents. Aurais-tu le pouvoir de les dresser après les avoir capturés, et serais-tu insensible à leur morsure ?

— Il en est bien ainsi.

— On rapporte, poursuivit le prêtre, que loin vers le couchant, au-delà de la terre d'Égypte, il existe une tribu où l'on se transmet de père en fils les secrets de la domination des serpents. Appartiendrais-tu à cette tribu ?

— On ne t'a pas trompé. Je suis né en Égypte, mais je tiens de mes ancêtres, venus du pays où se couche le Soleil, les secrets de la domination des serpents, et ceux de la guérison de leurs morsures.

— S'il en est vraiment ainsi, on peut dire que tu es un grand en magie.

— Je ne suis en rien un magicien. Car seule est grande en magie la déesse qu'on appelle Isis dans mon pays. Les humains qui se prétendent magiciens ne font qu'illusion, alors que moi, je peux devant toi me laisser mordre par autant de serpents que tu voudras sans en ressentir le moindre mal. Et je sais aussi, par des rites accompagnés d'une véritable thérapeutique, guérir des morsures qu'on pourrait croire mortelles.

— Il m'aurait plu de voir comment tu peux procéder ; malheureusement, personne autour de nous n'a été mordu par un serpent !

— Khéty, reprit à son tour le roi, Abedanath aimerait que tu viennes le seconder dans le sanctuaire de la déesse. Il sait comment se saisir des serpents et vider leurs glandes de leur venin, mais il craint leurs morsures souvent mortelles. Saurais-tu lui apprendre les secrets de la guérison ?

— C'est un long enseignement, qui demande une grande connaissance des plantes et des ingrédients nécessaires à la composition des philtres, lui fit remarquer Khéty.

— Puisque tu as accepté de demeurer parmi nous, tu peux prendre tout le temps nécessaire pour en faire ton disciple.

— Peut-être, mon roi, mais je suis venu avant tout mettre mon bras et ma connaissance des combats au service de mon seigneur.

— Le temps que prend le soleil pour parcourir le ciel du levant au couchant est suffisamment long pour que tu puisses t'exercer à la guerre tout en enseignant Abedanath dans les secrets du Seigneur des serpents.

Tu n'auras pas à le regretter car ce n'est pas avec du sel mais avec de l'or que tu seras récompensé.

— Dans ce cas, j'écoute et j'obéis à mon seigneur, dit Khéty qui, en fin de compte, n'était pas mécontent de pouvoir ainsi continuer à se perfectionner dans sa connaissance des serpents, ce qui lui permettrait de courir la campagne en toute liberté, à la recherche des plantes et des ingrédients nécessaires à la préparation de ses électuaires.

Le repas festif fut servi par des adolescents attachés au palais. Selon ce qu'apprit le roi à ses invités, ces jeunes garçons étaient recrutés parmi les citoyens de la cité à la suite d'une sévère sélection ; c'était pour leur famille un honneur que de servir au palais. Les plats, nombreux, consistaient surtout en oies et canards rôtis, accompagnés de lentilles, oignons et poireaux, mais il y eut aussi du lièvre en pâté et des jambons. Et lorsque ces derniers mets furent déposés sur les grands plateaux de bois disposés devant les convives, Magdiel remarqua, en passant :

— J'espère, mes amis, que vous n'êtes pas opposés à la consommation de ces bons animaux. J'ai entendu dire que les Ismaéliens, et aussi certains peuples de Canaan, les rejetaient, prétextant l'impureté des uns parce qu'ils ruminent et n'ont pas les pieds fendus, et des autres, au contraire, parce qu'ils ont les pieds fendus mais ne ruminent pas.

— Pour ma part, assura Kushar, bien que me flattant d'être cananéen, je n'en dédaigne pas pour autant ces viandes.

Et chacun, pour montrer qu'il n'appartenait pas à l'une de ces populations superstitieuses qui se laissaient dominer par des interdits et des obligations de mauvais aloi aux yeux des gens de Sodome, mangea de tout avec le meilleur appétit.

La soirée se poursuivit par le spectacle de danses exécutées par les jeunes femmes attachées au temple d'Anath, et chacun des convives fut invité à choisir soit l'une d'entre elles, soit l'un des jeunes serviteurs pour agrémenter la fin de sa nuit.

Depuis la disparition de son épouse Iset, ce fut la première fois que Khéty partagea sa couche avec une femme.

Le jour se levait à peine lorsqu'il fut réveillé par Erum :

— Khéty, mon seigneur, lui dit-il précipitamment, viens avec ta magie ! Un malheur est arrivé, et tu en es un peu responsable ! Une jeune femme, une hiérodule qui est entrée dans le temple de la déesse où l'on avait laissé les serpents que tu as apportés, a été mordue au talon par l'un d'entre eux. Et maintenant, nul n'ose plus pénétrer dans le temple, car l'un des vases où on les avait déposés a dû tomber et se briser. Dans la pénombre, on craint trop de se faire mordre. Nous imaginons même que plusieurs de ces bêtes aient pu se libérer, sans doute par la volonté de la déesse... qui tient à t'éprouver.

Malgré l'urgence, Khéty ne manqua pas d'emporter sa petite sacoche, dans laquelle il conservait encore quelques plantes destinées à rendre efficace sa thérapeutique. Il courut ensuite jusqu'au temple, à la suite d'Erum, qui l'introduisit dans un pavillon ouvert où était couchée la victime. Près d'elle se tenait agenouillé Abedanath, qui avait posé une main sur sa poitrine. La jeune femme tremblait et son corps était parfois parcouru de soubresauts. Ces symptômes suffirent à Khéty pour donner son diagnostic :

— Elle a été mordue par un serpent-*rer*, dit-il. Chez nous, c'est la manifestation d'un mauvais dieu, le dieu Seth, comparable au Southek des Aamou.

Il s'agenouilla auprès de la patiente, examina la blessure, l'entailla d'un coup de son poignard aigu, aspira le venin. Puis il fit ingurgiter une décoction à la jeune femme, qui vomit une mousse blanche. Ce qu'il fit ensuite, nous ne le savons pas, et relève des secrets de l'ancienne magie des Égyptiens.

Il acheva ses soins en faisant prendre à la patiente une autre décoction, de pavot celle-là. Ainsi soulagée, elle put s'assoupir.

Répondant à l'invitation d'Abedanath, qui avait suivi avec attention chacun de ses actes, sans cependant lui demander quelle était la nature des plantes et ingrédients qu'il avait sortis de son sac, Khéty le suivit à l'intérieur du temple. C'était une construction de forme rectangulaire, dont la porte en façade était flanquée de deux hautes pierres brutes dont Khéty ne savait si elles imitaient simplement des colonnes ou avaient une autre signification. Il apprit par la suite que ces pierres, appelées par les Cananéens *masseboth*, symbolisaient la déesse dans ses deux principales manifestations, l'amour et la guerre. « Car, lui apprit le prêtre, c'est elle qui pousse les êtres vivants mâles et femelles les uns vers les autres ; c'est par l'amour qu'elle suscite dans les cœurs et dans les ventres que naît en chacun de nous le désir pour un autre être vivant ; mais c'est aussi elle qui entraîne les hommes dans des combats mortels. Et lorsqu'ils meurent, ils descendent dans le pays des ombres, où elle règne tout autant que dans le ciel, puisqu'elle est le monde dans sa totalité. »

La porte du sanctuaire avait été fermée afin, assura Abedanath, que le ou les serpents libérés de leur vase ne puissent sortir dans les jardins et y semer la crainte. Il se chargea d'entrouvrir la porte, invitant Khéty à pénétrer dans la salle dont il referma aussitôt la porte, restant lui-même prudemment à l'extérieur.

Khéty était entré dans une pièce plus large que longue, qui servait visiblement de vestibule. Dans les parois, on avait aménagé des niches, dans lesquelles étaient disposées des lampes à huile, qui distribuaient parcimonieusement une lumière vacillante. Au milieu du mur, face à l'entrée, une large ouverture était masquée seulement par un épais rideau de pourpre. Khéty écarta la tenture et pénétra dans une seconde salle, apparemment le Saint des Saints. Les recoins de la pièce restaient obscurs, ce qui faisait ressortir mieux encore la présence d'un *naos* adossé au mur opposé à la porte d'accès, éclairé par plusieurs lampes. Alors qu'en Égypte ces écrins taillés dans la pierre abritaient la statue de la divinité, notamment celle du dieu Amon, dans son grand temple de la ville du Sceptre, ce *naos*-là n'abritait que l'effigie d'un serpent dressé, fondu dans le bronze. Il s'agissait d'un cobra dont le cou était enflé, comme on le voit lorsque ces serpents semblent se mettre en colère ; une langue fourchue jaillissait de sa bouche, mais c'était surtout ses yeux, dont la pupille était taillée dans une pierre noire lumineuse – une escarboucle –, qui semblaient darder le regard du dieu sur le visiteur, placé face à la statue.

Ce *naos* était debout sur un entablement de pierre, long et étroit, où l'on avait disposé des urnes en terre cuite. Et de part et d'autre du *naos* étaient fixés, contre le mur, deux bas-reliefs en terre cuite. L'un représentait une femme nue, dont le triangle du pubis était marqué par une série de petits points gravés dans la glaise, tandis que ses mains semblaient soutenir ses seins. Derrière elle s'élevaient deux ailes, censées jaillir de ses épaules, et sa tête était couronnée par une sorte de casque formé d'un alignement vertical de cornes taurines. Elle se tenait droite sur un lion marchant. Sur l'autre bas-relief était représenté aussi un être féminin nu, mais son sexe n'était marqué que par une fente verticale. Elle n'était pas pourvue d'ailes, mais ses pieds étaient remplacés par des serres d'oiseau de proie et sa chevelure était faite de serpents agités. Elle gardait les bras entrouverts et, dans chaque main, elle tenait un serpent dressé.

Khéty commença par soulever les couvercles de chacun des quatre vases disposés sur la table qui servait d'autel. Il put voir dans chacun d'eux deux serpents, qu'il reconnut comme ceux qu'il avait apportés en cadeau au roi. Il distingua ensuite, sur le sol, dans la pénombre, les fragments brisés d'un cinquième vase. Il jugea qu'il avait donc dû contenir deux serpents et, par déduction, ayant examiné les huit autres reptiles, il sut quels étaient les serpents qui avaient ainsi été libérés.

Il s'assit alors sur le sol, les jambes en tailleur, et il battit les dalles avec le plat de ses mains. Il n'eut pas longtemps à patienter ; bientôt les deux serpents furent près de lui et, à sa vue, ils parurent se figer.

— Ainsi, mes amis, leur dit-il, vous avez attaqué une pauvre femme, une hiérodule qui venait sans doute sacrifier à la déesse, cette Anath qui est votre maîtresse. Vous mériteriez, pour un tel forfait, d'avoir les crocs arrachés. Venez donc près de moi, à portée de ma main, pour que je vous retire de ce sanctuaire où vous effrayez tout le monde.

Parlant ainsi, il frappa dans ses mains et, comme s'ils avaient entendu son ordre, les deux serpents vinrent plus près encore. Il saisit chacun d'eux derrière la tête, puis les approcha de son visage et leur dit encore :

— Vous savez que je suis votre ami, mais aussi votre seigneur... Je ne sais lequel de vous deux a mordu cette pauvre femme, qui certainement a eu bien peur. Je vous adjure de ne pas recommencer. Dès demain, je vous apporterai de beaux petits rats des champs et tout ce que vous aimez, vous et vos compagnons. Mais, pour l'heure, je vais vous replacer dans l'un des vases, où vous serez un peu plus serrés, avec deux autres compagnons.

Lorsqu'il se remit sur ses pieds, il vit qu'Abedanath se tenait derrière lui.

— Après ce que j'ai vu, avoua ce dernier, je n'oserais te dénier le titre de Seigneur des serpents ! J'admire comment tu sais leur parler et les dominer, et ils sont devant toi comme de fidèles serviteurs.

Comme pour bien lui montrer qu'il ne se trompait pas, Khéty plaça l'un des serpents autour de son cou, tandis qu'il déposait le second dans l'urne ; il reprit ensuite le premier, qu'il glissa dans un autre vase. Il avait appris de son grand-père ces gestes précis mais posés grâce à quoi les serpents ne se sentaient pas agressés et ne se mettaient pas en état d'attaque, ne songeant pas à mordre une main qu'ils sentaient amicale.

Il tapota doucement chacune des urnes, vérifia leur stabilité puis, se tournant vers le prêtre, il constata, prenant un ton par lequel il voulait marquer son étonnement et son doute :

— Comment est-il possible que ce vase soit tombé, même si ses hôtes s'étaient querellés comme deux soudards pris de boisson ? Vois, ceux-là, ils sont solidement plantés, et je ne les vois pas avancer tout seuls jusqu'au bord de la table.

— Sans doute le serviteur qui s'est chargé de placer les urnes sur l'autel a-t-il été imprudent, dans sa précipitation, et les a-t-il placées trop près du bord... L'une des urnes aura ainsi basculé et se sera brisée au sol.

— Pourquoi aurait-il marqué une quelconque précipitation ? s'étonna Khéty.

— Il craignait sans doute que l'un des serpents ne sorte brusquement du vase et ne le morde, suggéra Abedanath.

— Comment cela eût-il été possible ? Les bouchons en argile de ces vases sont bien trop lourds pour être soulevés par un pauvre serpent. Mais qui donc les a retirés du sac pour les placer dans ces vases ?

— Moi-même. Je sais aussi les saisir sans me faire mordre. Il suffit de se montrer prudent. Et lorsqu'ils forment un nœud en s'entrelaçant, je les sépare à l'aide d'un bâton fourchu. Tu peux aussi voir que je les ai mis par couples de la même espèce, car je sais aussi bien reconnaître les différentes espèces de serpents.

Aussitôt après, comme pour détourner la conversation, le prêtre prit Khéty par le bras et lui dit :

— Vois, je vais te parler de la déesse, car il est utile que tu connaisses ce qui concerne Anath. Tu peux voir qu'il n'y a dans cette ville qu'un seul sanctuaire et que nous n'adorons qu'une seule divinité. Nous avons chassé de notre cité les autres dieux, et surtout cet El, le grand dieu des gens de Canaan, puisqu'il ne répond pas à l'aménité de nos mœurs. De toute façon, ces dieux n'étaient pas chez eux dans notre ville, et celle qui habite en ce lieu est bien Anath. S'il n'en avait pas été ainsi, ces dieux que nous avons chassés ne se seraient-ils pas vengés ? N'auraient-ils pas lancé sur nos têtes leur malédiction ? Mais Anath est plus puissante qu'eux.

De cela Khéty n'était pas totalement persuadé. Il ne voulut cependant pas chagriner un homme avec qui il allait devoir travailler, dans les jours prochains. Il se contenta donc de hocher la tête et d'assurer, cette fois avec conviction, que certes Anath, qui était aussi Isis, était une puissante déesse puisqu'elle régissait l'univers.

6

Les discours d'Abedanath n'empêchèrent pas Khéty de soupçonner le prêtre d'avoir sciemment fait tomber l'urne pour qu'elle se casse et libère les serpents. Et pourquoi ? Dans l'espoir qu'il arriverait ce qui était arrivé car Abedanath le savait, chaque matin, à l'aube, l'une des hiérodules de service allait apporter dans le sanctuaire fleurs et miel, déposant au pied de l'autel une cruche d'eau, une de vin, une de lait, pour permettre ensuite au prêtre de faire libations et offrandes. C'est après avoir déposé les cruches et les offrandes qu'elle avait dû être mordue. Ainsi Khéty pensa-t-il qu'Abedanath avait cherché à l'éprouver, à voir s'il était réellement le Seigneur des serpents et s'il était capable de guérir de morsures qui, en cette occurrence, infligées par l'un des serpents sélectionnés, n'étaient immanquablement pas mortelles, quoique très dangereuses.

Si telle était la vérité, le prêtre avait d'autant mieux pu vérifier les pouvoirs de Khéty que, le lendemain, la jeune femme se levait et reprenait son service, ne semblant souffrir d'aucune séquelle de sa blessure.

Cet incident conféra à Khéty un prestige nouveau, aussi bien aux yeux de ses compagnons que des gens de l'entourage du roi. De proche en proche, il acquit même une notoriété inattendue auprès de tout le peuple de Sodome. Et lorsqu'il eut parlé du sanctuaire à ses amis khabirou, ceux-ci décidèrent d'aller rendre une visite à la déesse et de lui apporter des offrandes, en sa compagnie.

Khéty désigna à ses compagnons la déesse ailée et leur déclara, fort de ce que lui avait appris Abedanath :

— Cette figure est la manifestation de la déesse sous la forme d'Ishtar la Babylonienne. Elle est ici la Dame des lions, et son casque fait de cornes affrontées représente la puissance virile de la déesse, qui renferme en son sein la double nature des êtres.

— Tu dis vrai, approuva Taribatum. Chez nous, la déesse Ishtar est ainsi représentée. Elle offre ses seins gonflés de lait, qui sont le symbole de l'amour des dieux pour les hommes et les êtres vivants, auxquels ils accordent la nourriture, et de son ventre découle la fécondité des femelles des animaux et des femmes. Par ses ailes, elle montre qu'elle est la déesse du ciel, qu'elle domine ; par ses serres, elle manifeste son aspect prédateur et guerrier ; et le lion rappelle qu'elle est la maîtresse des bêtes fauves, c'est-à-dire de la nature dans son ensemble, telle qu'elle apparaît lorsque les hommes ne l'ont pas domestiquée.

— Pour moi, intervint à son tour Yawa, je vois que la déesse qui tient ces serpents est la même que la Grande Mère que nous adorons dans mon île. Ses prêtresses sont aussi les maîtresses des serpents et la déesse est aussi représentée brandissant un serpent dans chaque main.

— Selon ce que m'a appris Abedanath, commenta alors Khéty, cette déesse aux serpents, c'est Ashérah. Elle est aussi la Grande Mère du ventre, d'où sortent la vie et aussi le plaisir : c'est pourquoi est profondément marquée la fente de sa vulve car elle attise le désir des mâles, elle les invite à l'union, grâce à quoi la vie se perpétue dans le monde, selon la volonté des dieux. Et c'est encore elle qui est symbolisée par le serpent d'airain qui se dresse dans le *naos*. Abedanath prétend que certaines tribus de Shasou adorent le dieu de l'orage, Yahou, et que son épouse, sa manifestation féminine, c'est Ashérah. Mais ils ne la représentent pas : ils figurent Yahou sous l'aspect d'une pierre et Ashérah sous celle d'un serpent. Et dans la tente qui leur sert de sanctuaire, ils gardent comme ici un serpent fondu dans le cuivre ou dans le bronze. Et quand ils se savent incapables de fondre le métal, ils taillent un bâton en forme de serpent pour le placer dans le coffre qui leur sert de sanctuaire portatif. Pour ma part, j'ai connu certaines tribus de Shasou : ceux-là adoraient aussi Anath mais sous la forme d'une vache dorée, comme est aussi représentée la déesse Hathor chez nous, en Égypte.

Lorsque Khéty sortit du temple suivi de ses compagnons, la jeune hiérodule qu'il avait soignée vint s'agenouiller devant lui, elle versa une fiole de parfum sur ses pieds et elle baisa ses genoux en lui disant :

— Seigneur, tu m'as sauvé la vie, grâce à toi je suis déjà guérie, et je ne craindrais plus les morsures de serpent. Il est bien vrai que tu es le Seigneur des serpents, et aussi mon seigneur. Je suis ta servante, et je te servirai en tout, en tout ce que tu voudras, je ferai tout ce que tu exigeras de moi.

Khéty la releva et lui répondit :

— Tu m'attribues trop de mérites et de pouvoirs. Je ne te demande rien et je me garderai d'exiger quoi que ce soit de toi.

— Seigneur, tu m'offenserais si tu refusais que je te serve.

— S'il en est vraiment ainsi, sers-moi en tout ce qu'il te plaira, je ne te repousserai certes pas, mais je me garderai de t'imposer quelque chose qui puisse te déplaire.

— Seigneur, rien ne pourrait me déplaire, venant de toi.

C'est ainsi que, presque malgré lui, Abicha, car tel était le nom de la jeune femme, devint la servante de Khéty. Et elle le suivit pour le servir jusque dans l'aile du palais où il logeait avec ses compagnons.

Abicha était l'aînée d'une famille pauvre de Sodome. Son père travaillait dans les mines de sel. C'était le fils d'un ancien esclave dont on ne savait pas très bien l'origine, affranchi lors de la grande réforme entreprise par les gens de Sodome, libérant aussi bien les mœurs que les humains réduits à l'état d'esclaves. Comme le père d'Abicha n'avait pas les moyens d'élever son enfant, elle fut consacrée à la déesse et admise dans son temple. Les jeunes filles destinées à devenir des hiérodules, c'est-à-dire des « servantes sacrées » de la déesse, ces *qadishtum* comme on les appelait dans le pays et à Babylone, étaient éduquées par des anciennes hiérodules libérées de l'un des devoirs sacrés, la prostitution, pour la plus grande gloire d'Anath. On leur apprenait les bonnes manières, la danse, la musique, et l'art de l'amour. Outre, naturellement, les rites propres au culte de la divinité.

Khéty apprit de la bouche d'Abedanath que c'était une très ancienne coutume chez les Cananéens et certaines tribus des Shasou, des Amalécites et des Ismaéliens, de consacrer au dieu El, la divinité suprême de tous ces peuples, le premier-né de la maison, comme ils lui sacrifiaient aussi le premier-né de leur troupeau et, pour ceux qui étaient devenus agriculteurs, les prémices des moissons. Avec le temps, nombre de tribus avaient abandonné ces sacrifices barbares et s'étaient contentées de consacrer le premier-né, fille ou garçon, au service de la divinité. Ce fut, entre autres peuples, le cas des cités de la vallée de Siddim, à commencer par les gens de Sodome. C'est ainsi que fut consacré au service de la déesse le premier-né de la famille, qu'il soit garçon ou fille. Pour ce qui concernait les filles, ce fut un grand progrès, car nombre de pères s'arrangeaient pour les sacrifier de préférence à leurs fils, ces derniers paraissant plus aptes à entretenir par la suite la famille, et perpétuer le culte des divinités familiales.

— Malgré toute la dévotion que nous devons aux dieux, avait déclaré Abedanath, il a paru monstrueux à nos pères de sacrifier ainsi un enfant sous prétexte que le dieu l'exigeait. Ils ont pensé qu'un dieu ne pouvait être si cruel qu'il exigeât le sacrifice du premier-né.

Khéty apprit encore autre chose : les adorateurs du dieu El étant persuadés que la loi divine ne pouvait être changée et que le dieu exigeait absolument le sacrifice du premier des fils comme celui de la première des filles, leurs divergences avec les partisans de la déesse Anath aboutirent à une véritable guerre civile, d'où les adorateurs de la déesse sortirent vainqueurs ; ils réussirent soit à chasser, soit à convertir les idolâtres du dieu El, lequel fut banni du pays, car les Sodomites ne pouvaient tolérer d'adorer une divinité aussi cruelle. Ceci d'autant plus que les esclaves d'El, parmi leurs lois, prétendaient aussi imposer la mise à mort des femmes adultères et des hommes qui osaient s'aimer entre eux. Or, les fervents d'Anath considéraient que l'une des libertés fondamentales des humains se manifestait dans le choix du partenaire amoureux, un choix qui ne devait dépendre ni de la divinité, ni de la société, ni de la famille, mais de l'individu concerné par cette décision dont dépendait son futur bonheur.

— Voilà pourquoi, conclut le prêtre, nous avons acquis une mauvaise réputation auprès de la plupart des peuples voisins ; ils condamnent tout autant notre liberté amoureuse que notre refus d'adorer ce dieu El considéré par eux comme la divinité suprême alors que, nous le savons, ce n'est pas lui qui règne dans le ciel, mais la déesse Anath.

7

Pendant les deux mois qui suivirent son arrivée à Sodome, Khéty connut l'une des périodes les plus agréables de sa vie. Il était devenu l'un des conseillers du roi et, finalement, il avait été logé dans une pièce personnelle qui s'ouvrait sur l'un des jardins du palais. Durant la journée, il consacrait une grande partie du temps à enseigner à Abedanath les secrets des maîtres des serpents. Pour ce faire, il l'emmenait dans les champs et les collines fermant la vallée, à la recherche aussi bien de minéraux et de plantes – à commencer par les pavots, qui occupaient une place privilégiée dans la composition des thériaques – que de serpents destinés à être offerts à la déesse. En s'élevant au plus haut des hauteurs dominant la vallée, il découvrit que l'air y devenait très froid ; seulement vêtu de son pagne, il avait du mal à le supporter. Il en avait fait la remarque à Abedanath, qui lui avait répondu :

— Notre vallée est bénie par la déesse. La température de la vallée et de la mer de Sel reste chaude tout le long de l'année, et lorsque le soleil reste dans la journée au plus haut du ciel, il arrive que la chaleur soit difficile à supporter. Mais vers les hauteurs, pendant la saison froide, qui est celle que nous traversons, règnent le froid et la pluie. Il arrive même, certaines années, que le froid soit tel qu'au lieu de la pluie, tombent du ciel des flocons glacés qui couvrent la terre d'un épais manteau blanc. Tu peux ainsi comprendre que les gens qui vivent vers le couchant, dans le pays de Canaan, se couvrent en cette saison d'épaisses robes et de grands manteaux. Il est vrai que ces périodes sont courtes et que bien vite revient la chaleur apportée par ce dieu que vous autres Égyptiens appelez Rê.

Pendant le premier mois, Khéty s'était contenté de ces randonnées dans la vallée et les collines environnantes. Il avait aussi appris, grâce à Taribatum, quelques-uns des secrets de la cuisine babylonienne : chaque jour, le Babylonien lui prodiguait son savoir-faire. Ainsi put-il se rendre compte que, contrairement aux habitudes des Égyptiens, qui goûtaient plus que tout les volailles rôties et, dans une moindre mesure, les autres viandes pareillement rôties, les Babyloniens appréciaient de préférence les légumes et les viandes cuits dans des bouillons gras, parfumés au cumin et à la coriandre. Ils faisaient des bouillons de chevreau ou même de cerf, dans lesquels ils cuisaient ail, poireaux et divers légumes qui ne se trouvaient pas dans la vallée du Nil et ne semblaient pas avoir leurs pareils en Égypte.

Entre-temps, le bruit ayant couru par-delà la vallée que les princes du pays recrutaient des mercenaires, les volontaires affluèrent de toutes parts, d'une manière d'ailleurs inattendue. Si bien que, après un mois à peine, Jakin se trouva à la tête d'une armée de près d'un millier d'hommes. La seule difficulté était que, à quelques exceptions près, pas un seul de ces volontaires n'avait jamais combattu contre qui que ce soit, mises à part des rixes dans les tavernes. Par ailleurs, l'arsenal de la ville ne disposait d'armes que pour armer moins de la moitié d'entre eux. On dut se rendre à l'évidence : s'il était possible de nourrir tous ces hommes, étant donné la richesse du pays, il était impossible de leur fournir de bonnes armes en bronze. Surtout, il fallait les former et les discipliner. C'est ainsi que Lupakku le Hittite se vit promu lieutenant de Jakin et officier instructeur, et l'on réclama les mêmes services à Khéty, entraîné à affronter aussi bien le désert que des adversaires expérimentés.

Quoique fastidieuse, cette tâche parut la bienvenue à Khéty, qui redoutait de s'amollir dans une vie de plaisir. On ne pouvait ignorer la menace que faisait peser sur les villes de la vallée le roi des Hyksos, même si on n'entendait plus parler de lui, bien que ses messagers lui fussent revenus sans l'arc, les flèches et la peau de mouton. Les rois s'étaient contentés de faire savoir par la voix de leurs propres messagers qu'ils ne voulaient pas entrer en hostilité contre Shareq, qu'ils avaient passé avec lui un traité d'alliance et qu'ils ne voyaient pas de raison de modifier le statut de leurs relations. Et d'ajouter qu'ils n'avaient aucune raison de payer un tribut aux Hyksos, d'autant que les exigences du roi étaient exorbitantes et qu'ils étaient incapables d'y faire face. Le silence de Shareq réjouissait le roi Magdiel : il déclara que, face à la détermination des rois de la vallée, l'Hyksos avait dû faire marche arrière et abandonner ses projets de conquête.

— Je suis maintenant persuadé, avait-il confié aux officiers de son conseil, auxquels s'ajoutaient désormais Khéty et Lupakku, que l'Hyksos a cherché à nous intimider, mais il bluffait en espérant que nous capitulerions sans nous rebiffer. En vérité, je crois qu'il nous avait sous-estimés ; il a maintenant compris à qui il avait réellement affaire.

Et Magdiel avait ajouté que, finalement, il pensait s'être trop promptement alarmé. Il lui parut même que la petite armée qu'on avait recrutée, entraînée et armée à grands frais, était devenue inutile. Les officiers et les Anciens ne partageaient pas l'optimisme du roi. Tout en lui accordant qu'il avait peut-être raison, ils le persuadèrent de continuer à poursuivre la formation des soldats, serait-ce seulement pour montrer aux Hyksos que les rois de la vallée ne désarmaient pas et qu'ils ne se laisseraient pas surprendre par une éventuelle attaque.

— Puisque nous avons les moyens d'entretenir cette armée sans en souffrir dans nos biens, avait déclaré le porte-parole des Anciens, l'un des hommes les plus en vue de la cité, il serait bien fou de nous défaire d'un pareil instrument de puissance et de prestige. Les temps ont changé ; alors qu'une poignée d'hommes pouvait paraître suffisante pour assurer ta garde ainsi que la police de la ville comme de la campagne, nous devons aujourd'hui prendre conscience de nouvelles menaces et être en état de nous défendre. Car même si l'Hyksos ne nous attaque pas demain, il peut tout aussi bien tenter de nous envahir une fois maître de l'Égypte. Nous le savons, son ambition est de soumettre cet empire sur le déclin, pareil à une vieille maison branlante et déjà à demi conquis par les Cananéens qui s'y sont infiltrés.

Tout le conseil approuva la sagesse de son porte-parole, d'autant plus volontiers que le poids de l'entretien des mercenaires était entièrement assumé par le nouvel impôt prélevé sur le peuple des campagnes et les petites gens, artisans et commerçants de la cité.

— Je suis persuadé que le roi Magdiel se fait de dangereuses illusions, dit Kushar à Khéty, lorsque ce dernier eut fait part à ses compagnons khabirou de la teneur des discussions au conseil. Je connais les Hyksos et aussi bien tous les Cananéens. Je suppose que ce Shareq ne se sent pas encore suffisamment fort pour lancer une attaque contre les rois de la vallée. D'autant que dans les montagnes de Canaan, c'est la saison froide. Dès le retour du printemps, j'en suis persuadé, les Hyksos vont nous attaquer par surprise. C'est la meilleure saison pour cela. L'été, ici, est trop chaud, ce que n'ignore pas l'Hyksos ; il sait bien qu'une trop grosse chaleur, comme en vit cette vallée pendant l'été, serait une gêne pour ses soldats, alors que les gens d'ici y sont habitués et ne la craignent pas.

— Dans ces conditions, que suggères-tu de faire ? s'inquiéta Khéty.

— Rien, sinon d'attendre. Profitons des plaisirs qui nous sont offerts dans ce pays. Faisons des maisons de bière, comme chaque soir rendons visite aux gentilles hiérodules du temple de la bonne déesse, et laissons faire le temps et les dieux. D'ailleurs, que pourrions-nous faire d'autre ? Je ne dis pas « que pourrions-nous faire de mieux », car ici nous vivons une vie de rêve pour de vieux routiers comme nous... Non, je me demande seulement ce que nous pourrions faire d'autre que ce que nous avons fait jusqu'à ce jour depuis que nous sommes arrivés ici. Nous n'allons pas prendre nos haches et nos javelots pour aller assaillir les Hyksos dans leurs forteresses ! Nous n'allons pas non plus, emportés par un zèle ridicule, nous installer sur les montagnes qui forment la frontière afin d'y observer les mouvements des ennemis potentiels et leur faire barrage le cas échéant, au risque d'y mourir, non pas tués par d'hypothétiques assaillants, mais de froid et d'ennui ! Profitons donc de la vie telle qu'elle se présente. On verra bien ce que sera demain... Tiens, le soleil est maintenant bas sur l'horizon : c'est le moment d'aller faire connaissance avec une nouvelle taverne de cette si accueillante cité.

8

Après avoir écumé pendant deux mois les tavernes de la ville et une partie de celles qui étaient dispersées dans les campagnes environnantes, Khéty et ses compagnons envisageaient maintenant d'aller explorer celles de Gomorrhe, cité voisine où seul l'Égyptien avait eu l'occasion de se rendre à deux ou trois reprises, lorsqu'il était à la recherche de plantes et d'ingrédients pour ses thériaques, en compagnie d'Abedanath. Mais, ce jour-là, ils furent détournés de leur dessein par la renommée d'une jeune danseuse babylonienne qui s'exhibait dans une taverne nouvellement installée aux portes de Sodome. La cabaretière, car il convient ici de préciser que les tavernes, dans le monde babylonien, étaient souvent tenues par des femmes, était venue de Babylone avec plusieurs filles de cette ville. C'est parmi ces dernières que brillait Watie, autant par sa beauté et par la grâce de ses danses et de ses chants que par sa hardiesse et sa lascivité, toutes qualités qui ne pouvaient qu'émoustiller même les plus prudes des hommes, ce qui n'était d'ailleurs le cas de personne, dans cette libre cité de Sodome.

La taverne se présentait comme une grande bâtisse en briques crues et en bois, aux murs enduits d'un crépi fait de chaux. Elle était couverte en terrasse, comme la majorité des constructions des villes de la vallée de Siddim. La salle publique était précédée par une première salle, ouverte, dont le plancher était simplement protégé par un toit de palmes fixées sur une charpente en bois soutenue, aux angles, par des colonnes façonnées dans des troncs de dattiers. Ce plancher, tout autant que celui de la salle intérieure, était couvert de nattes faites de fibres végétales tressées, sur lesquelles prenaient place les chalands.

Le jour commençait à baisser lorsque Khéty et les six Khabirou vinrent s'installer, assis en tailleur, autour d'un grand plateau de bois circulaire. Une femme qui n'était plus d'une première jeunesse et qui pouvait s'enorgueillir d'un bel embonpoint ainsi que d'une croupe généreuse, était venue au-devant d'eux pour les accueillir et les inviter à s'installer. Elle était vêtue d'une étroite robe de couleurs vives, dont le bas, orné de franges, tombait jusque sur ses pieds nus.

— Bienvenue, soyez les bienvenus, mes seigneurs, leur avait-elle simplement dit dans la langue des Cananéens, teintée d'un fort accent que Taribatum déclara être babylonien, ce qui parut naturel à tout le monde, considérant l'origine avouée de la taulière.

Il y avait encore peu de clients dans la salle. C'était l'heure où ceux dont l'intention était de passer la soirée dans les tavernes prenaient leur repas chez eux, tandis que d'autres, venus dès le courant de l'après-midi se rafraîchir avec les boissons proposées, s'étaient déjà installés dans la salle ouverte. Comme Taribatum avait entendu dire qu'on servait dans cet établissement non seulement des boissons, mais des mets préparés selon la mode babylonienne, il avait décidé ses compagnons à y prendre leur dîner.

Lorsque Taribatum s'adressa à la cabaretière en babylonien, un grand sourire illumina son visage :

— Que la déesse Ishtar me soit favorable ! s'exclama-t-elle, serais-tu un homme de Babylone ? lui demanda-t-elle.

— Si fait ! assura Taribatum. Et moi je suis bien content et je bénis Mardouk de pouvoir rencontrer une personne qui vient de ma ville natale ! Mais vois : j'en suis parti depuis plus de vingt ans, et je n'y suis jamais revenu.

— Et moi, répondit la femme, je ne l'ai quittée que voici une petite année... Mon nom est Sidouri. Ou, plutôt, c'est ainsi que je veux qu'on m'appelle. Et toi, comment te nommes-tu ?

Taribatum déclina son identité et, à la demande de Sidouri, raconta son histoire, faisant savoir de quelle manière il avait été dépossédé de son auberge.

— Serais-tu le grand Taribatum, s'exclama Sidouri, cet homme qui tenait une auberge où l'on venait déguster la meilleure cuisine de Babylone ?

— Je suis celui que tu dis, répliqua modestement le Babylonien.

— Alors, apprends d'abord que je suis venue chez toi alors que j'étais jeune fille ; j'étais alors avec mon père et avec ma mère. Et je peux te dire que mes parents goûtaient ta cuisine... C'est même en venant dans ta taverne que j'ai pris goût à la bonne chère, et c'est aussi grâce à toi que je suis devenue aubergiste. Ah ! comme on t'a regretté lorsque tu nous as quittés, chassé par cette femme impie !

— C'était ma femme, remarqua Taribatum. Mais je lui ai pardonné. Vois : maintenant, je suis avec de bons compagnons et, à tout prendre, je préfère la vie que je mène depuis que je suis devenu un Khabirou. Et surtout depuis que nous sommes installés dans cette bonne ville de Sodome.

— Voilà qui est bien ! Mais sache que Shamash, dieu Soleil de justice, n'a pas permis que les méchants fleurissent. Grâce à ton savoir-faire, ta taverne avait acquis une flatteuse réputation non seulement dans Babylone, mais dans toutes les cités alentour. Et voici qu'après ton départ l'auberge a perdu peu à peu ses clients, la précarité s'est établie, et la précarité est raison de querelles. Le jeune amant de ta femme a songé à vendre l'auberge, mais la femme ne le voulait pas. Si bien que, ne pouvant la convaincre, il l'a tuée, et il est parti avec l'autre homme, celui qui a réussi à te faire mettre en prison, car il était aussi son amant. Mais Mardouk, le dieu bon, ou son fils Nébo, peu importe... Quoi qu'il en soit, les dieux n'ont pas permis que ce crime restât impuni. Les deux hommes ont été pris, et ils ont été envoyés dans le royaume souterrain de la reine des morts, de l'inflexible Ereshkigal, la maîtresse de la Place vaste !

— On peut alors le dire : en vérité, Mardouk est grand, Shamash est juste, et grande aussi est la déesse Ishtar, opina Taribatum. Mais, puisque tu as quitté Babylone depuis peu, dis-moi comment va la ville ? Comment va mon seigneur le roi ? Et toi, pourquoi es-tu partie de cette si grande cité, cette Porte du dieu ?

— Le roi va mal, la ville va mal. J'en suis partie parce que les dieux ne nous sont pas favorables ! Ces barbares des montagnes du Levant, les Kassites, ont assailli la ville sous Abieshuh, le grand-père de notre roi actuel, et il en est mort. Mais s'ils ont été repoussés, si nombre d'entre eux sont remontés dans leurs montagnes pierreuses, beaucoup sont restés dans la vallée, et les autres sont progressivement revenus, par petits groupes. Ainsi occupent-ils le pays d'une manière furtive, sans qu'on y prenne trop garde. Ils nous envahissent, lentement, mais sûrement. Sans doute nombre d'entre eux prétendent devenir de vrais Babyloniens, et ils se louent dans les campagnes, ils s'engagent dans l'armée du roi. Mais plus nombreux encore sont ceux qui vivent de pillage, de sorte que la campagne n'est plus sûre, ni même les rues de la ville, dès que tombe la nuit. Voilà pourquoi j'ai fermé la taverne que j'avais ouverte là-bas et je suis venue en Canaan avec mes filles. Nous sommes ainsi arrivées à Jéricho. C'est là que j'ai entendu vanter les mœurs débonnaires des gens de ce pays, de cette ville de Sodome. Et il est vrai que nous avons été bien reçues. On m'a même aidée à édifier ma taverne, car il paraît que les gens de cette vallée se réjouissent dans les tavernes et ils disent qu'il n'y en a jamais assez. Ce sont de bons vivants, des gens accueillants qui aiment la vie et les bonnes choses que nous ont accordées les dieux dans leur bienveillance, surtout notre bonne déesse Anath, protectrice des hiérodules et des courtisanes.

— Ce que tu m'apprends de notre bonne ville de Babylone m'accable le cœur ! Mais je suis certain que Mardouk, le grand dieu, n'abandonnera pas sa cité aux barbares, même s'il paraît être remonté dans le ciel. Il n'est pas possible que ces chiens finissent par dominer le royaume.

— C'est là une affaire entre les dieux et les rois, déclara hautement Sidouri. Pour ce qui est de nous, nous devons nous appliquer à sauver nos vies et nos biens, et continuer de vivre comme nous le désirons, de la meilleure manière. Et c'est ce que je crois pouvoir faire à Sodome. Maintenant, dis-moi si toi et tes compagnons vous êtes venus ici pour manger ou pour boire.

— Pour boire et aussi pour manger, car j'ai entendu dire que tu préparais des plats délicieux, comme on sait le faire à Babylone…

— J'ai avec moi deux habiles garçons à qui j'ai appris les bonnes recettes de chez nous. Mais nous faisons aussi des rôtis à la manière des gens d'ici. Si tu veux m'accompagner dans l'arrière-cour, où sont nos fourneaux, tu pourras apprécier par toi-même ce qu'ils préparent.

Taribatum s'éloigna à la suite de Sidouri. Shukriya, qui venait aussi de la Babylonie et qui parlait la langue de ce pays, rapporta alors à ses compagnons l'essentiel de la conversation entre Taribatum et Sidouri.

— Je vois, constata alors Khéty, que les barbares débordent de partout les domaines de nos dieux. Les gens des montagnes, ces Kassites, comme vous les appelez, sont comme les Aamou chez nous.

— Khéty, mon ami, tu devrais savoir qu'il en a toujours été ainsi. Ma ville, la ville sainte d'Ur sur laquelle règne le dieu Lune Sîn, a été grande et puissante ; elle a dominé une grande partie du pays des Deux Fleuves. Puis sont venus les barbares, les gens d'Amourrou. Ils ont semé la terreur, ils ont ravagé nos contrées, apportant avec eux la famine, la destruction des villages, la mort. Les prêtres se sont lamentés sur la ruine de la ville, sur la dévastation de ses temples, puis le dieu a permis qu'elle se relève, qu'elle ressurgisse de ses décombres, que ses temples soient reconstruits ; mais elle avait perdu sa grandeur et avait été dépouillée de sa puissance. Ainsi s'écroulent les empires. N'est-ce pas ce qui arrive maintenant dans ton pays ? Vois, les Hyksos menacent l'Égypte, mais déjà la basse vallée du Nil est entre les mains de ces Cananéens que vous appelez Aamou, et ce sont les mêmes que les Hyksos. Alors, même si Shareq, leur roi, venait envahir cette heureuse vallée de Siddim, et si un dieu voulait qu'il perde la vie dans les combats qu'il conduirait contre nous, ton pays n'en serait pas sauvé pour autant. Car ne nous as-tu pas dit que le fils du dieu qui règne sur la grande ville du Sud est un incapable ? Qu'il est impuissant à imposer sa domination sur tout le nord du pays ? Shareq peut mourir demain, les Hyksos n'en seront pas moins maîtres de l'Égypte ; si ce n'est demain, ce sera après-demain, puisque ton pays est comme un fruit mûr que le premier venu peut cueillir, comme l'était en son temps ma chère ville d'Ur, la Grande, la sainte !

Par ces considérations, Khéty comprit, comme jamais il ne l'avait encore ressentie, la faiblesse de son roi, et aussi l'inanité de l'action dans laquelle l'avait engagé ce fils d'Horus qui, dans sa ville du Sceptre, faisait des maisons de bière sans songer à combattre, dominé par il ne savait quel engourdissement, immergé dans sa certitude qu'il sauverait son trône à coups de compromissions, de conciliations, de concessions, d'abandons.

Sur ces entrefaites, Taribatum revint bientôt en se frottant les mains :

— Mes amis, déclara-t-il, dans la cour sont en train de rôtir de tendres porcelets, tandis que sur les fourneaux mijotent toutes sortes de plats : j'ai vu qu'on préparait, dans des bouillons parfumés, des pigeons, des volailles, et aussi un bouillon d'agneau avec des poireaux et de l'ail, enfin vous pourrez apprécier vous-mêmes... Les deux garçons qui préparent tout cela sous la direction de la taulière sont bien mignons et je la soupçonne de les emmener sur sa couche quand est fini le travail.

— Hé ! intervint Lupakku, si j'en juge à l'opulence de la dame, il doit bien lui falloir deux vigoureux gaillards, deux vrais lapins pour la satisfaire.

— C'est bien possible, c'est même probable, lui accorda Taribatum, mais ce que je peux vous dire, c'est que sur cette arrière-cour s'ouvrent les chambres des hôtes de cette joyeuse maison, et j'ai pu entrevoir des beautés babyloniennes qui ne vous feront pas regretter les belles filles et les beaux garçons de Sodome... et même pour toi, Khéty, les filles de ton pays, dont on dit qu'elles sont aussi très belles, mais qui, à ce que j'ai entendu raconter par des gens qui venaient de là-bas, ne sont pas suffisamment opulentes pour nos larges mains de gens du pays des Deux Fleuves.

Cette évocation des filles d'Égypte qui, en effet, étaient minces et sveltes, en tout cas dans leur jeunesse, projeta soudainement Khéty dans un abîme de réflexions. Il songea qu'il n'en avait jamais connu (au sens érotique du terme) qu'une seule pendant toute sa jeunesse égyptienne, celle qui était devenue son épouse. Et il dut convenir qu'il était quelque peu différent de ses compagnons, qui se vantaient souvent de leurs exploits amoureux – exploits rapportés par eux dans les plus minutieux détails, ce qui laissait supposer qu'ils préféraient laisser libre cours à leur imagination plutôt que de narrer des réalités moins glorieuses. Khéty s'abandonna à ses pensées profondes, occupées par l'image d'Iset, cette épouse qui ne cessait de le tourmenter, comme si son âme-bâ était restée attachée à lui, comme si elle n'avait pas réussi à parvenir dans les Champs d'Ialou, ce qui aurait dû rompre tous leurs liens. Il ne prêta aucune attention à ce qu'on lui servait, mangea sans même goûter la saveur des mets, et but sans distinguer la nature de la boisson. Il entendait ses compagnons parler, rire, plaisanter, sans comprendre le sens de leurs paroles, tous les sons lui parvenant comme à travers un épais voile qui réduisait les mots à un simple bourdonnement.

Il ne fut tiré de cette sorte de torpeur que par les coups de coude de son voisin :

— Khéty, mon bon compagnon, que t'arrive-t-il ? Réveille-toi, et vois un peu ce que nous voyons !

C'était Kushar qui lui parlait ainsi.

Levant la tête et s'extirpant de ses pensés déprimantes, Khéty découvrit Watie, la danseuse babylonienne. Et il en ressentit un choc dans la poitrine. Son fin visage rayonnait de beauté et son corps, entièrement nu et épilé, aux formes lentes et gracieuses, respirait une étrange sensualité. Son épaisse chevelure sombre flottait librement sur ses épaules jusque sur ses reins, comme un ample manteau nocturne scintillant d'étoiles. Et sa nudité n'était parée que d'une ceinture formée de maillons d'or, qui faisait paraître sa taille plus fine et flexible, d'un large collier fait de perles de lapis-lazuli qui enserrait son cou gracile, d'épais anneaux d'argent qui étreignaient étroitement ses chevilles et ses poignets. Mais, plus que cette étrange beauté, ce qui avait provoqué en Khéty un tel choc, c'était sa ressemblance avec Iset. Au point qu'il s'était redressé et s'apprêtait même à venir vers elle, pour se saisir d'elle, pour l'appeler par son nom.

Elle exécutait une danse lente et grave, face à eux, face à lui, et leurs yeux se croisèrent. Mais elle n'eut pas un sursaut, son regard glissa de côté et elle s'éloigna en un tourbillon. Alors Khéty se rassit : cette femme ne pouvait évidemment être Iset, puisque son Iset était morte. D'ailleurs, elle l'avait bien regardé et visiblement, il n'avait pas provoqué en elle la moindre émotion. Comment aurait-il été possible, si elle avait été Iset, qu'elle ne l'eût pas reconnu, depuis à peine plus d'une année qu'ils avaient été séparés ?

La danse était rythmée par la musique d'une petite harpe, d'une cithare et d'un tambour, instruments maniés par de jeunes femmes assises sur des coussins, au fond de la salle. Une autre jeune femme et un jeune homme qui eux se tenaient debout, face à face, échangeaient en un dialogue parfois psalmodié, parfois chanté en harmonie avec la musique, des invitations à l'amour. Enfin, c'est ce qu'expliqua Taribatum à Khéty, car ils s'exprimaient dans la langue de Babylone, devenue si largement répandue dans le monde oriental de cette époque que la plupart des spectateurs, s'ils ne la parlaient pas aisément, en comprenaient le sens.

— C'est un dialogue entre deux amoureux, commenta Taribatum à l'intention de Khéty et de Lupakku le Hittite, les seuls à ne pas saisir la signification des paroles. Chez nous, on appelle ces chants amoureux des *balbales*. À l'origine, c'était des cantiques à la gloire des dieux qui exaltaient les amours de la grande déesse Inanna et de Dumuzi, les mêmes que les Babyloniens appellent Ishtar et Tammouz. Il faut que tu saches que, à Babylone, les tavernes sont placées sous la protection de la déesse Ishtar, qui préside aux amours. Car lorsqu'ils s'unissent, les humains refont les gestes créateurs des dieux et, dans la jouissance de l'union, ils connaissent l'extase divine. Mais cela ne dure que l'instant d'un long cri, alors que pour les dieux, cette extase est éternelle.

— Cette musique et ces chants me paraissent particulièrement beaux et graves, reconnut Khéty ; peux-tu nous traduire ce qu'ils disent ?

— Vois, c'est le garçon qui parle ; vois, il s'est tourné vers la danseuse, et il chante en l'honneur d'Ishtar.

— Je le vois bien, mais que chante-t-il ?

— Attends... Il dit : « Elle est toute joie, elle est revêtue d'amour. Ses ornements sont la séduction, la grâce, l'attrait de sa beauté. Le vêtement d'Ishtar est la joie et l'amour. Ses lèvres sont douces comme le miel, la vie vient de sa bouche, ses ornements sont les charmes de sa féminité... » Tu peux voir que la danseuse mime les chants, elle est Ishtar, et, comme la déesse, elle est nue, ses ornements étant sa beauté.

La fille ayant enchaîné son chant à la suite de celui du garçon, Taribatum continua de traduire les paroles au fur et à mesure, tandis que la danseuse se tournait vers eux et se caressait le corps tout en continuant de dodeliner en restant sur place.

— C'est une invitation à l'amour. La jeune femme dit : « Allons aux genoux du fiancé ! Laisse-nous nous réjouir, laisse-nous danser, laisse-nous danser, ô Ishtar, laisse venir le plaisir dans mon ventre. Ma vulve est humide, je suis la reine du ciel, ma vulve est humide : laisse l'amant poser sa main sur ma vulve, laisse l'homme puissant mettre sa main sur ma vulve. Il apporte le plaisir dans mon jardin, je suis la jeune fille, sa dame. Où es-tu mon amant ? Il apporte la joie dans le jardin, je suis la jeune fille, sa dame, où es-tu mon homme ? Dans le verger il apporte la joie, pour l'amant les pommes du verger sont les miroirs du plaisir. Dans les vignes il apporte la joie. »

— Et maintenant, c'est le garçon qui chante ainsi, reprit Taribatum : « Le vent s'est levé, il ébranle les arbres du verger. Les nuages s'étirent, tombe la pluie. Fais que ma puissance soit pareille à un torrent, laisse ma verge se tendre comme la corde de la harpe, ne la laisse pas glisser hors d'elle. » Maintenant, c'est la fille qui lui répond : « Pour moi, ouvre ma vulve, pour moi ! Pour moi, la jeune fille, qui sera son laboureur ? Ma vulve est un lieu humide, pour moi. Pour moi, la jeune femme, qui sera le taureau ?[1] »

La jeune femme, Watie la danseuse babylonienne, s'approcha plus encore des Khabirou, et c'est sur Khéty que se porta son regard, tandis qu'elle caressait son corps, pressait ses seins, glissait les doigts entre ses cuisses. Il ouvrit de grands yeux, croyant revoir Iset lorsque, certains soirs dans leur chambre de la grande ville du Sud, elle dansait pour lui, se caressant en prélude à l'amour. Mais ce ne pouvait être Iset qui se tenait là. Son corps doré comme celui d'Hathor était parfait, sa peau lisse ne portait pas la moindre trace d'un quelconque coup de poignard, puisque c'était ainsi, à en croire la servante, qu'Iset avait été tuée par son frère.

Mû par il ne savait quel dieu, il se leva soudain et s'éloigna en hâte. Il quitta la taverne et courut jusque dans sa chambre, où l'attendait Abicha, car elle lui consacrait toutes les nuits. Mais, ce soir-là, il ne put la toucher, et il pleura longtemps avant de s'endormir.

1. Ces paroles ne sont pas invention de l'auteur. Il s'agît de la traduction de chants amoureux (et à l'origine liturgiques) suméro-babyloniens.

9

Au réveil, le lendemain, alors que le soleil commençait à s'élever haut dans le ciel, il prit la décision de ne plus revenir dans la taverne de Sidouri. « Que m'importe qui peut être cette femme ? se dit-il. Il est vrai qu'elle présente quelques ressemblances avec mon Iset, mais c'est une simple courtisane, une danseuse babylonienne, et ce fut de ma part une illusion, une étrange impression que de croire voir Iset en elle. L'âme-bâ de mon aimée est bien partie vers les champs des Guérets, où elle m'attend. Mais moi, je ne la rejoindrai que lorsque ma vengeance sera assumée, que lorsque j'aurai mis à mort ces Aamou. »

Ses solides décisions furent cependant ébranlées lorsqu'il retrouva ses compagnons.

— Par tous les dieux de Babylone, l'aborda Taribatum, qu'est-ce qui t'a donc pris de partir si brusquement hier, alors que cette beauté de Watie n'avait de regards que pour toi ? En tout cas pendant le temps qu'elle est venue se trémousser devant nous, car elle avait d'autres spectateurs à satisfaire.

— Je ne sais... C'est peut-être la main de mon épouse défunte qui m'a éloigné de cette femme.

— Que nous chantes-tu là ! intervint à son tour Shukriya. Je ne vois pas comment ta femme, qui se trouve dans le monde des morts, pourrait se montrer soudain jalouse et t'éloigner de cette danseuse ! Pourquoi ne l'aurait-elle pas fait pour Abicha, qui maintenant partage ta couche chaque nuit que fait mon dieu Sîn ?

Khéty soupira et, sa curiosité triomphant, il demanda :

— Lequel d'entre vous est allé faire une maison de plaisir avec cette fille ?

— Aucun, déclara Shukriya. Il paraît qu'elle danse ainsi nue pour tout le monde, qu'elle mime devant les hommes les actes de l'amour, mais elle ne se donne à personne. Sidouri nous a assuré qu'il n'était pas question de l'y obliger, même la couvrirait-on d'or. Car il paraît que dès qu'un homme la touche, si c'est dans le cabaret, elle prend aussitôt la fuite. Et si d'aventure un homme tentait de la prendre de force, elle pousserait de tels cris et elle se débattrait avec tant de vigueur, elle lui entaillerait le visage de tant de coups de ses ongles, elle le mordrait si férocement que l'homme le plus fort abandonnerait le combat et prendrait la fuite ! C'est une véritable lionne !

— Oui, vraiment, c'est une panthère, nous a précisé Sidouri, renchérit Taribatum. Un seul homme s'est essayé à la forcer, et il est reparti tout sanguinolent, la queue entre les jambes, comme un chien battu. Depuis, Sidouri ne cherche pas à la contraindre : finalement, elle lui rapporte plus de biens et de clients par ses danses.

— Sais-tu si elle est vraiment originaire de Babylone ? s'enquit finalement Khéty auprès de Taribatum car bien malgré lui, il se sentait tarabusté par une si troublante ressemblance avec Iset.

— Pour être aussi farouche, elle ne peut être que de mon pays, assura-t-il.

— Lui as-tu parlé ?

— C'est que… j'ai bien essayé, mais elle ne m'a pas répondu. D'ailleurs, elle n'a adressé la parole à personne, au point que Sidouri croit qu'elle est muette.

— Comment peut-elle prétendre que cette Watie est muette ? Ne sait-elle pas si elle parle ou non, puisqu'elle vit avec elle ?

— Selon ce que j'ai cru comprendre, elle n'est entrée dans la bande de Sidouri que récemment. Depuis quelque chose comme quatre ou cinq lunes, m'a dit celle-ci. Mais elle ne lui a jamais adressé la parole.

— Dans ces conditions, par quel moyen a-t-elle pu la recruter ?

— Pour ça, je ne saurais te le dire. Je n'ai pas pensé à lui poser la question. D'autant que d'autres danseuses sont venues, après ton départ, de vraies filles de Babylone, et elles ont dansé pour nous, et nous avons choisi parmi elles pour aller faire une maison de plaisir. Tu comprends que dès lors, j'ai davantage pensé à la belle Ishtar que je serrais toute nue dans mes bras qu'à cette Watie qui visiblement déteste les hommes. J'ai le sentiment qu'elle n'aime que les femmes et c'est avec ces filles ou même avec Sidouri qu'elle fait des maisons de plaisir. C'est sans doute pour cela que Sidouri ne cherche pas à la prostituer au tout-venant. Je la soupçonne même d'avoir aussi bien inventé cette histoire de fille panthère qui refuse de se laisser toucher, et même qu'elle la dit muette pour ne pas la voir importunée par les hommes. Elle doit se la réserver. Et j'ajoute, moi, que Sidouri a raison : lorsqu'on a pour soi une fille d'une telle beauté, on n'a pas envie qu'elle aille se jeter dans les bras d'un autre. Surtout si l'on est une femme et que l'on n'aime que les belles personnes de son propre sexe.

« Ce soir, se dit Khéty, je retournerai dans cette taverne. Je veux savoir d'où vient cette femme. J'interrogerai Sidouri, et même je tenterai d'adresser la parole à cette Watie. Il faut absolument que j'en aie le cœur net, il faut que je sache qu'elle n'est certainement pas Iset. Bien sûr, je ne peux douter que ma chère épouse ait été tuée, car la servante l'a bien vue et elle ne peut mentir. Mais pourquoi cette peste de Mermesha a-t-il emporté son corps ? Aurait-il eu des remords, aurait-il voulu lui donner une sépulture ? Il ne pouvait pourtant ignorer que moi-même j'étais le mieux placé pour le faire… Il faut vraiment que je sache, et que Maât libère mon cœur de cet étrange tourment qui l'a saisi depuis que j'ai vu cette jeune femme. »

10

Khéty s'apprêtait à se rendre au temple d'Anath pour y retrouver comme chaque matin Abedanath, lorsque Yapiranu, le chef de la garde royale, vint audevant de lui :

— Misère de nous ! s'écria-t-il, haletant. Le moment de montrer votre valeur est venu... Appelle les autres Khabirou, et courrez aux armes... Les Hyksos arrivent, ils ont déferlé sur Séboïm, ils ont sans doute déjà renversé l'armée de son roi, et ils vont se ruer sur nous. Jakin est en train de réunir nos hommes... Je vole auprès du roi, afin qu'il s'arme et qu'il se fasse protéger par sa garde.

Khéty se hâta d'avertir ses compagnons et chacun s'empara de ses armes. Ceux qui en avaient passèrent leur corselet de cuir, coiffèrent leur casque, se saisirent de leurs arcs, de leurs glaives, de leurs haches. Khéty, comme il en allait dans l'armée égyptienne, n'avait pour tout vêtement que son pagne étroit, mais il avait bouclé sur sa taille une ceinture en peau souple pour soutenir son poignard et un glaive qui lui avait été confié par Jakin. Il n'avait pas non plus de casque, ni même ces perruques épaisses en laine bouclée dont les hommes de la vallée du Nil se couvraient la tête pour se protéger des rayons du soleil tout autant que de coups – en l'occurrence de massue ou de hache. Il avait laissé pousser son épaisse chevelure, qui lui protégeait la nuque, et qu'il maintenait par un bandeau noué derrière la tête. Il se saisit de ses deux javelots, mais ne voulut se charger d'un bouclier, contrairement à ses compagnons, munis chacun d'un petit bouclier rond, très différent des grands boucliers carrés à la base et oblongs vers le sommet, constitués d'épaisses peaux tendues sur leur cadre de bois, qui formaient l'arme défensive des combattants égyptiens.

Ils se retrouvèrent bientôt à la porte occidentale de la ville, où Jakin avait réuni son armée. Jusqu'à ce jour, Khéty n'avait jamais eu l'occasion que de voir de petits groupes de nouvelles recrues entraînées par des hommes déjà plus ou moins aguerris, issus des rangs du noyau de l'armée de Sodome. Brusquement, il découvrit que les soldats destinés à s'opposer aux Hyksos formaient une troupe disparate et indisciplinée. Ils obéirent maladroitement aux ordres qui leur étaient lancés de se former en rangs et de se mettre en marche. Sans attendre que chacun ait réussi à trouver sa place, Khéty et ses compagnons prirent les devants, après avoir déclaré à Jakin qu'ils partaient en éclaireurs, voulant surveiller les mouvements des ennemis.

— Je crois, osa suggérer Lupakku lorsqu'ils eurent pris de la distance, que la sagesse serait de nous esquiver. Après avoir vu ces hommes qui doivent combattre les Hyksos, je n'ai pas besoin de demander à un augure de sacrifier un mouton pour examiner son foie et prédire ce qu'il va advenir. Sans me tromper, je peux assurer que cette armée sera bientôt mise en déroute.

— Lupakku, lui rétorqua Khéty, je partage ta conviction, mais ce serait une trahison que d'abandonner le parti de Magdiel, qui a été pour nous un bon seigneur, nous a accordé sa confiance et nous a grassement entretenus pendant les mois que nous avons passés dans sa ville. Je dois lui donner la preuve qu'il n'a pas placé à tort sa confiance en nous. Si je l'abandonnais maintenant, j'ai la certitude que les dieux seraient remplis de colère contre moi, et j'aurais honte de paraître devant les hommes. Il nous revient de combattre mieux encore que les autres mercenaires qu'il a levés pour défendre sa ville. Et je considère que cette ville de Sodome mérite d'être défendue contre tous ceux qui chercheraient à lui nuire. Elle nous a fourni le modèle de ce que peut être une cité de joie et de plaisirs.

Ses autres compagnons l'approuvèrent si vigoureusement que Lupakku vint à résipiscence :

— Bon, dit-il, je parlais comme ça ! Mais tu as raison, et que nos dieux nous protègent ! Car reconnaissez, compagnons, que nous sommes bien mal partis. Visiblement, l'Hyksos est plein de ruse. Il nous a attaqués soudainement, sans que personne s'y attende. De sorte qu'il va vaincre chacun des rois l'un après l'autre, sans leur laisser le temps de se concerter et de réunir leurs forces.

— Il en est visiblement ainsi, reconnut Kushar. Il ne nous reste plus qu'à résister chacun de notre côté, en espérant que les Hyksos se seront affaiblis en combattant les gens de Séboïm.

Arrivés à proximité de Séboïm, ils gravirent une colline basse, d'où ils savaient pouvoir découvrir toute la plaine au milieu de laquelle se dressaient les murs de la ville. Ils purent alors voir, dans le lointain, une colonne d'hommes sur la route qui, de Séboïm, conduisait à Sodome.

— Voilà qui ne me dit rien de bon, dit Lupakku.

— À cette distance, précisa Yawa, on ne peut savoir si ces hommes sont les Hyksos ou les gens de l'armée de Séboïm qui cherchent à se joindre à nous.

— Il y a toutes les chances que ce soit l'armée victorieuse des Hyksos, dit à son tour Kéliya.

— Le mieux que nous ayons à faire, constata Khéty, c'est d'attendre ici l'arrivée de notre troupe. Nous pourrons alors redescendre pour faire part à Jakin de ce qu'il en est. À ce moment, nous saurons si ces gens qui sortent de Séboïm sont amis ou ennemis.

Le soleil approchait du zénith, mais il restait encore du côté du ciel oriental, de telle façon qu'il éclairait la troupe en provenance de Séboïm. Aussi n'eut-on pas à attendre longtemps avant que Shukriya, qui à son tour examinait l'horizon, la main au-dessus de ses yeux, s'exclamât :

— On ne peut en douter, il s'agit bien de l'armée des Hyksos ! Et je peux assurer qu'ils sont nombreux, très nombreux !

— Comment peux-tu en être sûr, à une telle distance ? lui demanda Khéty en portant à son tour la main à son front.

— Vois ce qui avance en tête : ce sont des chars, et ils sont tirés non par des ânes ou des onagres, mais par des animaux qui nous viennent d'au-delà des montagnes. En Babylonie, nous les appelons « ânes des montagnes », mais ils sont bien plus grands et rapides que les ânes.

— Tu as raison, confirma à son tour Kéliya le Hourrite. Cet animal, nous le nommons « cheval ». Il a été apporté dans mon pays par des guerriers venus des plaines, par-delà les hautes montagnes du Nord. Il paraît que, là-bas, ces étranges animaux vivent par milliers à l'état sauvage. Les barbares de ces contrées sont des nomades, des éleveurs de bestiaux ; ils ont su dompter ces bêtes et les domestiquer. Une fois attelés, les chevaux tirent des chars capables de rouler dix fois plus vite que tu ne peux courir.

— Il est donc temps d'aller avertir Jakin de la présence de ces Hyksos, intervint alors Khéty.

Ils dévalèrent le flanc de la colline et coururent jusqu'à l'armée de Sodome. Les hommes avançaient en désordre ; certains d'entre eux chantaient en s'accompagnant de lyres, comme s'ils allaient en promenade, ou lors d'une procession en l'honneur d'une divinité.

Khéty put cependant admirer le courage de Magdiel, qui avait pris la tête de son armée, entouré des vingt hommes de sa garde et accompagné de Jakin et de Yapiranu. Il laissa Shukriya prendre la parole. Celui-ci expliqua au roi que les Hyksos possédaient des chars en grand nombre, et qu'ils allaient en tête de l'armée. Comme ils sortaient de Séboïm, Shukriya en conclut qu'ils avaient dû mettre en déroute l'armée de son roi.

— Qu'il en advienne ce que voudra Anath, dit le roi. Ces chars, nous les connaissons ! Déjà Shareq est venu devant nous monté sur un char, tiré par deux chevaux attelés côte à côte. Sans doute un char de ce type peut-il faire peur, mais les deux hommes qui le montent ont lié leur sort au sien, et si d'aventure il était renversé, ils seraient projetés au sol, où ils deviendraient la proie de nos lances. Il ne faut pas craindre les guerriers montés sur des chars. Ils sont bien moins stables qu'un fantassin, il leur est plus difficile de frapper avec sûreté leur adversaire.

Parvenue au détour du chemin, au pied de la colline sur laquelle Khéty et ses compagnons avaient observé le mouvement des ennemis, l'armée de Magdiel découvrit face à elle, à peu de distance, les colonnes des Hyksos. Magdiel se tourna alors vers ses officiers :

— Jakin, déploie tes hommes sur plusieurs rangs, face à l'ennemi. Et tu prendras le commandement de l'aile droite. Toi, Yapiranu, tu restes auprès de moi. Et toi, Khéty, je te donne le commandement de l'aile gauche, avec Lupakku. Partagez-vous les hommes, et combattez pour la liberté de Sodome, son roi vous en sera reconnaissant !

— Mon roi, lui répondit Khéty, tu as été généreux envers nous. Nous ne te décevrons pas et nous combattrons jusqu'à la victoire !

Mais lorsqu'il voulut entraîner les hommes qui lui étaient dévolus, lorsqu'il vit qu'ils couraient sans le moindre ordre, que plusieurs d'entre eux, dans leur précipitation, se prenaient les jambes dans leurs lances et s'étalaient sur le sol de toute leur longueur, Khéty comprit qu'il leur faudrait vraiment l'intervention d'un dieu pour triompher des Hyksos. Il fut d'autant plus persuadé de la défaite qu'en face il vit les Hyksos se mettre en ordre de bataille avec une parfaite discipline, tandis que les chars se dispersaient sur le front de l'armée, sans doute pour être également répartis dans chacune des compagnies. Et il put aussi voir qu'ils étaient très sensiblement supérieurs en nombre.

À peine la troupe de Sodome s'était-elle déployée, en désordre, que chacun s'élança, poussant de grands cris, suivant on ne savait quel commandement, venu peut-être du roi, ou plutôt de Yapiranu. Khéty ne put faire autrement que de suivre. Et il vit avec désespoir que l'ennemi, au lieu de courir sus face à eux, ce qui l'eût contraint à rompre les rangs, était resté immobile, chaque homme se tenant derrière son bouclier rond, la lance pointée en avant, attendant l'assaut de pied ferme.

Les guerriers hyksos soutinrent tout d'abord le choc, car les assaillants s'étaient élancés vaillamment contre les lances et les boucliers adverses. Dans leur élan, ils parvinrent à ouvrir les rangs ennemis, et une immense mêlée se forma dans les champs de Séboïm. Khéty avait projeté l'un de ses javelots, le plus court, le plus léger, contre un adversaire choisi au hasard, puis il tint son autre lance à deux mains, afin de frapper plus sûrement et plus fortement le guerrier qui se tenait devant lui. Il rusait, faisant semblant de frapper au visage, afin que l'autre levât son bouclier et, aussitôt après, frappait au bas-ventre, ou à l'aine, ou à la cuisse, l'homme qui s'était ainsi découvert. Il se trouva face à un char et, pour la première fois de sa vie, il vit des chevaux. En d'autres circonstances, il eût été pris de panique devant des animaux aussi étranges qui, bien que proches des ânes, lui parurent tellement plus grands, plus nerveux, plus rapides – et au lieu de braire, ils émettaient des hennissements qui augmentaient encore son étonnement. Mais, dans la fougue du combat, Khéty oublia toute peur ; se voyant menacé par l'homme qui, sur le char, derrière le cocher, brandissait un javelot, il sauta de côté et frappa de sa lance l'un des chevaux. L'animal ainsi blessé hennit, se cabra et le char se renversa, jetant au sol les deux hommes. Avant qu'ils ne se relèvent, il les frappa chacun à son tour, si bien qu'ils passèrent dans le monde des morts avant d'avoir réussi à se mettre debout.

Ainsi progressa-t-il sur le front adverse, définitivement rompu. Il cherchait les chars, ayant inauguré la meilleure manière de les mettre hors d'état de combattre. Les Hyksos étaient vêtus de longues tuniques, protégés par des casaques de cuir, ce qui ralentissait leurs mouvements ; Khéty, lui, resté nu-pieds, son pagne étroit ne lui étant pas une entrave, bondissait légèrement, avançait pour blesser ou tuer, reculait tout aussi promptement, courait de côté et d'autre, si rapide, si vif que nul ne parvenait à le toucher tandis que de sa lance, à la pointe de bronze acérée, il frappait comme un serpent, et aussitôt après sautait en retrait pour aller porter plus loin ses coups.

Il allait ainsi, un peu à l'aveuglette, selon les mouvements de l'adversaire qui l'entraînait de-ci, de-là, ayant totalement oublié que le roi lui avait confié le commandement d'une partie des guerriers de Sodome. Au reste, qu'auraient valu ses ordres, adressés à des hommes sans discipline et au milieu d'un pareil affrontement ? Il cherchait toujours un char, il en repéra un vers lequel il se porta... mais le char fut renversé par les assaillants avant qu'il n'y parvînt lui-même. L'homme qui le montait s'était redressé et il faisait tournoyer son glaive, frappant tous ceux qui avaient l'audace de l'approcher. Et soudain, le guerrier fut à terre, et Khéty ne vit plus qu'une mêlée dans laquelle il avait du mal à reconnaître amis et ennemis. Parvenant enfin à s'approcher, il vit l'homme du char à terre, tombé sur le dos, désarmé, car son glaive était brisé. Un guerrier de Sodome, un homme que Khéty ne connaissait pas, levait déjà sa lance pour l'achever.

— Arrête, lui cria Khéty, on ne frappe pas à terre un homme sans défense. Il faut le faire prisonnier.

— Ne sais-tu pas, répondit le guerrier, que ce chien n'est autre que Shareq, le roi des Pasteurs ? Si je le tue, nous sommes vainqueurs !

Et pour frapper plus vigoureusement encore, il leva haut sa lance.

Jamais Khéty ne sut pourquoi, au lieu de laisser l'homme mettre à mort le roi, qui gisait face au soleil et à son ennemi, il le frappa sur le côté, sauvant ainsi la vie de Shareq, de cet homme qu'il avait mission d'assassiner. Le soldat de Sodome chancela sous le coup, se tourna vers Khéty et lui lança un regard où le reproche se mêlait à la surprise, puis il s'écroula, mort, sur le corps du roi terrassé. Horrifié par son propre geste, Khéty s'éloigna en courant, laissant au dieu qui avait détourné sa lance contre un homme de son parti le soin de décider du destin du roi des Hyksos et du sien propre. Pour rattraper cet acte qui pouvait être regardé comme une trahison, il se mit à combattre plus violemment, abattant tout ennemi qui se dressait devant lui. Espérait-il ainsi donner la victoire à son camp ? Il n'y songeait sans doute pas et, y aurait-il songé, il voyait trop bien que les guerriers de Sodome lâchaient pied de plus en plus vite, de plus en plus nombreux, si bien qu'il se retrouva presque seul à combattre, jusqu'à ce que, glissant dans une mare de sang, il perdit son arme et fut maîtrisé par plusieurs solides gaillards. Ceux-ci se hâtèrent de lui lier les bras dans le dos à l'aide d'une corde, puis le remirent sur pied ; l'un des Hyksos lui ôta sa ceinture, avec le poignard et le glaive qu'il n'avait pas eu le loisir d'utiliser, avant de le dépouiller de son pagne.

— Tu es notre prisonnier, lui fit savoir le soldat, qui s'exprimait dans la langue de Canaan. Tu as bien combattu et tu nous as porté tort, mais tu es visiblement un vrai guerrier, un homme courageux, contrairement à la plupart de ces Sodomites qui ont pris la fuite comme des lapins face au renard. C'est pourquoi nous n'allons peut-être pas te tuer.

Sur ces mots, l'Hyksos ordonna à l'un de ses compagnons d'emmener le captif. On lui noua une corde autour du cou et il fut ainsi entraîné en retrait, vers le flanc de la colline, là où il avait tantôt pris position avec ses compagnons, et d'où l'on dominait le champ de bataille.

Il eut alors la surprise de voir que se trouvaient déjà à cet endroit, tous entravés comme lui, tous dépouillés de leurs vêtements, d'abord trois de ses compagnons, Taribatum, Kéliya et Yawa, mais aussi le roi Magdiel lui-même et Yapiranu, ce qui au lieu de le consterner le fit éclater de rire. Il se souvenait des paroles du capitaine de la garde royale, le jour même où il l'avait rencontré : n'avait-il pas déclaré qu'avec ses seuls hommes, il se faisait fort de capturer le roi des Hyksos et de le conduire tout nu et les mains liées dans le dos devant le roi Magdiel ? Il n'eut cependant pas la cruauté de rappeler ces paroles à leur auteur.

— Khéty, lui dit Magdiel, nous avons pu voir ce que tu as fait, comment tu as combattu… et comment aussi tu as sauvé la vie du roi Shareq !

— Mon seigneur, je sais que j'ai mal agi, car j'ai tué l'un de nos hommes pour sauver la vie d'un ennemi.

— Dis-toi au contraire que tu as très bien agi. On ne doit pas tuer un roi, serait-il notre ennemi. Vois, les Hyksos savaient qui j'étais, et ils se sont gardés de me faire le moindre mal. Ils ont même perdu des hommes en voulant me capturer. Sache que si ce mercenaire insensé avait tué Shareq, ç'aurait été pour nous un grand malheur, que dis-je ! plus qu'une catastrophe ! Les Hyksos, dans leur colère, nous auraient tous passés au fil de l'épée pour venger la mort déshonorante de leur roi.

Comme on peut le comprendre, de telles paroles réconfortèrent Khéty, hanté par le remords d'avoir mal agi. Il jeta un long regard autour de lui, ce qui lui permit de constater que les prisonniers étaient nombreux. Tous, ils avaient été dépouillés de leurs armes, de leurs vêtements et de leurs sandales. Ils restaient accroupis, les bras entravés de la même manière. Portant ensuite son regard vers le champ de bataille, il découvrit que les vainqueurs n'avaient plus aucun nid de résistance à réduire.

— Vois, Khéty, lui dit alors le roi, tu es resté le dernier à combattre. Tous nos soldats sont en fuite… Mais je ne peux le leur reprocher. Les forces étaient par trop inégales.

Parmi les guerriers hyksos lancés à la poursuite des fuyards, Khéty put distinguer Shareq lui-même, dont le char avait été redressé : il s'éloignait au milieu de ses hommes, en direction de Sodome. Et tandis que le roi Pasteur dirigeait lui-même le char, il crut reconnaître, derrière lui, debout sur la plate-forme, Lupakku en personne.

— N'est-ce pas Lupakku lui-même qui se tient auprès du roi des Hyksos ? s'étonna-t-il de vive voix. Il me semble le reconnaître à son casque pointu pourvu de protège-joues.

— C'est bien lui ! assura Yawa, l'un des premiers à avoir été fait prisonnier, puis conduit sur la hauteur et placé sous la garde d'une vingtaine de soldats. Lupakku se tenait à peu de distance de toi lorsque tu as sauvé la vie au roi. Il a été pris aussitôt après et désarmé sans chercher à combattre. Mais tu peux voir qu'on lui a laissé sa tunique et même son casque. Je suppose qu'il a pactisé avec le roi, qui lui aura demandé de le diriger vers Sodome, puisque c'est visiblement vers la ville que s'empressent maintenant nos vainqueurs.

— Je ne suis pas surpris que ce Shareq ait placé sa confiance en Lupakku. Il a dû tout de suite reconnaître en lui un Hittite.

— Et alors ? s'étonna Khéty.

— Sache que les Hittites sont alliés aux Hyksos ; ils ont même fourni à Shareq des armes, des soldats, et surtout des chars et des chevaux. Je suppose qu'il a été facile à l'Hyksos victorieux de persuader le Hittite vaincu de se ranger à ses côtés. D'autant que, comme vous vous en souvenez, Lupakku s'est acquis une gloire au cours de ses campagnes à la tête de l'armée des Hittites. Je suis sûr que Shareq ne l'ignore pas ; il est sans doute très heureux de se rallier un tel guerrier.

Le char du roi s'estompait déjà dans le lointain, ainsi que l'armée victorieuse des Hyksos, au moment où une petite troupe, d'une vingtaine d'hommes, vint rejoindre les prisonniers et leurs gardiens sur le flanc de la colline. Khéty se réjouit de constater qu'elle amenait d'autres prisonniers, parmi lesquels se trouvait Shukriya.

— Le roi, mon seigneur, déclara celui qui était visiblement le chef des gardes, a donné l'ordre de conduire les captifs en lieu sûr. On peut leur donner à boire s'ils le réclament.

Khéty estima à plus d'une centaine le nombre des prisonniers. Ils furent invités à se lever et à se mettre en route.

— Où nous emmenez-vous ? demanda Magdiel.

— Dans la grande cité, la résidence royale, à Megiddo ! répondit l'officier.

— Au nom de nos dieux, je vous prie alors de nous rendre nos vêtements. Voyez, ainsi entravés, nous ne risquons pas de chercher à nous enfuir.

— Tout tentative de désobéir serait suicidaire de votre part. Notre seigneur Shareq nous a donné pour consigne de vous traiter humainement, mais celui qui tentera de s'enfuir sera tué. Quant à vos vêtements, vous ne les aurez pas. Tu le sais bien, roi Magdiel : c'est nus que les captifs doivent demeurer jusqu'à ce que le roi prenne une décision à leur égard[1]. C'est pour vous, autant que pour nous si nous avions été vaincus, la plus grande humiliation que d'être ainsi exposés aux regards de tous sans nul vêtement, comme des criminels condamnés à travailler dans les mines ou dans les carrières. Chacun sait alors que vous êtes des vaincus, des captifs. Et cela vous dissuade aussi de prendre la fuite.

Ces paroles frappèrent Khéty, qui s'étonna que chez ces gens, paraître dans un état de nudité totale puisse être la pire des humiliations, plus encore que de se voir vaincus et entravés. En Égypte, c'était une tenue courante non seulement à l'intérieur des demeures, mais dans les champs et les marais. Il songea que, en fin de compte, ces gens étaient bien dénaturés, pour trouver humiliant l'état dans lequel les dieux avaient mis les hommes sur la terre, ainsi que tous les êtres vivants. Comme si le fait de voiler ce que les dieux avaient créé – soit le corps où résidaient les âmes, au nombre de trois pour les Égyptiens – conférait on ne savait quel ennoblissement de la personne physique. Il est vrai, conclut-il *in petto*, que ces longues robes cachent les vices du corps, vices qu'il est ainsi plus facile d'occulter que ceux de l'âme. Mais il ne put s'interdire de penser que seuls des êtres pervertis pouvaient raisonner ainsi, à l'encontre de la volonté des dieux créateurs des humains.

1. La preuve de cette humiliation infligée aux vaincus dépouillés de leurs vêtements et ainsi entravés se trouve dans une plaque d'ivoire à peine plus récente que l'époque de Khéty, trouvée dans le site même de Megiddo où sont représentés deux chefs captifs, barbus, coiffés d'une toque, mais entièrement nus et visiblement circoncis, liés à un char tiré par deux chevaux.

11

La colonne des prisonniers, reliés les uns aux autres par des cordes nouées autour du cou, remonta vers le nord et parvint avant la tombée de la nuit près de la rive occidentale de la mer de Sel. Khéty avait compté une trentaine de guerriers qui les encadraient, renforcés par trois chars, sans doute destinés à rattraper sans difficulté tout captif qui eût réussi à se débarrasser de ses liens pour tenter de fuir.

— C'est là que nous passerons la nuit, avait déclaré le chef des gardiens. Mon nom est Yaqebher, leur avait-il fait savoir. Vous êtes des vaincus, de misérables captifs. Si vous vous montrez dociles, si vous ne cherchez pas à fuir, vous pourrez vous en féliciter et nous être reconnaissants de notre mansuétude.

Ils furent débarrassés de leurs liens, afin qu'ils puissent d'abord se tremper dans l'eau de la mer, et manger ensuite un gros morceau de pain. Pour la nuit, on leur lia non seulement les bras derrière le dos, mais aussi les chevilles. Ils purent dormir sur le sable humide du rivage, mais cela n'empêcha pas Magdiel de gémir et de pleurer la mort de ses jeunes amants, qui s'étaient battus jusqu'à la dernière extrémité pour le défendre.

Lorsqu'ils se remirent en route, dès potron-minet, Khéty songea à s'étonner de ne voir parmi les prisonniers que des hommes venus de Sodome.

— Où sont donc les captifs faits à Séboïm ? demanda-t-il à Magdiel, qui se trouvait près de lui.

— Les guerriers de Séboïm ! s'exclama le roi déchu d'un ton amer. Sache qu'il n'y a pas eu de captifs à Séboïm, parce qu'il n'y a pas eu de combat. Shareq a envoyé vers la ville un messager qui a ordonné aux Anciens d'ouvrir les portes de la ville et de verser le tribut prévu. Le roi de Séboïm n'a opposé aucune résistance, aucune objection... Avec l'accord des Anciens, il s'est empressé d'ouvrir les portes à l'armée des Hyksos, de rassembler en hâte le montant du tribut et de le remettre à l'Hyksos en venant se prosterner devant lui. Ainsi la ville a-t-elle été épargnée et le roi est resté non plus le souverain de la ville, mais son gouverneur, sous la surveillance d'un commandant militaire hyksos.

— Comment peux-tu être sûr de cela ?

— Parce que ce Yaqebher, qui commande nos gardiens, me l'a appris, à peine ai-je été capturé et conduit devant lui. Et il m'a traité d'âne, de lion pelé et stupide, en précisant que si j'avais agi comme le roi de Séboïm, si j'avais couru au-devant de son seigneur le roi Shareq, je serais toujours dans mon palais de Sodome ! Alors que la ville a certainement dû être mise à sac, voire rasée par les Hyksos, et que sa population a dû être réduite en esclavage. Certes, ce fut une grande folie que de prétendre résister aux Hyksos, que de croire que nous pourrions nous unir avec les cités de la plaine de Siddim et vaincre un si redoutable adversaire... Cette coupable présomption est cause de la destruction de ma ville et du malheur de mes sujets ! C'est pourquoi, si Shareq me condamne à mourir, j'accepterai mon sort sans me plaindre.

Ils cheminèrent le long de la mer, sur la grève, et à la fin de la matinée, on fit halte dans une oasis, au bas de l'une des falaises rocheuses qui dominaient la mer, fermant l'horizon vers le couchant. Du haut de la falaise tombait en abondante cascade une eau fraîche et claire où les captifs purent se tremper et boire à foison.

— Vous pouvez rendre grâce à votre maître, notre seigneur Shareq, qui m'a donné l'ordre de bien vous traiter, alors que vous êtes des rebelles, des perdants, qui avez osé prendre les armes contre mon seigneur, leur dit Yaqebher. Mais cela ne m'empêchera pas de vous faire quelque peu suer dans nos carrières en attendant que rentre notre roi vainqueur de tous ces rebelles de la vallée de Siddim, ces vaincus qui ont osé braver la puissance des Hyksos.

« Voilà un odieux et pernicieux personnage qui voudrait bien nous écorcher, s'il n'avait reçu des ordres de son maître, se dit Khéty. Soyons futés et évitons de le contrarier. Nous autres Égyptiens, nous nous prosternons bien devant nos rois, dont on prétend qu'ils sont fils d'Horus, et nous couvrons Sa Majesté de louanges. Il ne m'en coûtera que peu de me montrer flatteur à l'égard de cet aboyeur. »

Dans les jours suivants, on quitta les rives de la mer pour longer un fleuve qui, selon ce que Khéty apprit de la bouche de Kushar, était appelé Yarden dans la langue des Cananéens.

— Il part d'un grand lac près duquel je suis né, lui fit-il savoir.

— Puisque tu es d'ici, lui demanda alors Khéty, sais-tu si elle est encore loin, cette ville de Megiddo où l'on nous emmène ?

— Sans doute encore trois jours de marche. Je n'ai cependant aucune hâte d'y arriver. Il est vrai que nous marchons toute la journée les bras entravés, mais cela ne nous demande que peu d'efforts et l'on nous permet de nous tremper dans les eaux de ce fleuve. Là-bas, ce sera bien différent et autrement plus pénible si l'on doit travailler dans les carrières de pierre. Je connais cette ville, qui occupe toute une haute colline. Elle fut jadis entourée de murs épais, tombés en ruine, car la ville a été un moment abandonnée. Maintenant, elle est de nouveau largement reconstruite et occupée. Et d'après ce que j'ai cru comprendre, les Hyksos, qui en ont fait leur capitale, relèvent ses murailles et la fortifient de nouveau, grâce aux pierres extraites de carrières voisines, qu'il faut ensuite tailler et transporter péniblement au sommet de cette colline pour relever les anciens remparts. Tu peux imaginer que cela va nous changer de l'agréable existence que nous avons connue à Sodome...

Khéty soupira à cette évocation. Elle lui rappelait sa résolution d'aller trouver Sidouri afin de connaître de quelle manière elle avait fait entrer Watie parmi ses pensionnaires. Et maintenant, qu'était devenue Sidouri, et qu'était devenue cette Watie ? Sa condition nouvelle lui avait fait un temps oublier cette sorte de tourment que lui avait causé l'apparition d'une femme qui évoquait si vivement son épouse perdue. Maintenant qu'il s'était en quelque sorte accommodé de sa condition et qu'il avait tout le temps de repenser à Watie, il recommençait à se poser des questions, toujours les mêmes, et destinées à demeurer sans réponse. D'autre part, quelles étaient les intentions de ce Shareq à l'égard de ses captifs, et à son égard à lui ? Le roi devait déjà avoir oublié l'homme qui l'avait épargné, un combattant parmi tant d'autres ! Il ne savait peut-être même pas qu'il se trouvait parmi les prisonniers emmenés dans sa capitale. Il se dit ensuite que, pour aussi ingrats que fussent les puissants, Shareq ne pouvait avoir si vite oublié l'homme qui avait arrêté le bras prêt à le frapper. Il songea qu'il aurait peut-être l'occasion de se trouver en présence du roi, lequel voudrait sans doute voir de plus près ses prisonniers. Il lui reviendrait à ce moment-là de se faire reconnaître, de rappeler au roi qu'il lui devait la vie. Néanmoins, était-ce habile, de rappeler à un puissant la dette qu'il pouvait avoir à l'égard d'un petit, d'un simple captif comme lui ? De toute façon, tandis que Khéty était emmené captif à Megiddo pour y travailler dans une carrière, le roi des Pasteurs poursuivait ailleurs sa campagne guerrière contre les trois autres cités de la vallée. Même s'il était victorieux, même s'il disposait de forces supérieures, Shareq pouvait encore être tué au cours de cette campagne. Dans ce cas, Khéty pouvait douter d'être libéré de sa servitude par ce Yaqebher. Était-il dès lors condamné à passer le reste de son existence comme esclave, à casser des pierres et à les équarrir jusqu'à la fin de ses jours ?

Ce sont de telles réflexions qui le conduisirent à imaginer se libérer et tenter de s'enfuir, malgré la sanction mortelle dont Yaqebher avait menacé les prisonniers. Le fleuve qu'ils suivaient en direction du nord était bordé par une végétation dense, luxuriante, qui abritait d'ailleurs toute une faune, souvent dangereuse puisque, avait-il appris, on y trouvait en abondance des serpents, ce dont il faisait son affaire, mais aussi des panthères et même des lions. Cette végétation, qui s'étendait de part et d'autre des rives du Yarden sur une assez grande largeur, avait l'avantage d'être impénétrable aux chars. Aussi, s'il réussissait à s'enfoncer dans ces fourrés, Khéty avait toutes les chances de semer ses poursuivants car il se savait particulièrement véloce dans la course et, comme il était aussi bon nageur, il pouvait sans difficulté traverser le fleuve, dont le courant était paresseux, malgré quelques tourbillons qu'il avait pu observer un matin où l'on avait autorisé les captifs à se tremper sur le bord du fleuve, mais en gardant les liens de leurs poignets et les cordes à leur cou.

Lorsqu'ils marchaient, ils suivaient un chemin assez large qui dominait la vallée, serpentant sur la crête qui la bordait. C'est donc la nuit, quand ils dormaient à la lisière de la basse forêt qui bordait le fleuve, qu'il lui fallait parvenir à dénouer ses liens afin de réussir dans son projet de fuite.

Le jour baissait, mais la nuit n'était pas encore tombée au moment où la troupe fit halte à peu de distance des rives du fleuve. Khéty, qui ne pensait maintenant plus qu'à fuir, se dit que c'était ce soir même, cette nuit au plus tard, qu'il devait tenter sa chance. Mais comment se débarrasser de liens si solidement noués ? Et comment courir quand on a les chevilles ainsi entravées ? Au moment du repas, lequel consistait chaque fois en un morceau de pain et du fromage de chèvre, accompagnés de quelques dattes, il avait bien cherché une occasion. Toutefois, si on leur avait délié les bras, on avait entravé leurs chevilles, de sorte qu'il aurait été bien en peine de courir jusqu'au fleuve. Et comme les gardiens les entouraient et les surveillaient sans cesse, il fut sur le point de renoncer à une entreprise aussi hasardeuse. Il invoquait le secours d'Isis, et celui d'Anath, lorsqu'il vit un serpent ramper dans sa direction. Il remercia aussitôt les deux déesses, puis, roulant sur lui-même, comme pour chercher une position avant de s'endormir, il se rapprocha du serpent. Il se plaça alors sur le côté et il frappa le sol avec ses pieds. Attiré par les vibrations, le serpent se rapprocha. Il n'eut plus qu'à projeter ses jambes unies vers l'animal pour que, se sentant agressé, le serpent bondît et le mordît au mollet. Aussitôt Khéty se mit à hurler en criant qu'un serpent l'avait saisi, qu'il allait mourir.

— Par pitié ! cria-t-il, ôtez-moi ces liens !

Yaqebher vint auprès de lui et il ne put que constater les traces laissées par les crochets du serpent.

— J'ai soif, j'ai soif ! Que la déesse Anath me protège ! Je vais mourir… La morsure de ce serpent est mortelle… Vois-le là, il disparaît dans les fourrés… Qu'on me détache, je veux mourir libre… Je veux boire, la gorge me brûle… J'ai soif !

Un gardien, appelé par Yaqebher, vint s'agenouiller auprès de Khéty, qui ne cessait de s'agiter comme s'il était parcouru de soubresauts. Il tâta les marques des crochets puis il donna son diagnostic :

— Ce malheureux a bien été mordu. Il ne lui reste plus beaucoup de temps à vivre.

— Ôte-lui ses liens, ordonna alors Yaqebher.

Dès qu'il se sentit libre de tout lien, Khéty se mit sur ses jambes, en paraissant faire un énorme effort pour rester debout, et il tituba en gémissant vers la berge. Lorsqu'il eut fait deux pas dans le cours du fleuve, il chancela et tomba de tout son long dans le courant et se laissa apparemment couler à pic.

— Il va faire une bonne pâture pour les poissons, déclara simplement Yaqebher.

Les compagnons d'infortune de Khéty, qui tous connaissaient son immunité et ses pouvoirs sur les serpents, ne pipèrent mot ; un grand espoir les traversait déjà, car ils avaient la certitude que Khéty s'était volontairement fait mordre par le serpent pour jouer cette comédie et parvenir ainsi à échapper à ses gardiens. « Mais que va-t-il pouvoir faire pour nous sauver tous ? » s'interrogèrent-ils, quand ils purent se concerter, à un moment où les gardiens se désintéressaient d'eux. « Je connais bien Khéty, murmura Yawa, nous pouvons avoir confiance en lui. Soyez assurés qu'il ne nous abandonnera pas. C'est un homme plein de ruse et de savoir-faire. »

— Visiblement, déclara de son côté l'Hyksos qui avait débarrassé Khéty de ses liens, il a préféré mourir noyé plutôt que de connaître les affres d'une telle morsure. Je crois utile de battre les fourrés sous lesquels s'est réfugié le serpent, car il risque de faire d'autres victimes pendant la nuit.

Khéty se laissa entraîner par le courant, simulant la mort, jusqu'à ce qu'il fût suffisamment loin des regards des Hyksos pour refaire surface et se mettre à nager vigoureusement. Il reprit pied sur la berge lorsqu'il fut certain de ne plus être vu. Il pressa ensuite les traces de la morsure pour extirper le venin qui ne s'était pas encore mêlé à son sang, les frotta avec des herbes sélectionnées, qu'il avait déjà repérées au cours de leurs stations près du fleuve, puis il se mit en route en suivant la berge, en direction du sud. La nuit restant lumineuse, grâce à une lune qui avait largement dépassé son premier quartier, il marcha jusqu'au lever du jour. Il put alors constater qu'il se trouvait à peu de distance de l'embouchure du fleuve. Il choisit un épais fourré, difficilement accessible à une bête fauve, pour y faire un somme réparateur avant de reprendre sa route, au moment où le soleil s'approchait du zénith. Il alterna la marche et la course en longeant la grève de la mer de Sel, si bien qu'avant le milieu de la nuit il avait retrouvé l'oasis où il s'était trempé dans la haute cascade. Il avait repéré, lors de leur passage en ce lieu, des régimes de dattes mûres sur des arbres plantés par quelques familles établies dans des cabanes à flanc de coteau. Il se gava de dattes, avant d'aller se tremper sous la cascade dont il but l'eau à grandes gorgées. Puis, ainsi revigoré, il reprit sa route.

Le lendemain en début d'après-midi, il entrait dans les faubourgs de Sodome.

12

De la taverne de Sidouri il ne restait plus qu'un amas de bois brûlé, écroulé sur les bases de pierre des murs. Il en parcourut les ruines et fut soulagé en n'y trouvant pas de cadavres. Les pensionnaires de l'accueillante auberge, garçons et filles, avaient dû soit s'enfuir, soit, ce qui lui parut le plus probable, être emmenés par les Hyksos.

Khéty franchit les remparts de la ville. Les premières maisons qu'il vit étaient toutes vides de leurs habitants, et nombre d'entre elles avaient été incendiées. Il s'engagea alors dans les jardins du temple d'Anath. Les parterres de fleurs et les buissons avaient été saccagés, mais les bâtiments restaient debout, et il s'arrêta devant le temple, qui conservait encore sa porte. Il entra et, à l'intérieur, découvrit tout de suite Abedanath, assis sur une natte, dans un angle de la première salle.

— Khéty ! s'exclama le prêtre en le reconnaissant. C'est la déesse qui t'a protégé, c'est elle qui t'a appelé dans son sanctuaire !

— J'en suis aussi persuadé, Abedanath. Mais toi aussi, tu as la vie sauve.

— Comme tu peux le voir.

— Que s'est-il passé ? On dirait que la ville a été abandonnée.

— Abandonnée et en partie détruite, après avoir été pillée par les Hyksos... Une grande partie de la population s'est enfuie, mais nombreux aussi sont ceux qui ont été capturés et réduits en esclavage, sans compter ceux qui ont été massacrés par les hordes d'Hyksos qui ont déferlé sur cette ville démunie de tout défenseur.

— Que t'est-il arrivé ? Tu as au moins été épargné.

— Écoute : j'étais dans le temple et je priais la déesse lorsque sont arrivés les barbares. Ils ont commencé par violer les hiérodules, puis ils sont venus dans le temple. Pour moi, j'avais couru me dissimuler dans un épais bosquet du jardin de la déesse. Écoute bien : j'ai d'abord vu un homme, un Hyksos, entrer dans le temple, et il en est bientôt ressorti. Je ne sais ce qu'il a pu y faire, sans doute a-t-il voulu voir ce qu'il y avait dans ce bâtiment. Peu après, le roi lui-même est venu avec quelques hommes, conduits par le guerrier que j'avais d'abord vu. Ces infâmes ont osé profaner l'effigie en bronze du serpent divin. Mais la déesse, folle de colère, a brisé les vases dans lesquels j'élevais les serpents que tu nous avais offerts, et elle les a lancés contre les profanateurs du Saint des Saints. Le roi lui-même, Shareq, a été mordu, et aussi, me semble-t-il, plusieurs des hommes qui l'accompagnaient. Ils ont fui la colère de la déesse, criant et gémissant. Je les ai vus courir, fuir la colère d'Anath, et mon cœur s'est réjoui, et j'ai chanté les louanges de la déesse.

— Comment sais-tu qu'ils ont profané l'effigie de la déesse ? s'étonna Khéty.

— Parce que je l'ai retrouvée sur le sol. Je suppose que le roi lui-même a dû s'en emparer et qu'il l'a lâchée sous le coup de la douleur, quand le serpent l'a mordu, pour venger Anath.

— Ainsi, tu penses que le roi en est mort ? s'inquiéta Khéty.

— Je ne sais pas. Tout dépend du serpent qui l'a mordu. Mais tu les connais mieux que moi. Il me semble qu'aucun d'entre eux n'était mortel dans l'immédiat. La mort ne va venir qu'à long terme, mais après bien des souffrances, et je m'en réjouis.

— Abedanath, te reste-t-il quelques-uns de ces électuaires que j'ai préparés ?

— Il y en a de toutes sortes. Mais quelles sont tes intentions ?

— Mon intention est de retrouver le roi et de le guérir.

— Quoi ! Tu oserais aller contre la déesse et tu guérirais ce roi impie ?

— Au contraire ! Sache que c'est la déesse qui m'a conduit jusqu'ici pour que je sauve le roi, car si ce Shareq meurt, ton seigneur Magdiel, mes compagnons Khabirou qui ont combattu pour lui, et tous les guerriers de Sodome capturés par les Hyksos, termineront leur vie accablés de fatigue et de maux dans les carrières de pierre de la capitale des Hyksos. Si je rends au roi son souffle de vie, je suis certain d'obtenir la libération de tous les captifs.

— S'il en est ainsi, je cours te chercher les philtres.

— Fais. Je reviens tout de suite.

Khéty se hâta vers les bâtiments de l'ancienne résidence royale, dont seulement une partie avait été détruite. Il parvint à retrouver, dans les chambres qu'il avait occupées avec ses compagnons, un pagne qu'il revêtit, et même son bâton de lancer qu'il avait trouvé inutile d'emporter pour combattre. Il le glissa dans sa ceinture, grappilla quelques restes de nourriture oubliés là, et s'en revint vers le prêtre, après avoir parcouru le palais, qui avait été trop visiblement mis à sac.

Abedanath avait rassemblé les divers pots d'électuaires et de thériaque dans un grand sac.

— Sais-tu où se trouve le camp des Hyksos ? lui demanda Khéty en attachant le sac sur son épaule.

— Comment le saurais-je ? La seule indication que je peux te donner, c'est qu'ils ont déclaré leur intention de se rendre à Gomorrhe. Tu en connais la route…

— Je la connais et j'y cours.

— Qu'Anath te soit favorable. Si c'est vraiment sa volonté, guéris donc ce roi, et sauve ainsi notre seigneur et nos bons guerriers.

Le lendemain, Khéty se présentait à l'entrée du camp des Hyksos, aux portes de Gomorrhe.

Deux gardes l'arrêtèrent aussitôt.

— Qui es-tu ? Que viens-tu faire ici ? lui demanda l'un d'eux.

— Mon nom est Khéty. Sache que je viens pour soigner le roi, le seigneur Shareq.

— Tu plaisantes ! Comment toi, pauvre garçon, pourrais-tu guérir notre seigneur, alors que les meilleurs médecins et les meilleurs sorciers appelés à son chevet n'y sont pas parvenus !

— C'est parce que ces médecins et ces sorciers sont des ânes.

— Mais bien sûr ! Et toi, tu réussirais ce que ces hommes de l'art n'ont su faire ! Il paraît d'ailleurs qu'ils s'apprêtent à lui couper la jambe, car on a dit que le poison se répand lentement très lentement dans ce membre avant de ramper vers le cœur, dont il arrête les battements.

— Dans ce cas, hâte-toi de me conduire auprès de ton seigneur.

Les deux Hyksos se regardèrent, échangèrent des signes, puis l'un d'eux dit :

— Attends ici. Je vais chercher un officier. Moi, je ne prends pas la responsabilité de te laisser entrer. Rien ne me dit que tu n'es pas un homme de Sodome qui chercherait à tuer plus rapidement encore notre roi.

— Tu peux voir que je ne suis pas de ce pays. Je suis un Égyptien et je viens de loin pour sauver ton roi.

— Eh ! Comment donc peux-tu savoir qu'il a été mordu par un serpent ? Et comment es-tu venu si rapidement de si loin ? Il y a des jours et des jours de marche, d'ici à l'Égypte.

— Je te le répète : cesse de tergiverser et hâte-toi de chercher ton chef pour qu'il me conduise auprès du roi.

Le guerrier s'éloigna et revint bientôt avec son supérieur.

— Cet homme me dit que tu prétends être capable de guérir notre seigneur, le roi Shareq, déclara l'officier.

— Je ne le prétends pas, je dis que je le ferai. Dépêche-toi de me conduire auprès de lui avant qu'il ne soit trop tard.

— Qu'y a-t-il dans ton sac ?

Khéty prit son sac et l'ouvrit :

— Tu peux voir : dans ces pots, j'ai tous les électuaires qui pourront sauver son âme.

— Suis-moi.

L'Hyksos marchait vite, et il se justifia en disant :

— J'espère que tu arriveras à temps. Les médecins ont décidé de couper la jambe du roi, sans qu'ils soient sûrs que cette amputation le sauvera.

— Elle ne le sauvera pas ; de plus, il risque de perdre tout son sang et de mourir plus vite encore, assura Khéty.

— Quel dieu a ainsi pu t'envoyer auprès de notre seigneur pour le sauver de la mort ?

— Sans doute la déesse Anath, qui est ma Dame. Elle lui a pardonné son crime, elle lui a pardonné d'avoir profané son temple, et elle m'envoie pour lui rendre son souffle de vie.

Khéty avait trouvé là les paroles les plus efficaces pour convaincre l'officier qui, de ce fait, se mit à courir. Au moment où il s'engouffra dans la tente royale, suivi de Khéty, trois praticiens entouraient le corps du roi. Et l'un d'eux brandissait une longue scie de bronze, tout prêt à amputer le roi de sa jambe.

Khéty les bouscula et arracha la scie des mains de l'homme :

— Arrêtez, vous allez simplement tuer votre seigneur ! Comment pouvez-vous imaginer le sauver de la progression du venin du serpent en lui coupant ainsi la jambe !

— Nul charme, nulle médecine n'a réussi à le sauver, déclara alors l'un des médecins. Vois, sa jambe est violette, le poison agit lentement et si on ne l'ampute pas, demain, après-demain au plus tard, notre seigneur sera mort.

— Et si vous l'amputez, c'est cette nuit qu'il mourra.

— Cet Égyptien a raison, intervint péremptoirement l'officier. Il est envoyé par la déesse Anath qui a pardonné à notre seigneur la profanation de son temple. Retirez-vous et laissez cet homme agir. Et toi, l'Égyptien, sache que si tu sauves notre roi, tu peux être sûr de sa reconnaissance ; mais s'il meurt à cause de toi, nous te mettrons à mort.

Khéty se pencha sur le corps du roi, qui dormait, sans doute par l'effet des décoctions de pavot qu'on lui avait fait absorber avant l'opération. Il était nu, couché sur le dos. Sa poitrine se soulevait lentement. Khéty put voir qu'il avait un corps puissant, fortement musclé. Il souleva la jambe et il examina un moment la blessure faite par la morsure, qui suppurait fortement. Il tâta le pouls : il battait faiblement. De la commissure des lèvres coulait un mince filet de bave.

— Quand le roi a-t-il été mordu ? demanda Khéty.

— Cela fait maintenant six jours, répondit l'officier.

— Il a été mordu par un serpent souffleur, déclara Khéty. On dispose de sept jours au maximum pour intervenir. Après ce délai, c'est la mort assurée.

— Il te reste à peine un jour, en conclut l'un des médecins.

— Je tente le pari, dit Khéty. Votre roi, je le sauverai, il retrouvera le souffle de vie. La seule chose que j'exige de vous, c'est que, tous, vous vous retiriez et me laissiez agir. Je dois demeurer seul avec le roi, et ma déesse Anath qui est auprès de moi sans que vous soyez capables de la voir.

Sans plus tergiverser, les hommes s'inclinèrent et se retirèrent, poussés par l'officier hors de la tente.

Khéty ouvrit son sac, qu'il avait déposé sur le sol, et il en sortit les vases, pour les aligner sur le bord de la couche. Puis, il commença à opérer. Il ouvrit la plaie avec l'une des fines lames de bronze déposées auprès du patient. Ensuite, il procéda selon les opérations secrètes qu'il avait appris à maîtriser en tant d'années d'instruction et de pratique.

Au moment où il sortit de la tente, le jour baissait déjà. Les officiers, les médecins et nombre d'hommes s'étaient agglutinés devant la porte. Ils jetèrent vers Khéty un regard interrogatif.

— Il vivra, leur dit-il.

Et, se tournant vers l'officier qui l'avait conduit jusqu'à la tente et s'était assis là en attendant, il lui demanda de la bière pour se désaltérer, ajoutant :

— Qu'on installe une couche dans la tente du roi afin que j'y puisse dormir, car je veux le veiller, cette nuit et les jours suivants. Je dois renouveler de nombreux soins. Qu'on m'apporte aussi à manger, et encore une bassine et des cruches d'eau parfumée pour que je me lave les mains et le visage, et que je nettoie le corps du roi. N'oubliez pas des éponges et des tissus, et aussi des bandelettes, et du vin de palme.

Ayant ainsi formulé ses demandes, Khéty rentra dans la tente et s'assit sur une natte, après avoir déposé ses pots devant lui, afin de procéder à diverses préparations. Peu après, avec les serviteurs qui apportaient ce qu'il avait demandé, entra Lupakku.

— Khéty ! Mon bon compagnon ! s'exclama le Hittite, je suis heureux de te retrouver, d'autant plus que j'ai vu que l'on t'avait fait prisonnier. Comment as-tu pu réussir à t'évader ?

— Lupakku, lui répondit Khéty, je suis aussi heureux de te revoir en vie. Il faut que tu saches que très habile sera celui qui réussira à me garder captif plus de quelques jours. Mais vois : heureusement que j'ai réussi à me libérer et que je suis venu ici. Si je n'étais pas arrivé ce jour, demain l'âme du roi aurait déjà quitté son corps.

— Il est beau que tu aies pris le risque de t'enfuir pour sauver ce roi contre qui nous avons dû combattre.

— Je te retrouve tout aussi bien à son service, et nous t'avons vu t'éloigner avec lui, sur son propre char.

— Hé ! C'est de bonne guerre. Sans doute me suis-je trouvé satisfait de la générosité de Magdiel, mais je n'étais tout de même pas disposé à mourir pour lui ! Or, Shareq non seulement s'est rendu compte que j'étais un Hittite, grâce à mes armes et à mon vêtement, mais dès que j'ai prononcé mon nom, il m'a reconnu, car ma renommée était parvenue jusqu'à lui. Et il m'a donné le choix entre être son prisonnier ou son fidèle capitaine. Tu comprends que je n'ai pas hésité.

— C'est bien ce que nous avons tous pensé en te voyant partir avec lui sur son char.

— Je veux te dire que j'ai eu l'occasion de parler de toi au roi. Il n'a certes pas oublié que tu lui as sauvé la vie en allant jusqu'à tuer un homme de chez nous qui s'apprêtait à le frapper. Moi, je ne comprends pas comment tu as pu agir ainsi !

Afin de justifier une action qui, au premier abord, paraissait difficilement justifiable, Khéty évoqua ce que lui avait appris Magdiel :

— Lupakku, toi qui es un guerrier, ne sais-tu pas qu'on ne met pas à mort un roi sur le champ de bataille ? On doit se contenter de le faire prisonnier. C'est aussi pourquoi les Hyksos ont évité de frapper le roi Magdiel. Et sache que si Shareq avait été tué, le roi, tous les captifs, nos compagnons et moi-même, nous aurions été massacrés par les guerriers de Shareq afin qu'il soit ainsi vengé. En agissant ainsi, j'ai sauvé nos vies et celle du roi.

— Je ne peux que t'accorder que tu as agi finalement au mieux, et je suis sûr que le roi te récompensera, surtout si tu réussis à le guérir. S'il m'a interrogé à ton propos, c'est afin de savoir qui tu étais, et dès son retour il aurait fait tomber tes liens.

— Peut-être, mais si je ne m'étais pas évadé, il ne serait jamais revenu dans sa ville, et nous aurions été condamnés à travailler dans les carrières de pierre de Megiddo, certainement jusqu'à notre mort. Or, on sait que de si pénibles travaux conduisent rapidement vers ce que chez nous on appelle l'Amentit. Mais apprends-moi ce que tu as bien pu lui dire à mon sujet.

— Le peu de choses que je sais : que tu viens d'Égypte, que tu es non seulement un grand guerrier, ce qu'il a pu voir, car il a admiré la manière dont tu as combattu, mais aussi le Seigneur des serpents, que tu ne crains pas les crocs des serpents, que tu sais les charmer et guérir leurs morsures.

Ils partagèrent le repas qu'on leur servit dans la tente. Khéty demanda alors à son compagnon s'il savait ce qu'il était advenu de la cabaretière Sidouri, à ses filles et à Watie. Il fut déçu lorsque Lupakku lui apprit qu'il l'ignorait : lorsqu'ils étaient arrivés à Sodome, il n'y avait déjà plus personne dans la taverne.

— Cette Sidouri n'est pas une oie stupide, ajouta-t-il. Elle a dû comprendre que l'armée de Sodome serait mise en déroute et que les Hyksos ne tarderaient pas à envahir la cité, dépourvue de défenseurs. Je suppose qu'elle a dû vider les lieux dès le départ du roi Magdiel et de son armée, quitte à revenir si l'affaire ne prenait pas une trop mauvaise tournure. Elle doit bien savoir que lorsque des soldats vainqueurs déferlent sur une ville, leurs premières proies sont les femmes. Je suppose qu'elle a dû aller se dissimuler dans les collines voisines, en attendant de voir comment tournaient les événements. Et puisque ce qu'elle devait redouter est arrivé, elle a dû repartir vers le pays d'Edom et, de là, je ne sais trop où... Pour moi, je regrette bien de n'avoir pas eu davantage l'occasion de fréquenter cette taverne. Même s'il nous était impossible de faire une maison de bière avec cette belle Watie, on a vraiment pris un grand plaisir à la voir danser ; ensuite, on pouvait se consoler avec ses compagnes qui étaient aussi bien agréables à labourer.

Ils partagèrent soupirs et regrets, puis, le repas une fois terminé, Lupakku se leva :

— On m'a donné une tente où je suis seul. Veux-tu la partager avec moi ? proposa-t-il à Khéty.

— Pour le moment, je reste ici, je dois veiller le roi. Il est indispensable que je lui sauve la vie : il y va de ma vie, et aussi de la liberté de nos compagnons. Je ne peux me permettre la moindre négligence.

13

Une douzaine de jours après l'intervention de Khéty, le roi des Hyksos se levait de son lit et, bien que sa jambe fût encore un peu raide et affaiblie, il recommença à marcher. Lorsqu'il sortit de la tente et apparut devant ses guerriers rassemblés, il fut longuement acclamé, les cris de joie des Hyksos s'accompagnant de sourds coups de tambours et du bruit des glaives frappés contre les petits boucliers ronds en bronze.

Le roi salua ses hommes, puis il rentra dans sa tente et convoqua Khéty qui, après tant de jours de veille et de tension, s'était retiré dans la tente de Lupakku, où il avait dormi pendant plus de vingt-quatre heures d'affilée.

L'officier qui était venu chercher Khéty, non plus celui qui l'avait conduit auprès du roi huit jours auparavant, mais un proche du souverain nommé Jithran, l'introduisit dans la tente royale. Le lit avait été déplacé au fond de la pièce et l'on avait dressé un trône consistant en un siège haut en bois sculpté, dont les côtés, faits de plaques d'ivoire, figuraient des dragons ailés. Le siège lui-même était surmonté d'un épais coussin. Shareq y était assis, bien droit, ses pieds reposant sur un tabouret bas. Autour du trône se tenaient debout une douzaine d'hommes dont Khéty ne savait s'il s'agissait d'officiers, de gardes, de dignitaires, voire de prêtres, car tous étaient vêtus d'amples robes et aucun ne paraissait armé.

Khéty s'arrêta devant le roi et le salua à la manière égyptienne, les deux bras levés en inclinant le torse.

— Seigneur, lui dit-il, ton serviteur te salue et appelle sur ta tête la bénédiction de la déesse Anath, et aussi celle des dieux de l'Égypte, d'Amon, seigneur de la grande ville du Sceptre, d'Horus, maître du Ciel, de Rê, par qui brille le soleil, d'Isis, protectrice du trône, la Grande en magie, qui m'a initié dans ses secrets.

— Il me plaît que tu invoques ici les dieux de l'Égypte, répondit le roi. J'aurai besoin de leur protection et de leur aide. Pour moi, je salue en toi l'homme à qui je dois la vie, non seulement une fois, mais trois fois.

Il se leva ensuite de son siège et, se tournant vers les hommes de son entourage, il leur dit :

— Mes serviteurs, mes amis, je vous demande de saluer Khéty avant de vous retirer. Je veux rester seul avec lui.

Sans la moindre récrimination, chacun d'eux salua Khéty en invoquant sur sa tête la protection des dieux de Canaan, puis ils sortirent l'un après l'autre.

Lorsqu'ils furent seuls, Shareq alla s'asseoir sur un coussin déposé sur une grande natte et il invita Khéty à prendre place face à lui, sur un autre coussin.

— Je remercie mon seigneur de me traiter de cette façon, dit alors Khéty, mais je voudrais savoir pourquoi tu as déclaré que je t'avais sauvé trois fois la vie ? Je ne crois l'avoir fait que deux fois.

— La première fois, lui rappela Shareq, ce fut sur le champ de bataille. Dis-moi pourquoi, alors que tu combattais du côté du roi de Sodome, non content de ne pas me frapper, tu as préféré tuer l'homme qui me menaçait, un homme qui était pourtant de ton camp ?

— Seigneur, chez nous, en Égypte, quand on nous prépare à devenir des guerriers, la première chose qu'on nous apprend, c'est de ne jamais frapper un adversaire tombé à terre et désarmé. C'est là le signe d'une grande lâcheté qu'Horus a en abomination. On ne peut frapper un ennemi que s'il est debout, face à vous, et s'il possède une arme pour se défendre. Mais je ne sais si, dans l'ardeur du combat, tu as entendu que j'ai ordonné au soldat de baisser son arme en lui disant qu'il devait t'épargner et te faire prisonnier. Il a refusé de m'obéir.

— Je dis alors qu'on vous enseigne ce que sont le courage et le sens de l'honneur. Cela n'empêche que tu m'as ainsi sauvé la vie une première fois. La deuxième fois, c'est en venant à mon chevet, alors qu'on s'apprêtait à me couper la jambe, ce qui en vérité ne m'aurait pas sauvé la vie : si j'avais survécu à la morsure de ce serpent et à cette amputation, je n'aurais cependant pu combattre de nouveau, et je crois que je me serais moi-même donné la mort. Et de toute façon, je suis plus encore convaincu que ces incapables m'auraient saigné comme un goret sans réussir à me sauver. Or, je sais qu'en acceptant le pari de me guérir tu risquais ta propre vie, puisque l'officier qui t'a conduit auprès de moi t'a averti qu'en cas d'échec tu serais exécuté.

— Certes, il m'a menacé, mais après avoir examiné ta blessure, j'étais certain de réussir à te guérir.

— Et pourtant, tu pouvais tout aussi bien passer ton chemin et rentrer dans ton pays, sans plus t'occuper de moi... Si j'ai bien compris, tu as réussi à tromper la vigilance de tes gardes et à prendre la fuite – car j'avais bien vu que nous t'avions fait prisonnier.

— C'est juste et tes hommes ne doutent pas que je sois mort. Ils ne m'ont libéré de mes liens qu'en me sachant mordu par un serpent venimeux, ce dont cependant je savais pouvoir me guérir. Ils ont voulu éviter d'offenser les dieux en me permettant de mourir libre, sans plus d'entraves. Et après m'avoir vu tomber dans le fleuve, ils m'ont cru noyé. Seigneur, si je n'avais pu m'enfuir, tu aurais depuis plusieurs jours rejoint les ombres qui hantent la demeure des maîtres des enfers...

— J'en suis persuadé. C'est la raison pour laquelle je ne punirai pas tes gardes de s'être ainsi laissé duper. D'autant plus qu'ils ne pouvaient savoir que tu étais le Seigneur des serpents et que les morsures de reptiles restaient sans effet sur toi.

— Je suppose que c'est Lupakku qui t'a parlé ainsi de moi et t'a fait connaître mes pouvoirs.

— C'est bien lui.

— Mais le compte n'y est pas, et ce n'est que deux fois que je t'ai sauvé la vie.

— Je vais te dire quelle est cette troisième fois... Alors que ton roi t'a envoyé auprès de moi pour me tuer, précisément en me jetant un serpent, tu t'es dérobé à cet ordre et tu as même agi à son encontre. Maintenant que j'ai pu juger de tes pouvoirs, de ton habileté et de ton courage, je suis persuadé que, si tu l'avais voulu, tu aurais facilement réussi dans ta mission.

— Pourrais-je demander à mon seigneur comment a-t-il pu connaître la mission dont avait été chargé son serviteur ?

— C'est parce que tu as été trahi par ceux-là mêmes qui t'ont confié cette mission.

— Je prie mon seigneur de m'éclairer !

— Sache que le maître de la grande ville du Sceptre, Aÿ Mernéférê, a été assassiné par l'un des grands de sa cour, un de ceux à qui vos rois confèrent le titre d'Amis de Sa Majesté. Son nom est Didoumès, il s'est assis sur le trône d'Horus et il a pris le nom de couronnement de Djedhétepré. Il se trouvait auprès du roi Aÿ lorsqu'il t'a confié la mission de m'assassiner... Il espérait naïvement que ce meurtre arrêterait les Hyksos dans leur intention d'envahir la vallée du Nil. Or, mon peuple s'est établi dans cette vallée depuis longtemps déjà, et dans bien des villes de Basse Égypte, ce sont des Aamou qui dominent et qui commandent au peuple. C'est peut-être ce qu'a compris Didoumès en renvoyant auprès de moi les ambassadeurs que j'avais dépêchés dans la Grande ville du Sud pour proposer au roi la paix ou la guerre. Ils ont rapporté la toison du mouton, l'arc et les flèches. Le nouveau roi leur a confié un message par lequel il me proposait de partager la domination de l'Égypte : il m'abandonnerait tout le Nord jusqu'à Abydos, et je le laisserais régner sur la ville du Sceptre et le sud du pays. Pour preuve de sa bonne volonté, il m'a fait dire que le roi détrôné avait envoyé vers moi un homme nommé Khéty, un charmeur de serpents, chargé de m'assassiner précisément à l'aide d'un serpent. « Prends garde à tout Égyptien qui t'approchera, fais-le promptement mettre à mort », m'a-t-il recommandé. Et aussi, il m'a fait dire de chasser loin de moi tout serpent.

Shareq se tut puis se mit à rire, avant de reprendre :

— Vois-tu, je n'ai pas suffisamment tenu compte de sa mise en garde : j'ai pénétré dans le temple d'Anath en oubliant qu'elle était la maîtresse des serpents ; c'est ainsi que je me suis fait sottement mordre et que, si tu avais persisté dans ton intention de me tuer, tu aurais pu remercier ta déesse, qui a agi pour toi sans que tu aies à te souiller d'un tel forfait.

Khéty avait écouté le roi sans ouvrir la bouche, accablé par l'attitude de ce Didoumès qui l'avait ainsi sacrifié à sa propre lâcheté, cela après s'être rendu coupable d'un meurtre ou, pis encore, d'un régicide. Il se dit avec amertume que même n'auraient-ils pas été les complices de ce Didoumès, ni son ami Nebkaourê, ni son père Khendjer ne semblaient avoir fait la moindre tentative pour le retrouver, lui, leur ami Khéty, afin de l'avertir du piège dans lequel il risquait de tomber.

Le roi se retourna et saisit derrière lui un glaive à la pointe aiguë, que n'avait pas remarqué Khéty. Il le posa devant lui, la poignée tournée vers son vis-à-vis, et lui déclara :

— Vois, Khéty, tu peux te saisir de cette arme et me frapper, me mettre à mort, car je te dois trois vies. Tu pourras ensuite partir sans que personne cherche à s'interposer, à venger ma mort.

— Quoi ! Seigneur ! s'exclama Khéty en se levant. Comment peux-tu me proposer de t'ôter la vie après que j'ai pris tant de risques pour te sauver ! Et, surtout, après m'avoir appris que l'usurpateur du trône d'Horus m'a aussi ignoblement trahi !

Il se baissa pour ramasser le glaive et l'éleva à bout de bras, en disant :

— Moi, Khéty, je fais serment sur ce glaive de combattre pour toi, roi Shareq, si tu acceptes mon appui, et de jeter au bas de son trône l'usurpateur qui a mis à mort la majesté de Mernéférê.

Puis, abaissant le bras, il reprit :

— Je dis aussi que Mernéférê était mon seigneur selon la volonté d'Amon et d'Horus, mais je n'ai plus aucun respect pour lui, car il a délégué à un homme le soin d'assassiner un roi qu'il n'avait pas le courage de combattre par lui-même. Sache donc, mon seigneur, qu'avant mon arrivée à Sodome j'avais déjà pris la décision de ne pas obéir à un ordre aussi honteux et j'étais disposé à venir mettre ma lance à ton service. Voilà encore une des raisons pour lesquelles j'ai frappé l'homme qui voulait te tuer.

— Khéty, mon bon serviteur, mon ami. Pour m'avoir sauvé la vie, dis-moi alors ce que tu veux en récompense.

— Seigneur, pour moi, je ne demande aucune récompense. J'ai agi comme je le devais, et même n'aurais-tu pas été roi, j'aurais fait tout ce qui était en mon pouvoir pour te guérir. Car l'un des devoirs impartis aux initiés dans les mystères de la domination des serpents, c'est d'apporter tous leurs soins à ceux qui sont mordus par un serpent, sauf s'il s'agit d'ennemis qui auraient cherché à semer le mal et à menacer la vie d'autrui. Or, ce n'était certes pas ton cas.

— Si tu ne demandes aucune récompense pour toi, qu'attends-tu donc de moi ?

— Une seule chose : rends leur liberté aux hommes qui ont été capturés avec moi. Au roi Magdiel, qui a été pour ses sujets un bon souverain, à mes compagnons Khabirou, et aux autres captifs. Nombre d'entre eux sont de vaillants guerriers qui seraient tout aussi prêts à te servir, à combattre tes ennemis.

— Khéty, je ne compterai pas cette clémence comme une récompense pour toi. Sache que mon intention était précisément de libérer ces hommes dès mon retour à Megiddo. C'est pourquoi j'ai donné à Yaqebher la consigne de vous ménager. Mais j'ai aussi pensé qu'un court séjour dans nos carrières à tailler des pierres serait un bon enseignement de la patience et du courage pour le roi de Sodome et ses amis.

— Dans ce cas, je n'ai rien d'autre à te demander, sinon de servir dans ton armée.

— Khéty, n'as-tu pas entendu parler de la récompense que j'avais promise à celui qui serait capable de me guérir ?

— Je dois confesser à mon seigneur mon ignorance sur ce point. Personne ne m'a parlé d'une quelconque récompense.

— Apprends-le alors : de celui qui serait capable de me guérir, j'ai déclaré vouloir faire mon gendre, et peut-être mon héritier. J'ai dit que je lui donnerais ma fille en mariage et que je lui accorderais des serviteurs, un palais, et qu'il deviendrait un dignitaire de ma cour. Je n'imaginais pas que l'homme qui serait capable de me guérir puisse aussi être un véritable guerrier – car j'ai vu que tu étais un guerrier, que tu te battais comme un lion du désert, que tu as été formé à la guerre. Aussi, je te donne ma fille en mariage, et tu commanderas après moi mes armées et, une fois que je serai maître de l'Égypte, tu auras la plus haute charge après moi.

Une telle perspective, ouverte d'une manière aussi inattendue, provoqua évidemment dans l'âme de Khéty une sorte de vertige. Il se sentit toutefois aussitôt atterré, en songeant qu'il allait devoir combattre non seulement dans les rangs, mais à la tête d'Aamou qui comptaient envahir son pays, ce dont il n'avait pas pris conscience lorsque, rempli de colère contre l'usurpateur du trône d'Horus, il avait prêté serment de le combattre.

— Seigneur, commença-t-il faiblement en invoquant un premier prétexte, j'ai déjà une épouse...

— Si j'en crois mes ambassadeurs, repartit aussitôt le roi, elle a été assassinée, précisément par des Cananéens installés à Avaris... Une ville dont tu pourrais devenir, en un premier temps, le gouverneur. Tu auras alors tous les moyens de venger ce crime.

— Il est vrai qu'un témoin, une servante, a assuré qu'elle a été tuée par un homme qui était son demi-frère. Mais son corps a été emporté, et on ne sait si elle pourrait être encore vivante.

— Mon ami, même en serait-il ainsi, en quoi cela te crée-t-il un quelconque embarras ? Tu verras, ma fille n'est ni laide ni sotte. Et ce n'est qu'un mariage qui te rapprochera de moi. Rien ni personne ne t'empêchera d'avoir plusieurs épouses, si ma fille ne te convient pas parfaitement. Je me doute que tu as quelques scrupules à la perspective de combattre contre des Égyptiens, des hommes de ton pays. Mais ton roi lui-même t'a trahi, il t'a rejeté, et il ne pouvait imaginer ce qui s'est passé entre nous. Il savait pertinemment qu'il t'envoyait à la mort, à une horrible mort, puisque je devais me montrer sans pitié envers un homme qui osait attenter à ma majesté en cherchant à me tuer. Aussi, quelle sera sa surprise lorsque tu entreras dans la grande ville du Sud, victorieux, à la tête d'une armée organisée par moi ! Sa vie t'appartiendra et tu seras libre de le mettre à mort, comme il l'a fait pour celui qui avait été son souverain, ou de lui faire grâce. D'ailleurs, ne viens-tu pas, à l'instant même, de lever ce glaive en jurant de me servir ? Et moi, je te propose mieux encore, puisque je veux faire de toi mon gendre et le commandant de mes armées…

— Qu'il en soit donc comme le désire mon seigneur : Khéty sera ton serviteur.

— Et aussi mon gendre. Et, j'espère, le père de mes petits-enfants, celui qui donnera à ma fille un fils, le futur héritier de mon trône puisque, moi, je n'ai pas réussi à avoir un fils. Visiblement, mon dieu El n'a pas voulu me donner un rejeton mâle. Mais peut-être m'en donnera-t-il un par toi.

14

Le lendemain, le roi réunit ses officiers, les dignitaires qui l'avaient accompagné dans sa campagne et l'ensemble de ses guerriers, dans la plaine, à l'extérieur du camp. Il avait fait dresser son trône sur une estrade en bois, afin que tous puissent le voir, lui, leur souverain, bien vivant, ainsi que l'homme qu'il voulait présenter à son armée, celui qu'il voulait honorer, Khéty. On avait fait revêtir à Khéty une longue tunique ornée de broderies, serrée par une large ceinture faite d'un épais tissu, dans laquelle il avait passé un sabre à la lame recourbée. Il avait pris place sur l'estrade, debout à côté du roi Shareq. Lorsque tout le monde fut rassemblé, les officiers et les dignitaires aux premiers rangs, face à l'estrade, le reste de la troupe en arrière, le roi se leva et parla d'une voix forte :

— Mes bons guerriers, mes fidèles compagnons, voyez auprès de moi Khéty. Apprenez qu'il est désormais mon père et aussi mon fils, comme moi, votre roi, je suis son père et aussi son fils. Je suis son fils parce que je lui dois deux fois la vie, et la deuxième fois est pour moi une renaissance, puisque j'étais déjà mort à la suite de cette morsure de serpent, et que, grâce à lui, vous me voyez aujourd'hui devant vous, debout, bien vivant, prêt à vous conduire de victoire en victoire. Quand les deux derniers rois rebelles de ce pays, les rois d'Adamah et de Béla, auront fait comme ceux de

Séboïm et de Gomorrhe et se seront soumis à mon tribut, nous reprendrons la route de Megiddo. Je vous le dis, ce sera avant que dix jours ne se soient écoulés car j'ai reçu les envoyés des deux rois et ils sont remplis de la crainte de nos armes ; ils ne veulent pas subir le sort de Sodome. Là-bas, Khéty prendra ma fille chérie, Asnath la Belle, pour épouse : j'avais promis de la donner pour femme à celui qui réussirait à me guérir ; je tiens d'autant plus volontiers ma promesse que Khéty n'est pas un vieil homme, savant en magie, mais un homme jeune et vigoureux, et un puissant guerrier. Il nous a d'ailleurs fait beaucoup de mal lors du combat contre les gens de Sodome et j'en suis satisfait. Il a ainsi montré sa valeur et son courage, toutes qualités qu'il va désormais mettre au service de ma cause. Je vous demande d'acclamer Khéty comme l'un de vos chefs, et si Baal, notre seigneur qui règne dans le ciel, le veut, de l'acclamer comme le père de celui qui me succédera à la tête du peuple des Hyksos.

Spontanément, les guerriers poussèrent des cris de joie tout en frappant leurs boucliers, mais on remarqua quelques officiers et des dignitaires proches du souverain qui marquèrent une hésitation avant de suivre l'enthousiasme de la troupe.

Un grand banquet fut ensuite offert à l'armée, préparé par les gens de Gomorrhe, qui avaient apporté fruits et légumes en quantité, fromages, volailles, porcs et moutons.

Malgré cette élévation soudaine à un rang royal, Khéty continuait de partager la tente de Lupakku. Lorsqu'ils se retrouvèrent seuls, après une fin de journée et une grande partie de la nuit passée en réjouissances et en beuveries au cours de laquelle la bière et le vin avaient coulé en abondance, le Hittite dit à son compagnon :

— C'est en vérité une chose merveilleuse qui t'arrive, Khéty. Le jour où nous t'avons rencontré dans cette lointaine oasis, j'imagine que tu ne pensais certainement pas devenir dans les mois qui allaient suivre le fils du roi des Hyksos et l'époux de sa fille.

— Sache que je ne l'imaginais même pas hier encore, bien que me sachant dans les bonnes grâces du roi puisque je lui avais sauvé la vie. Je n'en attendais pas tant de sa magnificence.

— Je suis heureux de servir sous tes ordres. J'ai pu voir que tu étais vraiment un bon capitaine et un guerrier impavide, et je ne doute pas que tu sois franc et loyal. Cependant, laisse-moi te le dire : je crains que, par cette promotion inouïe, tu ne te sois d'un seul coup fait un nombre redoutable d'ennemis.

— Je suppose que tu parles des grands de la cour et des officiers qui ne peuvent que me jalouser, ce d'autant plus que je ne suis pas de leur race et que j'ai combattu contre eux ?

— Il est vrai que c'était attendu. En surprenant quelques paroles échangées, j'ai pu comprendre que ce qui chagrinait les uns, ou suscitait leur jalousie, en satisfaisait aussi d'autres, qui n'espéraient rien pour eux, mais qui redoutaient l'accession de certains à la position que tu vas occuper en épousant la fille du roi. Car tu peux te douter que nombreux sont ceux qui espéraient en secret devenir le gendre de Shareq. D'autant qu'il paraît que sa fille n'est pas un singe.

L'idée le fit rire, puis il reprit aussitôt, à l'adresse d'un Khéty attristé à la perspective de ce nouveau mariage, qui lui rappelait le souvenir d'Iset.

— Il sera bon pour toi de te garder de tous ces hommes, de tous ces courtisans, même de ceux qui se montreront aimables, car la fourberie et la cautèle sont les vertus les plus courantes dans la cour d'un roi. Je peux t'en parler à l'aise, moi qui ai tout perdu à la suite d'une conspiration organisée par mon souverain en personne.

— Je le sais, Lupakku. Je crois toutefois pouvoir mettre toute ma confiance dans le roi, et ce n'est certainement pas quelque intrigue de sa part que j'ai à redouter.

— Je ne le crois pas non plus, encore qu'on ne puisse préjuger d'événements susceptibles de changer son attitude à ton égard. Ce que tu dois craindre, ce sont les intrigues des jaloux, les cabales des coteries, la rancune des proches du trône, qui voient d'un œil sombre les faveurs dont te comble le roi, toi, un étranger qui paraît soudainement et les prive de tous leurs espoirs.

Khéty soupira : il n'avait pas besoin des avertissements et des recommandations de son compagnon pour se douter qu'il devrait désormais compter avec tous les envieux qui évoluaient dans l'entourage du roi. Il songea que son ancienne situation de simple mercenaire au service du roi de Sodome était bien plus confortable, quoique tellement moins gratifiante.

— Lupakku, je suis conscient des dangers que va me faire courir une situation qui fait bien des envieux. Ce que je souhaite, puisque toi-même et tes compagnons khabirou seriez tout aussi bien entrés au service de Shareq, ce que nos compagnons vont d'ailleurs être contraints de faire, c'est que vous restiez mes bons compagnons et ma garde rapprochée, des amis disposés à partager ma bonne fortune, mais aussi à me préserver d'ennemis occultes, de ces courtisans sournois qui m'approcheront avec des paroles artificieuses et me flatteront tout en cherchant à m'abattre.

— Tu peux placer ta confiance aussi bien en moi qu'en nos compagnons : je crois que les mois que nous avons passés ensemble t'ont édifié quant aux sentiments qui nous unissent tous les sept, car tu étais devenu un vrai Khabirou, comme nous-mêmes. Tu as pu voir que, même s'il peut arriver que nous nous querellions ou que nous nous moquions mutuellement de nos défauts, nous restions unis par ce solide lien qu'est la fidélité. Et tu es l'un des premiers à illustrer cette allégeance, puisque nous avons appris que tu n'avais demandé au roi aucune récompense pour toi, seulement la libération de nos compagnons.

Cette nuit-là, Khéty s'endormit heureux et confiant.

Dès le matin suivant, Jithran, l'officier qui avait conduit Khéty auprès du roi après sa guérison, vint se présenter devant la tente :

— Khéty, mon seigneur, lui dit-il, le roi notre seigneur m'envoie devant toi pour être ton serviteur. Je te prie de me suivre, afin que tu prennes possession d'un premier présent du roi.

C'est donc bien volontiers que Khéty suivit l'officier. Il l'emmena auprès d'un enclos où étaient parqués les chevaux du roi, et garés les chars.

— On m'a rapporté, dit alors Jithran, que dans ton pays, l'Égypte, on ne connaissait pas ces animaux, ces coureurs des steppes qui n'ont pas leur pareil.

— Il me semble qu'on ne les connaissait même pas dans cette vallée de Siddim, pourtant proche du royaume de notre seigneur Shareq, lui fit remarquer Khéty.

— Les gens d'ici les connaissent mais ils n'en élèvent pas. Il est vrai que ce sont des animaux rares. Notre roi a pu se procurer quelques dizaines de couples vendus par des nomades des montagnes du Nord. Ceux-ci nous ont appris à les accoupler et, surtout, à les dresser, car ce sont des animaux nerveux, sauvages et si rapides à la course qu'il est difficile de les attraper. Désormais, nous savons les maîtriser, et ils se laissent docilement atteler aux chars. Tu as pu voir que le meilleur coureur reste loin derrière un char tiré par un tel animal.

— J'ai aussi pu voir que, dans un combat, ils forment un ensemble très vulnérable. Si l'on frappe le cheval, le char est aussitôt arrêté, et il est facile de le renverser.

— C'est sa faiblesse, mais il est incomparable quand on veut se déplacer rapidement. Un cheval a tellement plus d'endurance qu'un homme ! Mais vois, le roi a fait atteler pour toi un char qui sera désormais ta propriété.

Alors qu'il prononçait ces mots, un homme qui dirigeait un char tiré par deux chevaux s'avança vers eux. Le conducteur s'arrêta à leur hauteur et Jithran reprit :

— Cet homme est le cocher de ton char. Son nom est Jimna. Il doit te montrer comment on conduit un char, comment l'atteler, et comment combattre dans cet équipage.

Le char était constitué par une caisse de bois renforcée par des plaques de bronze, ouvert à l'arrière, pour accéder à la plate-forme du véhicule. Sur chacun des flancs intérieurs était fixé un carquois rempli de flèches ; d'un côté, il y avait aussi une gaine longue et étroite d'où sortaient plusieurs javelots et, de l'autre, un étui large où étaient placés deux arcs déjà bandés.

Le cocher sauta au bas du char, porta une main à sa poitrine en inclinant le torse pour saluer Khéty, puis lui dit :

— Seigneur, notre roi m'a honoré en me choisissant pour être ton cocher. Dès ce jour, je dois commencer à t'apprendre le maniement du char, et celui des armes dont tu le vois pourvu.

— Pour ce qui est de ces armes, je crois n'avoir rien à apprendre, encore que ce soit bien volontiers que je m'exercerai à tirer à l'arc, assura Khéty. Pour ce qui est du char, je compte bien, grâce à toi, en avoir la plus parfaite maîtrise avant que nous ne quittions cette vallée.

Ainsi commencèrent l'entraînement de Khéty et son entrée dans le monde guerrier des Hyksos.

Khéty, qui avait encore en lui l'audace de la jeunesse, eut tôt fait de se familiariser avec les chevaux et la conduite du char. Le soir même, après une journée passée en compagnie du cocher, soit sur le char, soit auprès des chevaux qu'il apprit à flatter et à atteler, il était capable de conduire seul le char et de faire courir les chevaux dans la plaine de Gomorrhe.

Jimna lui fit savoir que, dans les combats ou lors des chasses, chaque char portait deux hommes. L'un était chargé de conduire l'attelage : c'était le cocher, qui n'était armé que d'une courte épée et pouvait disposer à portée de main d'un large bouclier en cuir, afin de se protéger des flèches des ennemis. L'autre, placé derrière lui, était le combattant. Il disposait de l'arc et des javelots placés dans les étuis, et il pouvait avoir sur lui plusieurs armes individuelles, glaive, poignard, hache, pour un combat rapproché.

— Les hommes habiles, avait précisé Jimna, sont capables de conduire seuls un char tout en combattant. Ils nouent les rênes autour de leur taille et, par les mouvements des reins, ils parviennent à diriger les chevaux tout en maniant les armes de leurs mains restées libres. C'est ce qu'on apprend à tous les combattants, dans le cas où ils perdraient leur cocher, mais rares sont ceux qui parviennent à une grande maîtrise du char et des chevaux tout en étant capables de manier les armes de jet avec précision.

Khéty, que la nouveauté représentée par le char avait vivement excité, malgré les remarques qu'il avait pu faire sur son instabilité, assura vouloir s'exercer à devenir capable de diriger un char et de combattre seul sur un tel véhicule. C'est pourquoi, avant le départ de l'armée des Hyksos, il passa la plus grande partie de son temps à s'entraîner à la conduite du char et au maniement des armes mises à sa disposition.

Le roi lui-même fut émerveillé par tant d'application et de zèle.

— J'admire, lui dit-il, alors qu'il rentrait d'une course dans la campagne, l'opiniâtreté que tu mets à apprendre à maîtriser cet attelage. Voilà une volonté qui me plaît et qui déjà me prouve que les dieux ne pouvaient me donner un gendre plus digne de moi. Il faut que tu saches que ma fille est nubile depuis déjà plusieurs années, et que très nombreux ont été ses prétendants, parmi les plus hauts personnages du royaume. Mais pas un seul n'a réussi à obtenir mon consentement, ni d'ailleurs celui de ma fille. Il est temps pour moi de te l'avouer : pour devenir l'époux de ma fille, mon accord ne te suffira pas. Encore faut-il qu'elle-même t'agrée et, telle que je la connais, tu dois te persuader que l'affaire n'est pas gagnée. Or, si elle ne veut pas de toi, je resterais bien impuissant à la contraindre, tout roi et père que je sois.

Il fit une pause, avant de poursuivre :

— Elle a perdu sa mère alors qu'elle était tout enfant. Je l'ai profondément chérie, de sorte qu'elle est devenue capricieuse et exigeante. Je ne voudrais être cause de son malheur en l'obligeant à prendre un époux qui lui serait odieux. En faisant la promesse d'accorder ma fille à l'homme qui serait capable de me guérir, j'ai aussi précisé que c'est mon accord qu'il obtiendrait, mais qu'il devrait ensuite conquérir Asnath, ce qui n'est pas une conquête facile, car il s'agit de la séduire et non d'enlever de force cette belle forteresse. Au demeurant, ajouta Shareq après un bref silence, lorsque tu connaîtras mieux nos mœurs, tu sauras que notre peuple hyksos est composé d'un ensemble de tribus de pasteurs nomades que mon père puis moi-même sommes parvenus à fédérer sous notre tutelle. Or, dans nos tribus, c'est une coutume ancestrale de laisser aux filles le choix de leur époux. Nous autres, les pères, nous ne pouvons que leur proposer un époux qui nous convienne, mais il leur reste le droit de l'accepter ou de le refuser.

Ces considérations paternelles plongèrent Khéty dans un abîme de réflexions. Il ne savait s'il serait capable d'enlever la forteresse en question, surtout si elle s'était déjà montrée aussi inaccessible. D'autant plus qu'il resterait toujours perturbé par le souvenir d'Iset et la fidélité qu'il croyait devoir même à sa mémoire.

Et il songea aussi que les Hyksos suivaient des lois différentes de celles des Aamou installés en Égypte, s'il en croyait ce prêtre qu'il avait mis à mort. L'homme lui avait assuré que le père était tout-puissant dans la famille et qu'il pouvait imposer à sa fille, même malgré elle, le choix d'un époux. Visiblement, chez les Hyksos, les choses ne se passaient pas de cette manière.

15

Le roi Shareq voulut que, à son retour, son armée victorieuse effectuât une tournée des grandes villes du royaume, pour donner aux populations l'occasion d'acclamer la suprématie des soldats hyksos et celle de leur invincible chef. Pour ce faire, au lieu de suivre les rives de la mer de Sel, on emprunta la vieille route qui s'élevait vers les montagnes, du côté du couchant. Le nouveau rang de Khéty l'obligeait à voyager sur le char qui lui avait été donné, dirigé par son cocher. Comme il était trop profondément accoutumé à marcher, Khéty trouvait peu de plaisir à se laisser ainsi porter par un véhicule sur lequel on était particulièrement secoué, sur des routes de montagne accidentées et mal entretenues. Aussi sautait-il souvent à terre pour marcher à côté du char, ce qui semblait amuser le roi, qui suivait à peu de distance, sur son propre char. Le souverain et ses principaux officiers n'allaient pas en tête, mais au milieu de la troupe, pour des raisons de sécurité, avait-il fait savoir à Khéty. Si d'aventure des ennemis songeaient à surprendre l'armée en marche, ils attaqueraient de face ou par-derrière : ainsi l'avant-garde et l'arrière-garde formaient-elles une protection autour du roi.

— Les territoires que nous traversons, avait néanmoins demandé Khéty, ne sont-ils pas contrôlés par mon seigneur ? Ne sommes-nous pas entrés dans ton royaume ? Et d'ailleurs, nous y étions déjà dans la vallée de Siddim, puisque tous les rois qui régnaient sur les cinq villes soit ont été vaincus et soumis, soit sont devenus les tributaires de mon seigneur.

— On peut toujours craindre une attaque de nomades, lui avait rappelé le roi, ou encore de factieux qui pourraient caresser l'espoir de retrouver leur ancienne puissance en tentant de me tuer par surprise. C'est là l'un des aspects périlleux de la condition royale. Mais le risque le plus grand, c'est la menace que fait peser sur la tête de tout souverain l'ambition des gens de son entourage, qui briguent en secret son trône. Pour ces gens-là, tous les moyens sont bons et ils ne se sentent satisfaits qu'engagés dans une conspiration susceptible de les installer sur le trône à la place de leur souverain... Et sache que ceux qui sont le plus à craindre sont ceux les plus proches de nous, à commencer par nos frères ou nos fils. Pour moi, je n'ai ni frère ni fils, et je bénis mon dieu Baal de m'avoir donné un fils en toi, car je crois n'avoir rien à craindre d'un homme qui s'évertue à me sauver la vie alors qu'il a eu plusieurs occasions de me l'ôter.

— Je dis à mon seigneur : devant toi, je déclare que je veux qu'Isis, ma déesse, et Anath, et Horus, qui règne sur l'Égypte, m'abandonnent, me livrent au dieu rouge du désert, à Seth et ses acolytes, si j'osais me lever contre toi. Et maintenant que je me suis engagé auprès de toi, mon seigneur, je suis prêt à défendre ton trône au risque de ma vie.

— Sache, Khéty, mon fils, que même n'aurais-tu pas prononcé ce serment, je t'aurais gardé toute ma confiance. Je sens en effet que tu parles avec sincérité, et même que, comme on le dit dans ton pays, tu parles avec la déesse Maât sur ta langue.

L'armée hyksos fit une première longue halte dans un village nouvellement construit à l'initiative des rois Pasteurs. Les maisons aux murs de torchis et aux toits en terrasse étaient encore peu nombreuses. Plus nombreuses étaient les tentes de peau des nomades, réparties par groupes à travers la palmeraie. L'oasis était appelée Beersheba, parce que, rapportait-on, y avaient été aménagés sept puits ; cependant, d'autres assuraient que son nom devait être plutôt interprété comme le Puits des Sept, sans qu'on sache précisément qui étaient ces « Sept ».

— Je veux faire de ce lieu, fit savoir Shareq à Khéty, un croisement de routes : une route qui vient du côté du soleil levant, celle que nous avons empruntée jusqu'à ce jour, et qui se termine sur la côte à Gaza ; deux autres routes, qui pour l'une conduit vers les parties nord de mon royaume, et pour l'autre aboutit à ma capitale ; enfin, vers le sud, je fais aménager une route pour aller sans s'égarer jusqu'aux mines de cuivre du pays de Séir. Avant que nous n'occupions cette région, cette oasis de Beersheba était l'enjeu de vives disputes et même de guerres entre les tribus de nomades, qui trouvaient là un lieu de pâturage et de séjour idéal. Nous y avons imposé la paix entre les tribus, maintenant contraintes de vivre en bonne entente comme de partager les puits et l'herbe pour leurs troupeaux de moutons.

Shareq fit défiler devant lui ses officiers et son armée. Il avait décidé que la plus grande partie de ses guerriers devait poursuivre sa route jusqu'à Gaza, tandis que lui-même, avec une troupe restreinte, regagnerait Megiddo, dans le nord du royaume.

Khéty se tenait près du roi, sur le même char.

— Vois, lui dit Shareq alors que défilaient les soldats en maintenant les rangs, notre armée est forte. Crois-tu que le roi d'Égypte sera capable de lui résister ?

— Moi qui connais la véritable puissance de l'usurpateur qui siège dans la ville du Sceptre, je peux dire à mon seigneur qu'il sera bien incapable d'opposer la moindre résistance à tes armes. Non seulement tes guerriers sont plus nombreux, plus disciplinés, et plus aguerris, mais ils sont mieux armés et les chars et les chevaux ne pourront que semer la crainte parmi les hommes qui leur seront opposés.

— Sache encore, reprit alors le roi, que tu ne vois là qu'une partie de l'armée que j'ai mise sur pied pour envahir l'Égypte. Déjà sont cantonnés à Gaza plus de cinq mille hommes. Ceux-là vont les rejoindre, ce qui fera plus que doubler leur nombre. Et mes officiers sont en train de réunir à Megiddo un autre corps d'armée d'une dizaine de milliers d'hommes... Dès qu'ils seront prêts, nous partirons enfin à la conquête de cette riche vallée où coule un fleuve dont on dit qu'il vient du ciel.

— C'est ce qu'on rapporte, mais je ne saurais me prononcer, car je ne l'ai jamais remonté jusqu'au bout. Ce que je sais, par un homme à la peau sombre appelé Nehésy, c'est qu'il vient d'un pays qui s'étend bien au-delà de l'Égypte vers le sud. Avant d'arroser la vallée d'Égypte, déjà le Nil traverse ce pays et le féconde par ses flots qui, chaque année, débordent largement pour fertiliser son sol.

Deux jours plus tard, la garde royale, commandée par Shareq, se mit en marche vers le nord du pays, tandis que le gros de la troupe faisait route vers Gaza. Khéty ne doutait plus de la victoire finale des Hyksos. En songeant qu'il allait combattre à la tête de ces hommes contre des Égyptiens, il ne savait s'il devait s'en chagriner ou, plutôt, s'en réjouir, dans la mesure où il serait dans le camp des vainqueurs et pourrait influencer leur roi, son beau-père, pour qu'il se montre clément et bienfaisant envers le peuple de la Terre noire.

En revanche, ce qui le réjouissait franchement, c'était sa certitude, désormais, de pouvoir assumer sa vengeance contre le père d'Iset et de se faire restituer son fils.

Aussi bien pour éviter les régions de collines et de montagnes qui se déployaient parallèlement à la mer de Sel, où les chemins étaient rocailleux, et parfois escarpés, que pour manifester sa puissance aux regards des populations de certaines villes des plaines, opulentes et souvent disposées à se rebeller, la troupe royale emprunta la route de la plaine de la Shefala. La première halte se fit à Lakish, dont l'acropole dominait la plaine. Le roi y entretenait une importante garnison, chargée de la protection des riches campagnes alentour. Il y régnait une véritable fièvre de construction ; une multitude d'ouvriers et d'esclaves enfermaient la ville haute dans un rempart pourvu d'un glacis, tandis que s'achevait l'édification d'un palais destiné à abriter le gouverneur hyksos et les fonctionnaires de son administration.

Le roi y demeura trois jours afin d'inspecter l'état des travaux et de rendre visite à tous les Anciens de la ville, chefs de clans ou de tribus. Il ne manqua pas, non plus, de sacrifier un bouc sur l'autel du dieu Dagan, divinité qui se manifestait sous l'aspect d'un poisson, mais que l'on adorait aussi comme dieu de la germination du grain et seigneur du Ciel orageux.

La seconde étape importante se fit à Beth-Shemesh, vieille cité consacrée au dieu Soleil Shemesh, comme l'indiquait son nom, « la Maison du Soleil ». Là aussi régnait une grande activité architecturale. La ville dominait une vallée dont elle était le verrou, de sorte que Shareq avait ordonné qu'elle fût fortifiée et occupée par une garnison importante.

Tout au long de ce voyage, Khéty prit de plus en plus vivement conscience de la puissance du roi des Hyksos. Cependant, un incident lui permit de se rendre compte de la réalité de ce que lui avait déclaré Shareq, lorsqu'ils avaient quitté la vallée de Siddim – même dans un pays aussi bien administré que son royaume, on pouvait toujours craindre une révolte ou une attaque de nomades.

Après avoir longtemps suivi la route de la large plaine qui s'étendait entre la mer et la longue suite de basses chaînes montagneuses, la troupe royale s'engagea dans ces collines, Shareq ayant manifesté son intention de rendre visite au prince de la cité de Sichem. Ce roi, appelé Hamor, était devenu membre de la confédération hyksos ; Shareq avait mis en lui sa confiance, mais il restait tout de même circonspect. La cité d'Hamor était, en effet, un important point stratégique entre deux montagnes, d'où elle commandait un carrefour de routes. Et comme la ville avait été strictement fortifiée, Shareq se souciait de conserver la fidélité d'Hamor. Il tenait à faire halte chez lui, aussi bien pour lui prouver la considération dans laquelle il le tenait que pour sonder son loyalisme.

Or, en approchant des murs de la ville, le roi, qui allait maintenant en tête de sa petite armée avec Khéty et quelques officiers, arrêta son char et manifesta son inquiétude :

— Voyez, dit-il à ceux qui l'entouraient, on n'aperçoit personne devant les murs de la ville, bien que les portes en soient largement ouvertes. Il n'y a dans la plaine ni voyageurs, ni paysans, ni troupeaux de moutons ou de chèvres. Pas de chiens, pas d'ânes, rien, personne, pas le moindre signe d'une quelconque activité…

— Seigneur, intervint Jithran, il ne faut pas entrer dans la ville. On peut craindre un piège, car ce silence est anormal, inquiétant ! On ne voit pas non plus de gardes devant cette porte aux battants largement ouverts.

— Mon seigneur, proposa alors Khéty, permets-moi d'aller en avant : je vais passer cette porte et entrer dans la ville. Je verrai alors pourquoi personne ne manifeste sa présence, et je reviendrai te rapporter ce que j'ai vu.

— Va, Khéty, mais sois prudent. Tu sais maintenant que ta vie m'est précieuse. Néanmoins, il serait indigne d'un guerrier de se laisser envahir par la crainte, et mon cœur se réjouit de te voir proposer sans hésitation d'aller en éclaireur.

Shareq venait à peine de prononcer ces mots que déjà Khéty secouait les rênes de ses chevaux et les lançait au galop vers les remparts de la ville. Il s'engouffra bientôt entre les deux tours massives qui dominaient le passage donnant accès à la cité.

Il n'eut pas à s'enfoncer bien loin dans la vaste place sur laquelle il venait de pénétrer pour découvrir la raison du silence régnant sur la ville – un silence cependant déchiré par les cris des corbeaux et des vautours, qui s'envolèrent lourdement lorsque le char fit irruption. La place était jonchée de cadavres et le sol pavé était marqueté de larges flaques de sang séché.

Sans s'attarder, Khéty fit faire demi-tour à son attelage et se hâta d'aller rendre compte de ce qu'il venait de découvrir. Suivant l'ordre royal, la troupe s'élança vers la cité et l'investit. On retourna les corps, tous des hommes, dont la gorge avait été tranchée ou le corps frappé d'un coup de lance. On fouilla les maisons, vides de tout objet précieux, parfois en partie brûlées. Enfin, on amena devant le roi un vieillard qui avait été retrouvé dans une cavité obscure, tout recroquevillé et tremblant. C'est par lui qu'on sut ce qui s'était passé.

Ainsi apprit-on qu'une tribu de nomades était venue s'établir au pied des murs de la ville. Selon la coutume, le chef de cette tribu, dont le rescapé livra le nom, Yakebel, avait payé le droit de faire paître ses troupeaux et d'utiliser l'eau des puits. Ces nomades étaient restés là pendant une lunaison.

— Au bout de ce temps, rapporta le vieillard après avoir un peu bu et mangé afin de retrouver son calme, ils étaient familiers des gens de chez nous et nous commencions à échanger des biens avec eux. Or, nous avons appris que le fils de notre seigneur Hamor avait aperçu la fille de ce Yakebel ; on a entendu rapporter qu'il s'en était épris, au point de l'enlever pour lui donner son amour. Je ne sais si la jeune fille avait rendu son amour à notre prince, mais j'ai ouï dire qu'il était mal vu, dans ces tribus nomades, qu'une fille avouât ne serait-ce qu'un soupçon d'inclination pour un homme.

Ce qui n'est que trop sûr, hélas ! Le prince a été pris d'une telle passion que notre seigneur Hamor est allé lui-même devant Yakebel pour lui demander la main de sa fille pour son propre fils. Or, il paraît que dans ces tribus, ce n'est pas le père, mais les frères qui décident de tout. C'est donc aux frères de la jeune fille que dut s'adresser notre seigneur. Ainsi ce puissant roi alla jusqu'à s'humilier devant ces garnements de nomades, ces fils d'un simple chef d'une tribu de barbares dormant sous la tente. Il leur proposa une alliance, il leur proposa de marier entre eux leurs enfants, de s'installer à demeure dans le pays, d'y faire du commerce pour s'enrichir, mais les deux frères, les aînés des fils du chef, restaient inflexibles et déclaraient que le prince avait mal agi, que c'était un déshonneur pour leur clan. Alors, le prince en personne est venu devant les deux frères, pour leur demander de leur donner leur sœur pour épouse. Il leur a dit qu'il était prêt, en échange, à leur donner tout ce qu'ils demanderaient, de faire tout ce qu'ils pourraient exiger de lui. Voyez à quelles folies peut conduire un amour provoqué sans doute par un dieu ennemi !

« Ces perfides fils de Yakebel ont déclaré qu'ils ne donneraient jamais leur sœur à un homme qui n'était pas circoncis. Et voyez : aussitôt, notre prince a déclaré qu'il était prêt à se faire circoncire. Mais les deux frères auraient alors dit qu'il ne leur suffisait pas que le prince se fît circoncire : ils exigèrent que tous les hommes de la ville, jeunes et vieux, se fissent aussi circoncire. Bien qu'une telle opération pût remplir de dégoût les gens de notre peuple, le prince a accepté de s'y soumettre, tant il était amoureux. Et son père, notre seigneur le roi Hamor, a accepté de faire pareil sacrifice par amour pour son fils, et il a convaincu follement les mâles de Sichem de faire comme lui. On sait trop bien que le prestige des rois fait que le peuple suit trop facilement leurs décisions, même particulièrement déraisonnables.

Ainsi tous les hommes de la ville acceptèrent de subir cette humiliante opération et même les mères firent circoncire leurs fils. Tous, sauf moi-même. Car je connais la perfidie de ces gardiens de chèvres qui écument les déserts, ces mangeurs de truffes, ces voleurs de troupeaux et de femmes. Et encore je refusais, pour complaire au fils de notre seigneur, de me laisser ainsi mutiler le corps. Mais comme je suis âgé, nul n'a pris garde à moi. Sachez que, aussitôt après que furent accomplis les rites barbares de la circoncision, ces chacals dirent que, pour fêter cela, il fallait ouvrir les outres de vin, et ainsi tout le monde, ou plutôt, tous les hommes de Sichem ont bu, ils ont bu à la recherche de l'ivresse pour ne plus sentir la douleur qu'avait provoquée en eux cette indigne opération. Une opération qui, aussi, avait affaibli leurs corps. Alors, profitant de l'affaiblissement de ces pauvres hommes de notre ville, et de la confiance qu'ils avaient mise en ces fourbes, les deux fils ont commencé par mettre à mort notre seigneur Hamor et son fils, car ils se tenaient tous les quatre les uns près des autres. Puis, comme si ce double meurtre avait été un signal, les nomades ont entrepris de tuer tous les hommes, qui avec son poignard, qui avec sa lance, qui avec sa hache. Ce fut un horrible massacre. Et moi qui n'avais pas été affaibli par la circoncision, moi qui n'avais pas bu de vin, moi qui étais resté en retrait, je me suis enfui et je me suis caché là où vous m'avez trouvé. Une fois leurs meurtres accomplis, ces assassins ont parcouru la ville, pillant tout ce qu'ils trouvaient. Ils ont aussi emmené tous les troupeaux qui paissaient hors des murs, les ânes, les bœufs, et ils ont enlevé les enfants pour les vendre comme esclaves, et les femmes pour jouir d'elles, eux qui prétendaient que ce qu'ils appelaient le « viol » de la fille de leur chef avait déshonoré la tribu. Car tel est le monstrueux prétexte qu'ils ont trouvé pour justifier un si grand massacre.

Le roi Shareq ne put s'empêcher de laisser éclater sa colère, et il lança plusieurs escadrons de guerriers à la poursuite des pillards. Nul, cependant, ne savait quelle route ils avaient prise, et ce fut en vain que les soldats les cherchèrent.

Shareq laissa dans la ville une importante garnison, sous le commandement de l'un de ses plus fidèles officiers, appelé Hamasanu, avec pour mission, d'une part de continuer à traquer les pillards nomades qui avaient si perfidement ravagé la cité, d'autre part, de la repeupler avec l'aide des populations du voisinage.

De son côté, seulement escorté de sa garde rapprochée, le roi reprit la route. Deux jours plus tard, il faisait son entrée dans Megiddo, sa capitale.

16

Le palais royal se dressait au sommet de la colline sur laquelle était bâtie la ville haute. Cette colline avait été écrêtée pour recevoir palais, temples, citernes et toutes les maisons privées, réunies en quartiers. Mais malgré sa taille imposante, l'acropole n'avait pu abriter toutes les populations qui étaient venues s'agglomérer autour de la capitale de ce royaume hyksos dont la domination s'étendait maintenant sur tout le pays de Canaan, et même au-delà de ses frontières naturelles septentrionales, jusque dans la région que les Égyptiens appelaient le Kharou et les gens du pays, la Syrie. Des faubourgs s'étaient développés tout autour du pied de la colline, constitués de maisons en pisé, ou parfois en pierre. Bien qu'il fût assuré de sa puissance et de sa domination, le roi Shareq avait par ailleurs tenu à faire ceindre de remparts et d'un glacis la citadelle elle-même. Et c'est à leur construction qu'avaient été commis les captifs de Sodome, parmi d'autres captifs qui ne faisaient que compléter la main-d'œuvre libre.

C'est à ses anciens compagnons, à ses amis khabirou, et aussi aux gens de Sodome, auxquels il s'était attaché, que Khéty pensa dès son arrivée à Megiddo. Shareq l'avait installé dans une partie de son palais et avait commis à son service plusieurs serviteurs. Le roi avait hâte de faire rencontrer sa future épouse à son nouveau fils, mais en arrivant dans son palais, il avait eu la déception d'apprendre que la princesse Asnath avait quitté la ville, déclarant vouloir s'installer dans l'une des résidences royales. Car le roi possédait diverses résidences dans plusieurs villes du royaume : une à Akko, autrement appelée Acre, en bord de mer, où le père du roi avait bâti une forteresse afin d'en faire le deuxième port de son royaume après Gaza, une autre à Jéricho, vieille cité de la vallée du Jourdain, et une troisième dans le sud du royaume, dans la ville d'Hébron.

C'est ainsi que Khéty apprit que cette ville s'appelait jadis Kiriath-arba. Ce n'était alors qu'une grosse bourgade où s'étaient établis les ancêtres nomades de Shareq. La tribu portait alors le nom d'Anakim, qui lui venait de son ancêtre mythique, Anak. On disait de ce dernier qu'il était fils d'un homme appelé Arba, à qui revenait la gloire d'avoir fondé le village auquel il aurait donné son nom, abandonnant avec sa tribu la vie d'errance. Mais d'autres traditions plus sûres rapportaient que, en réalité, Arba avait donné à son fils Anak le nom de l'ancêtre de la tribu et que c'était cet aïeul qui avait ainsi donné son propre nom à la tribu des Anakim. Bien qu'établis dans un campement fixe transformé peu à peu en un village aux maisons de pierre, à Kiriath-arba, les Anakim avaient continué de mener une vie pastorale, ajoutant des bovidés à leurs troupeaux, jusqu'alors composés de moutons, le pays étant riche en eau et couvert de pâturages. Les hommes de la tribu étaient tous grands et robustes, ce qui leur procurait une supériorité sur les autres nomades et sur les sédentaires établis en Canaan depuis des temps immémoriaux.

Ainsi les Anakim avaient-ils bientôt imposé leur suprématie, d'abord aux diverses tribus qui nomadisaient dans ces régions, puis aux chefs des villages et des villes. Le grand père de Shareq avait inauguré cette entreprise de domination, mais c'était son fils qui avait réussi à fédérer, de gré ou de force, villes et tribus de Canaan sous son autorité. C'était aussi lui qui avait changé le nom du village de Kiriath-arba, devenu une ville importante, capitale du nouveau royaume, en Hébron. En effet, dans la langue des Cananéens et des Hyksos, ce nom désignait une ligue, une confédération : ainsi Hébron devint la capitale de la confédération des Cananéens, sous l'autorité des rois Pasteurs. Enfin Shareq, à la suite de guerres et de campagnes, avait ramené à l'ordre un certain nombre de princes qui avaient cru pouvoir profiter de la mort de son père pour tenter de se rendre indépendants, puis il avait encore renforcé sa puissance en étendant son empire sur diverses cités du nord de Canaan, qui échappaient jusque-là à l'autorité des rois Pasteurs. Son royaume s'étant ainsi agrandi vers le nord, il avait cru bon de transporter plus au nord sa capitale, raison pour laquelle il avait porté son choix sur Megiddo, une très vieille et très illustre cité qu'il avait entrepris de fortifier après s'y être fait aménager un palais digne de sa puissance.

— Je dois t'annoncer une mauvaise nouvelle, dit Shareq à Khéty.

— Que mon seigneur parle à son serviteur, lui répondit Khéty sans s'émouvoir, ou, plutôt, sans marquer la moindre émotion.

— Voici : il s'agit de ma fille bien-aimée. La rumeur est venue jusqu'à elle, d'abord que j'avais été mordu par un serpent, ce qui l'avait heureusement consternée, car elle aime son père. On m'a rapporté qu'elle s'est ensuite réjouie lorsqu'on est venu lui apprendre que j'étais sauf, que j'étais remis sur pied. Mais selon mon serviteur qui lui apportait chaque fois les nouvelles, quand il lui a fait savoir que j'avais promis sa main à l'homme qui me guérirait et que la chose ayant été faite, elle allait être mariée à mon sauveur, elle a simplement déclaré qu'il lui revenait de choisir le nom de son époux, et qu'elle ne se laisserait pas imposer le premier venu. Ce qui me chagrine, c'est que mon messager lui a ensuite fait savoir que son futur époux était un Égyptien...

Comme il restait muet et prenait un air embarrassé, Khéty lui lança un regard interrogatif, ce qui le conduisit à lui faire part de la réaction de la jeune fille :

— Voilà... Elle a déclaré que jamais elle n'épouserait un vaincu de la Terre noire, que ce mari qu'on voulait lui donner était à peine digne d'être son esclave, comme bientôt tout le peuple d'Égypte serait l'esclave de son père. Cette idée l'a mise si fort en colère qu'elle a décidé de quitter Megiddo et d'aller s'installer dans notre palais d'Hébron. Et moi, je crains qu'elle ne refuse de revenir auprès de son père...

— Puisqu'il en est ainsi, intervint alors Khéty, que mon seigneur ne se tourmente pas. Jamais je ne voudrais m'imposer à une femme qui me détesterait. Si mon seigneur et père le permet, je le délie de son serment, j'accepte d'être son serviteur sans être son gendre.

En parlant ainsi, il se sentit comme soulagé : il allait ainsi pouvoir se considérer comme toujours fidèle à l'amour d'Iset.

Mais visiblement Shareq ne voyait pas les choses du même œil. Il leva le ton en scandant ses mots :

— Tu es mon fils et tu seras mon beau-fils ! Je ne te permets pas de capituler aussi facilement, c'est indigne d'un valeureux guerrier, c'est inconcevable de la part d'un bon capitaine ! Apprends d'abord que j'ai envoyé auprès d'elle un messager pour lui intimer l'ordre de rentrer au palais, en lui faisant préciser que je lui accordais un répit de vingt jours et que, si alors elle n'était pas de retour, j'enverrai une troupe pour la ramener de gré ou de force. En attendant, voilà ce que tu vas faire, mon fils. Tu vas te rendre à Hébron, et là, tu te présenteras devant ma fille, non comme le guérisseur de son père, mais comme un bon viveur et un puissant guerrier. Je la connais : elle admire la force et le courage. De plus, tu n'es pas vilain garçon ; tu es grand et beau, elle ne manquera pas d'y être sensible. Mon fils, tu es un vrai guerrier hyksos. Tu ne peux capituler sans combattre. Tu dois enlever cette forteresse, par la douceur ou par la force ! Peu importe avec quelles armes, mais emporte-la, gagne-la !

Après un silence, le roi précisa :

— J'ai dit que tu te présenterais à ma fille, mais ne prends pas cette expression à la lettre. Ne cours surtout pas au palais pour demander à la voir. Tu serais irrémédiablement éconduit. Non, il faut que cette rencontre se fasse par hasard, dans une rue de la ville ou dans une taverne réputée. Il lui arrive d'aller écouter de la belle musique et de beaux chants dans cette sorte de lieux. Et, comme son père, elle ne dédaigne pas les bons vins. Bien sûr, lorsque tu auras réussi à la rencontrer et à lui parler, ne lui donne pas ton vrai nom : Khéty est le nom du prétendant que je lui destine, elle ne l'ignore pas.

L'Égyptien dut se rendre à ces arguments. Il ne marqua toutefois aucun enthousiasme. Cette fille qu'il n'avait jamais rencontrée lui était devenue odieuse. N'allait-il pas découvrir en elle, qui plus était, une vierge folle et une ivrogne ?

Avant qu'il ne reprenne la route, en tant que fils du roi, il dut se charger de présenter les captifs de Sodome à son seigneur, afin que celui-ci leur fît part de sa décision à leur sujet.

Le camp de l'armée royale, qui comprenait la garde avec laquelle Shareq était rentré à Megiddo, mais aussi toutes les recrues rassemblées pour partir à la conquête de l'Égypte, avait été établi à l'orée des faubourgs de la ville. La tente du souverain avait été dressée en son centre, où était aménagée une vaste place destinée aux défilés militaires et au rassemblement des corps armés. Le camp lui-même était délimité et protégé par une enceinte de bois, pourvue d'un chemin de ronde. Les soldats logeaient non dans des abris faits de peaux cousues, mais sous des tentes de tissu, plus légères et plus confortables. Cependant, dans ce camp permanent, on avait aussi érigé plusieurs bâtiments en dur, destinés à abriter les officiers, ainsi qu'un arsenal où l'on remisait les armes de bronze, fondues non loin, dans des ateliers en pisé. Il s'y trouvait aussi des magasins, où étaient entreposés les paniers de vivres et les jarres contenant l'huile d'olive, la bière, les vins – tout ce qu'il fallait pour soutenir un long siège. À l'intérieur des remparts était aussi aménagé un enclos, où l'on gardait chevaux et chars, considérés par le roi comme son arme la plus précieuse.

Ce n'est que plusieurs jours après son retour que Shareq autorisa Khéty à aller chercher les prisonniers, non sans l'obliger à un certain cérémonial.

Pour cette occasion, Khéty revêtit en effet une tunique cananéenne bariolée, attachée sur l'épaule gauche, qui laissait libre la droite et tombait à la hauteur des genoux. Il s'était rendu aux prisons où étaient gardés les captifs pendant la nuit, sur son char muni de ses armes, escorté d'une douzaine de soldats armés d'un bouclier rond et d'une lance. Les prisons étaient aménagées dans de profondes cavités creusées au pied de l'acropole, dont l'accès était clos par des grillages en bois. En préparation de la cérémonie, les gardes avaient lié les captifs comme pour leur voyage jusqu'à Megiddo, les bras entravés derrière le dos par un lien.

Les compagnons khabirou de Khéty, ainsi liés, attendaient avec anxiété le sort qui leur était réservé. Aussi poussèrent-ils des cris de joie en reconnaissant leur ancien comparse sur son char, à la tête des gardes.

— Khéty, lui dit Magdiel, je vois que tu es devenu un véritable guerrier hyksos et mon cœur s'en réjouit. Tous, nous admirons de quelle manière tu as réussi à fuir la vigilance de ce Yaqebher. La rumeur selon laquelle tu as sauvé le roi Shareq, qui se mourait d'une morsure de serpent, les honneurs dont il t'a couvert, tout cela est parvenu jusqu'à nous. L'espoir d'une prochaine délivrance s'est alors installé dans nos cœurs. Mais va-t-on vraiment nous libérer et nous donner des vêtements ?

— Ce moment va bientôt venir, Magdiel, lui répondit Khéty, qui était descendu du char par respect pour l'ancien roi, même s'il n'était plus qu'un vaincu. Auparavant, je dois vous conduire ainsi entravés devant le roi Shareq, qui proclamera sa décision à votre égard.

— Je me doute que tu es intervenu en notre faveur.

— Sache que le roi avait pris ses dispositions avant même qu'il ne me rencontre. Mais n'ayez crainte, ni toi, ni tes compagnons. Il tient simplement à vous faire paraître devant lui, ainsi dépouillés de tout vêtement et entravés, pour mieux proclamer sa victoire, et afin que vous lui rendiez hommage.

— Sache, Khéty, que durant ces jours innombrables, passés à transporter et tailler des pierres sous le fouet vigilant de nos gardiens, j'ai compris la fragilité de la condition humaine, même celle d'un roi, et la vanité des honneurs. Je ne ressens désormais plus de honte à demeurer nu, et j'accepte sans me plaindre le destin que m'ont infligé les dieux. Pour cela, je leur suis reconnaissant : j'ai pris conscience de la valeur si relative de toute chose, à commencer par le pouvoir et la pompe royale.

— J'admire, Magdiel, que tu aies si rapidement et si totalement appris ce que chez nous, en Égypte, seuls quelques scribes très savants parviennent à acquérir, après bien des efforts et des années de réflexion, et que nous appelons la sagesse. Maintenant, je dois te dire ce qu'a décidé notre seigneur, le roi Shareq, pour cette cérémonie qui signifiera la fin de votre esclavage à tous. Il faudra que toi, Jakin et Yapiranu, vous alliez devant mon char, reliés l'un à l'autre par une corde, et cela jusqu'au trône du roi, qui vous fera part de son jugement. Les autres viendront derrière le char. Ainsi doit s'accomplir la volonté de notre seigneur le roi.

Les gardes, suivant les instructions de Jithran, qui accompagnait Khéty, firent prendre les rangs aux captifs. Jithran se plaça en tête du cortège, suivi de Magdiel et de ses deux anciens généraux, Khéty venant juste derrière eux, sur son char, comme s'il était lui-même le capitaine victorieux qui avait fait ces captifs. Derrière lui marchait un guerrier armé d'un harpé, sabre court à la lame recourbée qu'il tenait dressé contre son épaule gauche. Son nom était Zilpa. Il avait été donné par Shareq à Khéty pour être son serviteur. Non pas un simple serviteur, mais un guerrier valeureux, chargé de seconder le fils du roi et de le protéger le cas échéant. Le harpé qu'il portait n'était autre qu'une sorte de sceptre marquant la condition royale de l'Égyptien. L'on peut comprendre que Khéty en était particulièrement fier : il voyait cette arme comme l'équivalent, chez lui, du *flabellum*, cette longue plume emmanchée sur une hampe qu'un haut dignitaire égyptien, le flabellifère, portait auprès du roi d'Égypte, lorsque celui-ci se déplaçait sur son palanquin. Et le titre de porteur du harpé était une dignité enviée, comme en Égypte le titre de flabellifère à la droite du roi.

Le cortège parvint ainsi dans le camp royal. Tous les soldats étaient massés le long de la voie qui, de la porte principale du camp, conduisait en droite ligne jusqu'au siège où avait pris place Shareq, un trône magnifique, ciselé dans du bois de cèdre, dont les côtés imitaient le profil d'un lion ailé à tête humaine. Ce siège était dressé sous un large baldaquin, qui protégeait des rayons du soleil le roi Shareq, vêtu d'une lourde robe brodée, ses sandales reposant sur un marchepied recouvert d'un coussin. Derrière le trône, dans l'ombre du baldaquin, l'on avait placé une large amphore au corps oblong, remplie de vin. Deux serviteurs se tenaient auprès d'elle, l'un chargé d'y puiser le vin et de le goûter, avant de le servir dans des coupes qu'un autre serviteur devait lui-même porter à une femme debout près du trône.

Celle-ci était vêtue d'une ample tunique qui lui tombait sur les pieds, pourvue de longues et larges manches. Directrice de la maison royale, elle recevait la coupe de vin des mains du serviteur avant de la tendre au roi. À peine en retrait, sur la gauche du trône, un musicien, lui aussi revêtu d'une longue robe, tenait contre lui, d'une main, une grande lyre à huit cordes, dont il tirait des sons harmonieux.

Le cortège s'arrêta devant le trône et, poussés par Jithran, les trois captifs qui venaient en tête furent contraints à se mettre à genoux devant le roi, tandis que Khéty descendait de son char et venait à son tour se placer face à Shareq.

— Mon seigneur, mon père, lui dit-il, voici, humiliés devant toi, ce prince et ses officiers qui ont osé se dresser contre ta volonté. Mais vois : ils ont été punis de leur révolte par de longs jours de captivité. D'un trône d'où il régnait sur un peuple aimable, le roi Magdiel est tombé ! Le voici humilié, dépouillé de tout pouvoir, dépouillé même de ses habits, plus pauvre que les plus pauvres, puisqu'il va ainsi nu, les bras entravés de liens ignominieux. Moi, ton fils bien-aimé, je te prie, mon seigneur, de lui accorder la grâce de ta clémence, et de prendre à son égard comme à celui de tous ces captifs la décision qui est dans ton cœur, celle qui est la plus juste.

Le roi Shareq parut réfléchir un instant, reçut une coupe de la main de la directrice de la maison royale, dont le nom était Ada. Elle appartenait au peuple cananéen des Héthiens, lesquels s'étaient très tôt ralliés à la confédération hyksos. On disait d'ailleurs qu'elle était une concubine du roi, lequel ne voulait pas de reine à ses côtés. Il avait été profondément amoureux de la mère d'Asnath, à tel point qu'une fois celle-ci emportée par le démon de la maladie, il n'avait pas voulu la remplacer par une autre. D'autant que sa fille lui avait déclaré par avance, d'un ton péremptoire, ne pas tolérer qu'une autre femme puisse être amenée à partager le trône à la place de sa défunte mère. Ce qui n'interdisait toutefois pas au roi l'usage de concubines.

Shareq but quelques gorgées à la large coupe, qu'il rendit à Ada, puis il s'adressa à Khéty :

— Ordonne à ces vaincus de se relever.

— Le roi, notre seigneur, dit alors Khéty aux trois hommes, veut que vous vous mettiez debout.

Lorsqu'ils se tinrent droits, immobiles, la tête basse, le roi demanda à Khéty de commander à Zilpa, le porteur de harpé, de trancher avec son arme les liens des trois captifs. Selon le rite ordonnancé par le roi, qui voulait ainsi faire de Khéty son porte-parole, ce dernier répéta l'ordre et Zilpa le mit à exécution.

Une fois les trois captifs libérés, sur un signe du roi, Khéty dit à voix forte :

— Serviteurs, apportez des vêtements à ces hommes car ils ne sont plus les captifs de notre seigneur le roi.

Aussitôt sortirent de la tente royale, dressée derrière le trône, des serviteurs chargés de longues tuniques bariolées. Ils en revêtirent les trois hommes, puis le roi tendit à Khéty la coupe dans laquelle il venait de boire quelques gorgées. Khéty vint la recevoir de ses mains, but lui-même trois gorgées et il l'offrit à chacun des anciens captifs, les invitant à s'y désaltérer à leur tour en signe de soumission et de reconnaissance au roi, qui leur signifiait ainsi son pardon.

Pendant ce temps, suivant des signaux donnés par les officiers, les soldats témoins de la scène frappèrent leur lance contre leur bouclier, comme pour applaudir à la décision du roi. Et lorsque enfin le silence fut retombé, Khéty lança ces mots :

— Que tombent les liens de tous les autres captifs ! Que leur soient données des tuniques ! Le roi, notre seigneur, en a décidé : ces hommes sont destinés à devenir de fidèles guerriers du grand peuple des Hyksos. Ils sont tous d'anciens soldats, tous ont été entraînés à la guerre : ils jureront fidélité à notre seigneur le roi, en invoquant Baal, seigneur du Ciel et de l'orage, et Haddu, au casque à cornes de taureau, seigneur de l'éclair et de la guerre. Que la colère des dieux retombe sur eux, si jamais ils trahissaient leur serment de fidélité à notre seigneur le roi Shareq !

Cette déclaration fut de nouveau scandée par les claquements des lances sur les boucliers. Alors seulement, les gardes qui encadraient les prisonniers entreprirent de les libérer de leurs liens. Et à chacun furent remises une tunique et des sandales, puis, à tour de rôle, ils vinrent prêter serment sur l'autel disposé à proximité du trône, près duquel se tenait un prêtre chargé de recevoir chaque serment. Des serviteurs tendirent ensuite, à chacun des nouveaux guerriers hyksos, une coupe de vin que chacun vida, après en avoir versé quelques gouttes en libations sur l'autel.

Cette cérémonie une fois accomplie, le roi se leva. Il annonça que, afin d'accueillir dignement ces nouveaux guerriers dans son armée, et afin que chacun s'en réjouisse, le reste de la journée et la soirée seraient consacrés à des festins. Ces réjouissances se traduisirent par d'immenses ripailles, au cours desquelles furent abondamment consommés bœufs, cochons et moutons rôtis, et par des beuveries qui ne cessèrent qu'au petit matin. Mais ni le roi, ni sa garde, ni Khéty n'y participèrent et, pendant tout ce temps, les portes du camp restèrent closes. Par crainte d'on ne savait quels ennemis insoupçonnés qui, comme ç'avait été le cas chez les gens de Sichem, eussent pu profiter de l'ivresse des guerriers pour en faire un carnage.

17

Il serait temps, maintenant, de retrouver Yaqebher, cet officier à qui le roi Shareq avait confié le soin de ramener les prisonniers à Megiddo, à la suite de la victoire sur les gens de Sodome. Sa surprise fut grande lorsque, au retour du roi dans la capitale, il reconnut à ses côtés le captif égyptien qu'il avait cru mort noyé.

Mais ce n'était pas simplement pour lui une surprise – surprise qui aurait d'ailleurs pu lui être agréable, puisque l'ancien captif avait rendu le roi Shareq à son peuple. Yaqebher, en effet, éprouvait du dépit et de la haine, et de tels sentiments ne pouvaient s'expliquer que par sa propre histoire. Car Yaqebher était le fils de l'un des Anciens de la tribu des Anakim, d'un compagnon de lutte du père de Shareq, qui par la suite, à la mort du vieux roi, avait également aidé son fils à mater les peuples révoltés. En raison de cela, Yaqebher était devenu l'un des principaux officiers de Shareq, l'un de ses proches, d'autant qu'ils étaient liés par un cousinage, lointain il est vrai. Or, après la mort de son épouse, Shareq avait décidé de prendre pour héritier l'homme que sa fille agréerait, ce qui, disait-il, selon l'expérience dont il se prévalait, valait mieux qu'un fils. D'aucuns prétendaient toutefois que Shareq, au cours d'un combat, avait été blessé à l'aine, de sorte qu'il était en réalité impuissant et ne pouvait plus espérer un héritier par le sang. De son côté, pour justifier sa décision devant les chefs de tribus, il fit observer qu'un fils se croit très tôt l'héritier légitime de son père, et si d'aventure il lui advient des frères, il redoute tant se voir confisquer le trône au profit de l'un d'entre eux qu'il cherche par tous les moyens à s'en débarrasser. Et, dans la crainte que son père ne change d'avis et n'ait la fantaisie de transmettre le pouvoir à un fils cadet, l'aîné n'a de cesse que de trouver le moyen de s'en emparer, soit en assassinant son père, soit en se révoltant contre lui et en le détrônant avec l'appui de complices. En revanche, Shareq avait la certitude, indice d'une âme d'ailleurs quelque peu naïve, qu'un gendre agréé par sa fille et reconnaissant envers lui ne pourrait nourrir les mêmes ambitions qu'un fils légitimé par les liens du sang, et que ce gendre serait suffisamment respectueux de Sa Royale Majesté pour ne pas songer à s'emparer du trône par les moyens les plus déloyaux.

Quoi qu'il en soit, en adoubant Khéty, Shareq avait fait de nombreux envieux, dont il ne soupçonnait pas la perfidie. Le plus envieux des envieux, c'était ce Yaqebher, qui nourrissait depuis longtemps les plus hautes ambitions. Afin de les satisfaire, il avait été l'un des premiers à faire sa cour à la princesse Asnath, lorsque avait été proclamée la décision du roi de faire de l'homme qui aurait l'heur de plaire à sa fille l'héritier de son trône.

Or, Yaqebher avait été vigoureusement éconduit par la belle. Il en avait été d'autant plus dépité qu'il n'était pas mal fait de sa personne. Grand et robuste, comme la plupart des hommes de sa tribu, le visage orné d'une barbe bien taillée, il portait sur la joue la balafre d'une épée ennemie, marque de courage et de virilité dont il se vantait. La princesse, elle, n'avait pas dû apprécier cela de la même manière : il ressemblait, avait-elle déclaré, à un Néphilim, l'un de ces géants de légende, qui passaient pour très laids. Ce refus catégorique, assorti d'une insulte, avait profondément blessé Yaqebher aussi bien dans son honneur que dans ses ambitions. Et il s'était échiné, par de sombres pensées, à trouver un autre moyen de s'emparer du trône.

Il avait alors méthodiquement avancé ses pions, comme dans le jeu égyptien du *senet*, sorte de jeu de dames. Il n'avait pas manqué, bien entendu, de suivre d'un œil inquiet tous les hommes qui s'étaient mis sur les rangs pour séduire la princesse. À son grand soulagement, pas un seul n'avait été agréé : soit la fille du roi trouvait le prétendant trop vieux – certains chefs de tribu déjà pères, voire grands-pères, avaient osé se présenter –, soit il était trop malingre : elle avait assuré ne vouloir pour époux qu'un véritable guerrier, fort et courageux. Bref, elle avait chaque fois trouvé une raison de récuser le candidat au mariage.

De son côté, Yaqebher avait cherché à se distinguer au combat ; il avait courtisé les guerriers tout autant que le roi, se comportant comme s'il avait totalement oublié l'humiliation que lui avait infligée Asnath. Puis, ayant constaté qu'autour du roi, nul homme ne semblait susceptible d'entrer en rivalité avec lui pour s'emparer du trône, il avait décidé de se débarrasser de son lointain et royal cousin. Car il s'était fait d'ardents partisans, soit qu'ils se fussent naturellement ralliés à lui, pour les raisons les plus diverses, notamment par esprit de vengeance, après avoir été eux-mêmes éconduits par la princesse (et ceux-là étaient les plus redoutables parce que tous haut placés), soit qu'il les eût stipendiés. Lorsque le roi l'avait chargé, au cours de la campagne dans la vallée de Siddim, de ramener les captifs à Megiddo, il avait saisi une si belle occasion pour mettre à exécution son intrigue. Avant de prendre le chemin du retour, il avait laissé à l'un de ses plus fidèles complices le soin de se débarrasser du roi. Comment ? L'idée lui avait été donnée par un transfuge de Sodome, qu'il avait réussi à circonvenir en le payant grassement. Par lui, il avait appris que des serpents étaient élevés dans le sanctuaire de la déesse Anath, et si d'aventure le roi y entrait alors qu'on les aurait libérés... C'est ainsi que son complice, un officier de haut rang dans l'armée royale du nom de Mansum, était entré parmi les premiers dans Sodome abandonnée et s'était hâté de se rendre au temple. C'est lui qu'Abedanath avait vu pénétrer dans le sanctuaire pour en ressortir presque aussitôt, sans toutefois comprendre qu'il s'était contenté de renverser les urnes où l'on maintenait les serpents, d'éteindre les lampes que le prêtre gardait allumées jour et nuit, et de refermer soigneusement la porte avant de prendre la fuite.

Il avait alors rejoint le roi et sa garde et lui avait dit que, à sa connaissance, il y avait dans Sodome un temple rempli de richesses. C'est donc par la ruse qu'il avait entraîné Shareq vers le sanctuaire où, bien entendu, il le laissa pénétrer le premier. Et ce qu'il espérait s'était accompli : le roi avait été mordu par l'un des nombreux serpents qui grouillaient sur le sol de pierre.

Mansum en personne avait couru à Megiddo pour annoncer à son maître que son désir avait été réalisé, que le roi avait été mordu par un serpent, qu'à l'heure où il était devant lui, Shareq était sans doute déjà mort... Mais Yaqebher était resté circonspect : il attendait qu'un autre héraut lui confirmât la mort du roi, avant de se présenter devant l'armée, cantonnée dans la capitale, pour se faire déclarer roi, successeur et héritier légitime de Shareq. Il s'était néanmoins chargé d'annoncer la nouvelle à la princesse Asnath, prenant un air consterné, versant des larmes sur un si grand souverain, qui était destiné à conquérir la terre d'Osiris, à monter sur le trône d'Horus.

— Pourquoi te désoles-tu de cette manière hypocrite ? lui avait demandé Asnath, qui n'était évidemment pas dupe de son ostensible douleur. On est venu te dire que mon père avait été mordu par un serpent, mais est-ce vrai ? Et même s'il en était ainsi, toute morsure de serpent n'est pas forcément mortelle. D'ailleurs, il y a auprès du roi de bons sorciers capables de le guérir.

— Crois, princesse, lui avait-il répondu en s'inclinant, que mon plus grand souhait est que tu aies raison, qu'un dieu bienveillant t'entende et rende la vie à notre seigneur Shareq.

Il se retira, souhaitant en vérité qu'un dieu bienveillant à son égard se hâtât d'emporter le roi dans le monde d'où nul ne revient, et maudissant cette fille dont il désirait cependant faire à toute force son épouse. La prudence exigeait, en effet, de patienter encore quelque temps : il fallait être absolument certain de la mort du roi pour oser s'asseoir sur le trône désormais vacant. Alors, avait pensé Yaqebher en se rassérénant, je pourrais me venger de cette fille orgueilleuse, j'en ferai non ma reine mais mon esclave, je la jetterai dans ma couche, je l'humilierai, je la dépouillerai de sa robe, et j'assouvirai sur elle mon désir de puissance et de possession.

On peut comprendre combien fut grande sa déception, combien fut écrasant son dépit quand un nouveau messager, tout joyeux, vint devant lui et les autres grands du royaume pour leur annoncer que le roi avait été sauvé par un homme divin, un véritable seigneur des serpents, là même où pas un des médecins et des magiciens appelés au chevet du roi n'avait réussi à le guérir. Shareq était près de rendre son dernier soupir, au moment où un dieu bienveillant avait fait surgir cet homme miraculeux, qui avait réalisé l'impossible. Chacun des grands poussa des cris de joie, et Yaqebher fit comme eux, en manifestant plus d'enthousiasme encore, tout en maudissant *in petto* ce fâcheux venu on ne savait d'où qui se mettait en travers de ses plans. Pire encore, il apprit dans le même temps que le roi, ayant promis la main de sa fille à l'homme capable de le guérir, avait élevé cet aventurier au plus haut rang, qu'il en avait fait en quelque sorte son fils adoptif !

Il voulut voir quelle allait être la réaction de la princesse Asnath, en apprenant que le roi lui avait trouvé un mari – sans doute un vieux magicien, un homme capable d'un tel prodige ne pouvant être qu'un vieillard fatigué par des années de veille et de travaux. Il se chargea donc d'aller en personne lui annoncer la nouvelle. Ainsi était-ce à Yaqebher lui-même que la princesse avait fait la réponse rapportée à Khéty par le roi.

Trop empressé de courir auprès de la princesse, Yaqebher n'avait pas entendu tous les détails donnés par le messager aux grands du royaume devant lesquels il s'était présenté. Il ne l'apprit qu'avec retard, le guérisseur n'était pas un vieillard cacochyme, égrotant comme le dieu Rê, lorsque celui-ci fut victime d'un serpent animé par Isis. C'était au contraire un jeune homme grand et vigoureux, un véritable guerrier qui, par la suite, en moins d'une journée, avait été capable de maîtriser le char et l'attelage que le roi lui avait confié.

— Voilà un rival bien dangereux, lui avait alors fait remarquer Mansum. Aux dires du messager, c'est un homme encore jeune, qui sait manier les armes. Il me semble qu'il ne sera pas facile de nous en débarrasser.

— Peut-être, peut-être… Je vais cependant y veiller, avait répondu Yaqebher.

— J'ai aussi entendu dire que cet homme n'est pas un guerrier de chez nous, ce serait un Égyptien.

— En es-tu bien certain ?

— En tout cas, c'est le bruit qui court.

Yaqebher se rendit aussitôt une nouvelle fois auprès d'Asnath, pour lui annoncer que l'époux que lui destinait son père n'était jamais qu'un vaincu de Misraïm[1], un esclave du roi de la Terre noire. Il connaissait trop bien l'orgueil de la jeune fille pour ne pas être assuré de faire mouche. Il voulut d'ailleurs enfoncer le clou :

1. Misraïm est le nom que les Cananéens, et à leur suite, les Hébreux, donnaient à l'Égypte.

— Vois donc jusqu'où est tombé ton père, notre seigneur ! Quoi ! Lui, issu d'une si grande lignée, lui, le dernier des rois Pasteurs, il prétend te marier, toi, une si haute princesse, à un esclave d'Égypte !

Il n'eut pas besoin de poursuivre son discours : elle marquait déjà un mouvement d'impatience :

— J'en ai assez entendu. Retire-toi de devant moi, Yaqebher. Et sache que ce n'est certainement pas un esclave de Misraïm qui sera un jour mon maître. Il n'a pas plus d'espoir que toi-même ne pourrais en avoir jamais eu.

Et suite à cette révélation, la jeune fille avait décidé de se retirer à Hébron, afin de marquer plus fermement encore son refus d'obtempérer au choix de son père.

La hargne de Yaqebher s'était vivement attisée lorsqu'il avait découvert que le guérisseur du roi, celui qui prétendait à son trône, était ce captif qui l'avait berné en se faisant mordre par un serpent pour laisser croire qu'il allait en mourir et parvenir ainsi à lui fausser élégamment compagnie. Naturellement, il avait toutefois su habilement dissimuler son dépit et sa haine, et il avait même fait mine de ne pas le reconnaître, afin de mieux préparer dans l'ombre ce qui n'était pas à ses yeux une vengeance, mais plutôt l'élimination d'un indigne prétendant.

Et c'est à quoi il se hâta de travailler, avec la complicité de Mansum. Apprenant que le roi avait incité Khéty à se rendre à Hébron pour y rencontrer Asnath dans l'anonymat, il se dit qu'il y avait là une occasion de mettre son projet à exécution, et qu'il fallait la saisir sans hésiter. Il fit appeler Mansum auprès de lui.

— Dis-moi, Mansum, lui fit-il, j'ai su que l'Égyptien allait partir pour Hébron... Le voyage est long et périlleux.

— Oui, mon seigneur, très périlleux... Ton serviteur comprend.

— Ne vois-tu pas ce que tu pourrais faire ?

— Je t'écoute.

— Bien, bien. Alors voici. Ce vaincu de Misraïm n'a jamais été un vrai guerrier et il s'est laissé capturer comme un couard. Il va prendre la route de l'intérieur, qui est la plus courte, car il ne veut pas utiliser de char. Il a même laissé entendre qu'il irait seul, dans le plus modeste appareil, afin d'apparaître à la princesse non pas comme l'homme que son père lui destinait, mais comme un simple coureur de désert, ce que d'aucuns appellent un Khabirou. Il passera donc forcément par le gué du Yabbok. Or, tu sais aussi bien que moi qu'on le prétend défendu par un génie porté à mettre à mort ceux qui osent s'y aventurer. Je crois que ce bruit est venu à la suite de l'action de quelque brigand qui profitait des difficultés causées par la force du courant, lors des crues, pour attaquer et dépouiller les voyageurs de leurs biens, ou même les enlever afin de les vendre comme esclaves.

— Quoi, si je te comprends à demi-mot, tu m'invites à courir à ce gué avant l'arrivée de l'Égyptien... et à me poster en embuscade pour l'assaillir et le mettre à mort.

— Tu as parfaitement saisi. C'est parce que tu es si clairvoyant que j'ai fait de toi mon ami et mon second... Garde-le en mémoire : une fois que je serai installé sur le trône des Hyksos, tu deviendras mon ministre et le chef de mes armées. Je te donne toute liberté de choix. Va, pars sans plus tarder, emmène avec toi les hommes que tu veux, mais il faut que tu sois sûr d'eux, et n'en prends que quelques-uns. Cet Égyptien n'est pas un guerrier aussi fort que les nôtres, je crois même qu'il est un couard, malgré ce qu'on a pu en dire, sans doute pour flatter le roi. Car il a été capturé par nos guerriers sans vraiment chercher à se défendre et à braver la mort. Agis habilement et reviens à moi en m'apportant la nouvelle de sa disparition.

— Seigneur, je suis ton serviteur. Tu n'auras pas à attendre longtemps et je suis persuadé que tu seras content de moi. Je me garderai de mettre trop de personnes dans le secret de cet attentat. J'ai une idée qui, je crois, t'apportera toute satisfaction. Je sais où trouver le Néphilim qui habite la rivière et qui en interdit la traversée à ceux qu'on lui désigne.

— N'oublie pas que ce guet-apens va te valoir la plus haute position dans le royaume, juste au-dessous de la mienne. Enfin, si tu réussis… Mais je mets toute ma confiance en toi.

18

Comme Khéty l'avait souhaité, Shareq lui accorda bien volontiers de faire de ses anciens compagnons khabirou en quelque sorte sa garde personnelle – excepté Lupakku, à qui le roi avait réservé l'entraînement et le commandement d'un corps de nouvelles recrues destinées à monter les deux cents chars qui constituaient sa « cavalerie ». Le roi avait par ailleurs attribué d'autres commandements aux deux généraux vaincus de Sodome, Jakin et Yapiranu. Quant à Magdiel lui-même, il lui avait permis de s'en retourner à Sodome, pour y regrouper la population de la ville, qui s'était dispersée dans les campagnes et les montagnes environnantes, afin d'entreprendre la reconstruction de la cité, avec le devoir, une fois son économie rétablie, de verser régulièrement le tribut. Inutile de préciser que l'infortuné roi fut trop heureux de se tirer sans plus de préjudices d'une situation si critique et de pouvoir retrouver ses anciennes prérogatives, bien que désormais placé sous la tutelle du puissant Hyksos.

Lorsque Khéty fit savoir à ses compagnons qu'il allait se rendre sans plus tarder à Hébron afin d'y remplir une importante mission, tous se portèrent volontaires pour l'accompagner. Mais, suivant les recommandations du roi, il voulait arriver dans la ville en simple voyageur, en Khabirou, comme l'avait dit Shareq, c'est-à-dire seul, sans s'assortir du moindre apparat. Voilà pourquoi il ne voulut prendre ni char, ni armes. Il se fit décrire l'itinéraire par Kushar, qui avait sillonné ces régions pendant de nombreuses années, dans son enfance, son adolescence et même bien plus tard encore. De son côté, entraîné depuis toujours à marcher vite sur de longues distances, Khéty ne voulait pas s'embarrasser de compagnons qui ne pourraient que le retarder sérieusement. Tout cela constituait des raisons péremptoires pour partir seul.

Khéty avait calculé que, le premier soir, il ferait une étape à Sichem, où il trouverait facilement une maison pour y dormir en toute sécurité. D'autant plus que Shareq y avait établi une garnison, dont le commandant était chargé d'entreprendre la reconstruction de la ville et de la repeupler avec des familles vivant dans les environs ou puisées dans les bourgs voisins. La deuxième étape serait la vieille cité des Jébuséens, appelée par les Égyptiens Rushalimum, par les Babyloniens Urushalim et par les Cananéens Yérushalayim, dont le nom signifiait « Fondation de Shalem », Shalem étant une divinité cananéenne. Il lui faudrait ensuite à peine plus d'une demi-journée de marche pour parvenir à Hébron. Cependant, il avait appris que le Yabbok était en crue à cette époque de l'année et qu'il devrait peut-être faire un détour pour pouvoir le traverser.

— Il me plaît, lui dit Shareq, lorsqu'il se présenta devant lui pour le saluer avant de se mettre en route, que tu mettes tant de hâte à aller dénicher ta fiancée pour te colleter avec elle. Mais lorsque tu seras parvenu à l'apprivoiser, évite de te faire reconnaître. Hâte-toi plutôt de me revenir, et moi, je l'enverrai chercher pour vous mettre moi-même en présence l'un de l'autre. Use de ruse et de prudence. Et si tu vas dans une taverne, que ce soit uniquement pour la voir, mais ne te montre pas ostensiblement à elle. Tiens, voilà un sceau qui te fera accueillir et respecter par le roi de Yérushalayim, mon vassal, et par le gouverneur d'Hébron. C'est chez lui que tu pourras loger ; sa résidence est éloignée de mon palais, où a dû s'installer ma fille. Son nom est Tarammu. Il appartient à la tribu des Héthiens, une vieille tribu de notre peuple installée avant même mes ancêtres dans la ville de Kiriath-arba. C'est un serviteur fidèle. Il te reviendra ensuite d'aborder Asnath, mais hors de la ville. Tu profiteras de l'une de ces promenades qu'elle aime faire chaque jour soit dans la forêt de chênes de Mambré, soit sur le char que je lui ai donné. Sinon, pour pouvoir la reconnaître, tu peux aussi épier la porte du palais. Tu l'en verras sortir sans avoir trop à patienter. Je te sais assez futé pour ne pas la confondre avec une servante.

Fort de ces conseils, Khéty se mit en route dès le matin suivant, seulement vêtu d'une tunique courte attachée sur l'épaule gauche. Au bout du bâton qui lui avait déjà servi lors de ses pérégrinations dans le désert, il avait suspendu une outre d'eau et un sac vide. Il n'avait pas non plus oublié d'accrocher à la ceinture la petite bourse contenant les ingrédients essentiels à l'élaboration de ses thériaques, ainsi qu'un rouleau de fil d'or, afin de payer ses achats, le cas échéant.

Avant que ne tombe la nuit, il pénétrait dans Sichem. Les soldats de la garnison le reconnurent tout de suite et leur capitaine, Hamasanu, l'engagea à s'établir dans la grande demeure, rapidement nettoyée, où il avait installé ses quartiers. Il l'invita à sa table avec ses officiers et comme Khéty n'avait pas mangé de la journée, seulement vidé son outre pleine d'eau, il fit honneur au repas.

Khéty avait regagné sa chambre, faiblement éclairée par une lampe de terre cuite, lorsqu'il perçut un léger bruit qu'il identifia comme le frottement d'une lame métallique contre une pierre. Il s'approcha de la porte, constituée d'un cuir épais tendu sur un châssis de bois. Deux coups légers furent frappés contre le bois. Il ouvrit mais, par mesure de prudence, se rejeta simultanément sur le côté. Hamasanu se dressait devant lui, une torche à la main pour s'éclairer. Aussitôt, il se glissa dans la chambre, puis s'inclina profondément :

— Pardonne-moi, seigneur, lui dit-il alors, de venir ainsi t'importuner en pleine nuit. Mais vois : devant nous tous, moi et mes officiers, tu nous as dit que tu te rendais à Hébron, pour une mission que t'a confiée notre seigneur le roi.

— C'est exact.

— Alors, je viens t'avertir de te tenir sur tes gardes pendant tout le voyage. Tu ne dois pas ignorer que bien des grands, biens des chefs de tribu proches de notre seigneur sont jaloux de ta fortune ; ils te haïssent pour les faveurs que t'a accordées le roi. Ils font bonne figure, aussi bien devant toi que devant notre seigneur, mais au fond de leur cœur ils ne souhaitent que ta mort. Et si la plupart d'entre eux s'arrêtent à ce souhait, sans imaginer un instant chercher à le réaliser, il en est d'autres qui sont disposés à ne pas te laisser leur faire de l'ombre encore longtemps.

— Hamasanu, l'interrompit Khéty, je ne suis pas assez naïf pour ne pas soupçonner que, par une si soudaine ascension, je ne me sois fait d'ennemis dans l'entourage du roi, mon seigneur et père. Mais comment pourrais-je discerner ceux qui sont disposés à m'envoyer dans le monde d'où nul ne revient de ceux qui seraient prêts à me servir ?

— Moi-même, je ne saurais les distinguer ; tous cachent soigneusement leur ressentiment, par crainte de la colère du roi. Cependant, si je suis venu auprès de toi pour te parler ainsi, loin des oreilles de mes officiers, c'est parce que je crains qu'il y en ait parmi eux quelques-uns de prêts à profiter de cette nuit pour te faire mourir. Or, non seulement j'ai pour toi de l'estime et de la reconnaissance, puisque tu as sauvé notre seigneur, mais je redoute aussi que, si d'aventure il t'arrivait malheur, le roi ne fasse retomber sur moi sa colère. Je suis venu pour t'apporter ce glaive, ayant vu que tu n'avais pas même eu la prudence d'emporter une arme.

— Je te remercie de cette prévenance, lui répondit Khéty, mais vois, je dispose d'armes encore plus sûres que le glaive que tu m'apportes.

Il ramassa le sac qu'il avait emporté, dénoua le lacet qui en fermait l'ouverture et en sortit deux serpents capturés au hasard de sa route. Ce qui provoqua chez l'officier un mouvement de recul.

— Ces alliés, poursuivit-il, sont pour moi la défense la plus efficace. Je vais les lâcher dans la pièce avant de m'endormir. Ensuite, tu peux être persuadé que je dormirai l'esprit tranquille, bien que j'aie appris depuis longtemps à m'éveiller au moindre bruit anormal qui pourrait troubler l'obscurité de la nuit. Si d'aventure quelqu'un se glissait dans la chambre, le seul bruit de ses pas, même irait-il nu-pieds, attirerait les serpents. Et il serait bientôt mordu, ce qui le conduirait plus sûrement dans le royaume des ombres que le plus solide coup d'épée. À moins, évidemment, que je ne le prenne en pitié et ne le guérisse. Ce que je ne ferais que s'il consentait à m'avouer qui l'a incité à commettre son crime.

— Mon seigneur Khéty, je me retire rassuré. Pourtant, ne veux-tu pas garder cette épée avec toi ?

— Tu peux voir que je n'en ai nul besoin.

— J'admire à la fois ta prudence et ton intrépidité. Mais continue de rester circonspect, même au cours de ton voyage. J'ai trop entendu de rumeurs laissant supposer que des grands veulent ta mort, et je ne peux croire qu'elles n'aient aucun fondement. Même si, comme je te l'ai dit, je suis incapable de te citer de noms.

Au moment où, ce soir-là, Khéty souffla la lampe et se coucha sur l'épaisse natte qui lui servait de lit, il se dit que la vie d'un simple Khabirou, ou d'un soldat de Sa Majesté qui régnait dans la grande ville du Sud était tout de même plus paisible que celle d'un futur prince héritier...

Il reprit sa route tôt le lendemain matin, sans oublier d'emporter les deux serpents qui lui avaient servi de gardes nocturnes. En cours de route, il réussit à attraper deux petits rats des champs pour nourrir les reptiles, lesquels avaient semblé s'agiter dans le sac. Et, à la fin de la journée, la ville des Jébuséens fut en vue.

Ce n'était qu'une agglomération fortifiée, au sommet d'un éperon rocheux entre deux ruisseaux qui, en cette saison, regorgeaient d'eau. Des paysans, à cette heure vespérale, rentraient des champs pour regagner leurs petites maisons de torchis, construites au bas de la colline et des hauteurs qui se développaient vers l'orient. Il salua les gens qu'il croisait, avant de se présenter à l'unique porte de la petite cité.

Près de la porte se tenaient quelques hommes d'armes, dont la mission n'était visiblement pas de contrôler les entrées et sorties de particuliers, mais plutôt de faire payer la taxe due pour toutes les marchandises qui entraient, transportées à dos d'âne. La résidence du roi se dressait au sommet de la ville, dominant les maisons, construites en espalier. Khéty gravit plusieurs rues, raides et fortement animées, jusqu'à la demeure royale. Ce n'était qu'un tout petit palais, à la mesure du roi du petit peuple des Jébuséens. La principale porte en était gardée par deux guerriers armés chacun d'une lance. Khéty se présenta à eux en montrant le sceau royal de Shareq, disant qu'il était un envoyé du roi des Hyksos, de passage dans la ville. L'un des gardes le conduisit directement dans la salle où se tenait le prince, entouré de quelques compagnons et de femmes.

— Seigneur, lui dit le garde, cet homme est un héraut de notre seigneur le roi Shareq. Il a demandé à être introduit auprès de toi.

— Bienvenue ! Sois le bienvenu, lui dit le roi en se levant. Dis-moi quel est ton nom, je te prie.

— Mon nom est Khéty et je suis…

Il fut aussitôt interrompu par le prince, qui lui demanda :

— Serais-tu l'homme qui a guéri notre seigneur de la morsure d'un serpent, celui qui est maintenant l'héritier de son trône ?

— Je suis bien cet homme, reconnut Khéty.

— Sois donc plus encore le bienvenu et pardonne-nous une si modeste réception... Mais je vois aussi que tu voyages en un tout aussi modeste équipage.

— C'est selon la volonté de notre seigneur et la mienne... Sois-en cependant assuré, je n'attends pas d'autre réception que celle que tu peux m'accorder selon tes moyens.

— Voilà qui est bien. Pose ton bâton et viens donc t'asseoir parmi nous. Le soir descend, nous allons bientôt consommer notre repas nocturne, arrosé de bière et de vin. Tu arrives à point pour partager notre collation ; ensuite, on te donnera une chambre pour la nuit, et pour toutes celles que tu désireras passer parmi nous.

— Je t'en remercie. J'accepte bien volontiers cette hospitalité, mais je dois repartir dès demain matin en direction d'Hébron.

Khéty vint prendre place sur un lit de coussins, auprès du roi qui, lui-même, n'était pas assis sur un quelconque trône mais sur d'autres coussins, comme ses compagnons et les femmes. Ces dernières étaient les épouses des hommes présents ; il y avait aussi parmi elles les deux filles du roi ; sans attendre un signe de leur père, elles se munirent l'une d'une cruche, l'autre d'une bassine, pour laver les pieds du voyageur après lui avoir ôté ses sandales.

— On m'appelle Melkisédék, dit alors le prince à Khéty. C'est le nom royal que nous revêtons en montant sur le trône des Jébuséens. Ne t'en étonne pas : sache que la fonction du roi, dans cette ville, est avant tout judiciaire. Il ne nous revient pas d'administrer la cité, nous laissons ce soin aux anciens du peuple. Mais c'est à nous de faire régner la justice, comme l'indique notre titre ; celui qui s'assied sur le trône de Yérushalayim est le roi de justice, le souverain juste. Car nous avons compris qu'un peuple, pour être bien gouverné, doit avant tout mettre sa confiance dans l'équité de son souverain, au point que c'est la seule tâche que nous lui demandons d'assumer tant elle est capitale. Un peuple qui souffre de l'injustice des grands se détourne de son prince et il ne lui reste plus que le désespoir ou la révolte. C'est d'ailleurs pourquoi ma justice peut aussi bien frapper le simple voleur de grands chemins que le puissant qui profite de sa situation pour opprimer le peuple ou pour se rendre lui-même coupable de comportements injustes vis-à-vis d'autrui. À tout moment, le plus pauvre des Jébuséens, le plus humble paysan qui travaille la terre, peut venir devant moi et demander justice contre toute personne qui lui fait tort, et dénoncer tous ceux qui pourraient se rendre coupables envers lui d'une injustice. Je l'écoute, je fais venir devant moi les témoins et l'accusé, et je cherche à juger en toute équité, en toute sérénité.

Khéty admira ce système social, comme il avait déjà admiré la manière dont les gens de Sodome rejetaient les plus ridicules impératifs, propres non seulement à stériliser une société, mais aussi à rendre la vie insupportable aux gens qui leur étaient soumis.

Le repas une fois achevé, on servit dans des coupes le vin, soit de palme, soit de raisin, selon les préférences des convives. Contrairement à la table de Shareq, les coupes ici n'étaient pas en argent ni en or, mais tournées dans une fine argile. Puis, Melkisédék fit danser ses deux filles, accompagnées de chanteuses et de musiciennes.

— Comment trouves-tu mes filles ? demanda-t-il enfin à Khéty.

Il eût fallu que ce dernier fût sot, ou aveugle, pour ne pas le comprendre, le roi eût été heureux de lui donner l'une d'elles comme épouse. Aussi se hâta-t-il de répondre :

— Tu as en elles deux perles précieuses, qui témoignent de la faveur en laquelle te tient le dieu Shalem, maître de la cité.

— N'est-ce pas ? Tu peux comprendre que je sois fier d'elles et que je ne les accorderai jamais qu'à un mari digne d'elles.

— Je ne peux que t'approuver.

— Ah ! Si tu n'étais déjà promis à la fille de notre seigneur !

— Eh oui, hélas !

— Mais, au fait, rien n'interdit à un prince de Canaan de prendre deux épouses.

— Peut-être... Cependant, d'après ce que je sais de la princesse Asnath, je suis persuadé que jamais, à supposer qu'elle m'agrée, elle n'acceptera de me voir partager ma couche avec une autre femme.

Le roi se gratta la barbe d'un air embarrassé, puis il reconnut :

— Je crois que tu as raison. Nous connaissons tous la princesse... Sache-le, mon fils, le frère aîné de mes filles s'est lui aussi mis sur les rangs, lorsque le roi a ouvert la porte de son palais à tous les hommes susceptibles de prétendre à la main de la princesse. Il s'est rendu à Megiddo avec de nombreux présents et sous bonne escorte. Ce n'est pas cela qui aurait suffi à séduire la jeune fille. D'après ce que j'ai cru comprendre, elle s'est même montrée assez cruelle envers lui.

— Ah ! Sais-tu comment elle l'a reçu ?

— Non, mon fils n'a rien voulu dire de l'entretien privé qu'il a eu avec elle. Ce qui me laisse supposer que le refus a été plutôt cinglant.

— Mais où donc est ton fils ?

— Il est parti ce matin chasser vers la vallée du Yarden. Il y retrouve de bons compagnons et ils chassent ensemble les panthères qui abondent dans les fourrés, vers les rives du fleuve.

— Ne crains-tu pas pour sa vie ?

— Un bon père doit toujours craindre pour la vie de son fils, surtout quand, comme moi, il n'en a qu'un seul. Mais je me garderais de le lui dire : il en serait humilié. La chasse aux bêtes sauvages est un excellent entraînement pour la guerre. Car lorsque notre souverain et seigneur Shareq se mettra en route pour marcher sur Misraïm, mon fils le rejoindra avec le contingent des Jébuséens. Tu auras alors l'occasion de le rencontrer, je pense. Il s'appelle Yarpili.

Cette nuit-là, le dieu des orages et de la pluie, Haddu, se manifesta très bruyamment, ce qui tint Khéty longtemps éveillé.

Le lendemain, le ciel était redevenu serein, bien qu'encore nuageux. Avant de quitter cette accueillante cité des Jébuséens, Khéty accompagna le roi et les anciens sur l'esplanade qui occupait le sommet de la ville, derrière la demeure royale. Là était dressé un autel en pierre, dont les quatre angles formaient des excroissances oblongues censées représenter des cornes.

Melkisédék, qui assumait aussi la fonction de prêtre, versa sur l'autel des libations de vin de palme et il brûla de l'encens dans une cassolette. Puis il pria, très brièvement :

— Que soit béni Salem, maître de notre cité, lui qui nous a de tout temps apporté la paix et la prospérité ! Que soit exalté Eliyôn, le dieu très haut de Canaan, lui qui veille sur nos peuples ! Que soit glorifiée Anath, la déesse grande, protectrice des guerriers et des animaux créés ! Que ces dieux bénissent et protègent notre hôte Khéty, le fils bien-aimé de notre seigneur Shareq, qu'il parvienne sain et sauf là où le conduisent ses pas et que la déesse Anath, dont il est l'aimé, le magnifie et lui apporte sa force et sa joie.

Peu après, Khéty reprenait sa route vers le sud, d'un cœur affermi.

19

Khéty ne fit qu'une brève halte dans un hameau qui portait alors deux noms. On l'appelait Bethléem, « la Maison du pain », à cause d'un boulanger qui faisait des pains si délicieux qu'on venait de Jérusalem et d'ailleurs pour lui en acheter. Certains se déplaçaient de très loin, avec une charrette, qu'ils remplissaient de pains avant d'aller ensuite les vendre dans les bourgades de leur région. Mais on disait aussi que ce hameau avait été fondé, quelques décennies auparavant, par des migrants venus du sud du pays des Deux Fleuves, du vieux pays appelé par ses habitants Kiengi, et Shuméru par les Babyloniens. Ils y avaient établi le culte de leur dieu, Ninurta, Seigneur des bonnes terres, et ils avaient alors baptisé ce nouvel établissement Bît-Ninurta, « la Maison (du dieu) Ninurta ». Khéty s'y arrêta simplement pour se procurer quelques miches de ce pain devenu si célèbre, qui avait fait la renommé d'une si insignifiante bourgade, fondée par des immigrés. Comme, en cours de chemin, Khéty avait capturé de nouveaux serpents, il les échangea contre les pains, placés dans une musette de joncs tressés que lui offrit le boulanger.

Tout en cheminant, il mangea très vite la moitié d'un pain, tant il le trouvait délicieux, croustillant…

Avant la fin de la matinée, il était parvenu au gué du Yabbok.

Il eut alors la déception de découvrir que, à la suite de l'orage nocturne, le flot torrentueux était sorti du lit habituel de la rivière. Il songea qu'il devrait peut-être nager pour le traverser, bien que le cours d'eau ne fût pas très large.

Il commença donc par se dépouiller de sa tunique, dont il fit un grand sac où il plaça l'outre vidée de son contenu, l'eau ne manquant pas en cet endroit, ses sandales, le panier de jonc et le petit sac contenant ses deux fidèles serpents. Il replia les pans du vêtement et s'attacha le tout sur la tête, à l'aide de la ceinture. Le bâton lui servit pour prendre appui sur le fond du lit du torrent, afin de mieux résister à la violence du courant.

À mesure qu'il marchait dans le lit de la rivière, arcbouté sur le bâton pour ne pas être déporté par le courant, l'eau s'élevait le long de son corps, au point qu'il crut devoir nager, ce qu'il redoutait : dès lors, il n'avait plus d'appui et pouvait être entraîné loin vers l'aval, par la force du flux.

Mais les eaux tourbillonnantes ne dépassèrent pas le haut de sa poitrine, même s'il eut le visage largement aspergé par les flots qui rejaillissaient contre son épaule.

Il se sentit soulagé lorsqu'il fut parvenu sur l'autre rive. Il s'accroupit alors pour déposer son bagage, ouvrit la tunique, en sortit sandales et sacs. Il s'apprêtait à se redresser pour revêtir son vêtement au moment où, levant la tête, il vit devant lui, à très peu de distance, un homme... Enfin, ce qui lui parut être un homme, car il était d'une taille exceptionnelle, ses mains étaient énormes, ses jambes courtes et si grosses qu'on se demandait comment il pouvait courir sur de tels membres. Il était entièrement chauve et, contrairement aux Cananéens, il ne portait ni barbe ni moustache. Son gros visage rond était totalement glabre, comme celui de Khéty. En outre, il n'avait qu'un œil, son orbite droite étant vide, creuse. « Serait-ce un de ces Néphilims dont on m'a parlé ? » se demanda-t-il tout en dénouant avec prudence le lien qui fermait le sac contenant les deux serpents. Car, visiblement, l'apparition ne semblait pas être animée envers lui des meilleurs sentiments. Avant même que Khéty n'ait réussi à extraire du sac ses rampants défenseurs, la monstrueuse créature l'avait saisi par le bras et, le soulevant comme s'il n'avait pas de poids, elle le projeta vers la rivière.

Quoique surpris par une aussi prompte attaque, Khéty réussit, d'un coup de rein, à retomber sur ses pieds, comme il l'avait appris en effectuant des exercices quotidiens de lutte, lors de son séjour dans l'armée du roi d'Égypte[1]. Son agresseur se rua sur lui, mais si lourdement qu'il lui fut aisé de sauter de côté et de le frapper au flanc, de ses deux poings joints. Khéty eut cependant la déception de découvrir que, pour aussi violent que fût le coup, il semblait que ce véritable taureau le ressentait à peine. Très vite, il comprit que sa seule chance de vaincre était de fatiguer son agresseur et, si possible, de le faire trébucher. Ainsi, pendant un long moment, la bête humaine chargea, et chaque fois Khéty l'évitait soit d'un bond de côté, soit en courant. Il songea même un instant à prendre la fuite en abandonnant son bagage car il vit que son agresseur, lourd et gauche sur ses deux grosses jambes torses, serait bien incapable de le rattraper. Mais il se dit qu'il ne se résoudrait à utiliser un tel moyen aussi déshonorant qu'en dernier recours.

Ainsi qu'il l'espérait, las de dormir dans le sac, les deux reptiles en étaient sortis pour voir ce qui se passait, attirés peut-être par les lourds piétinements sur le sol. Comme, visiblement, son agresseur était bien

---

1. Un ensemble de fresques datant du Moyen Empire, à Béni Hassan, en Moyenne Égypte, nous a conservé toute une série de scènes de lutte, au total une cinquantaine ; dans chacune d'entre elles, deux jeunes hommes s'affrontent, effectuant des prises qui tiennent du catch, de la lutte et même de la boxe ou du judo. *(N.d.A.)*

décidé à le mettre à mort, Khéty décida de ne pas plus lui faire de quartier. Aussi progressa-t-il à reculons vers les deux serpents, qui restaient lovés auprès du sac et parfois redressaient la tête, sans doute pour mieux voir le combat. Tout en effectuant cette retraite, il ne cessait de fixer les yeux sur son adversaire et l'injuriait, lui lançait tous les mots qui lui passaient par la tête, le traitant de lâche, de poltron, de couard, de capon, de fillette, excitant ainsi sa colère, afin qu'il ne tournât pas son seul et unique œil vers les serpents.

Comme il se détournait pour voir à quelle distance il se trouvait de ses présumés sauveurs, le géant en profita pour plonger vers lui et le saisir à la taille, de sorte qu'ils roulèrent tous deux sur le sol. Khéty se sentit serré comme dans un étau entre les énormes bras de son agresseur qui, connaissant sa force, cherchait visiblement à l'étouffer. Écrasé par cette masse de muscles et de graisse, le souffle commençait à lui manquer, lorsque soudain le colosse, qui avait le visage tout contre celui de Khéty, tourna la tête en entendant les sifflements de l'un des serpents. Khéty profita de cette occasion pour, de ses dents, lui saisir l'oreille et la déchirer. La douleur arracha un cri à l'agresseur, qui relâcha à demi son étreinte. Il tenait les jambes de son adversaire serrées entre les siennes et, en se redressant, il dégagea le bas de son torse. Or, il était aussi nu que Khéty. Ce dernier entrevit ses testicules, énormes. D'un geste brusque, il les empoigna et il les serra de toutes ses forces, ce qui provoqua un autre hurlement et un plus ample relâchement de l'étau. Alors, Khéty dégagea totalement ses bras, empoigna son adversaire et le contraignit à rouler sur lui-même, vers la droite, en direction des deux serpents – ceux-ci s'étaient rapprochés et se dressaient, maintenant menaçants. Il suffit à Khéty de donner une forte claque sur le flanc du géant pour que les deux serpents se détendent et mordent la chair ainsi offerte.

La créature se redressa d'un seul coup en poussant des hurlements. Khéty se releva à son tour et rua vers son adversaire, qu'il entraîna dans le courant du torrent. Il prit largement sa respiration, enfonça dans l'eau la créature, de toutes ses forces, et la maintint sous la surface en profitant de son affaiblissement. Il ne relâcha la pression qu'au moment où il sentit l'autre se détendre, privé de force. Le corps de son agresseur remonta alors à la surface, et Khéty laissa le courant l'emporter. Épuisé par une si violente empoignade, il regagna lentement la berge, où il prit pied en titubant.

Il n'eut pas le loisir de s'apercevoir que le flot l'avait lui-même poussé loin de son bagage, car devant lui se dressait déjà un autre homme, de taille normale celui-là, mais qui le menaçait d'un javelot à pointe de bronze. Khéty se ramassa sur lui-même, afin de présenter le moins de surface au coup de lance et de pouvoir bondir. Ayant compris sa tactique, l'homme recula en prenant du champ.

— Par ma déesse Anath, lui demanda alors Khéty, pourquoi vouloir à tout prix me mettre à mort ?

L'inconnu se contenta de ricaner, brandissant son javelot. Comme il tenait de plus un second javelot dans sa main gauche et qu'une épée pendait sur sa cuisse, Khéty, qui se sentait affaibli, se dit qu'il avait peu de chance de vaincre. Il espéra réussir à reculer lentement pour tenter de se jeter à l'eau. Mais le javelot fut levé à bout de bras… et il ne retomba pas : ce fut l'homme lui-même qui s'affaissa de tout son long, après avoir ouvert de grands yeux étonnés. Khéty put alors constater qu'une flèche était profondément enfoncée dans son dos, à la hauteur du cœur.

Et, à peu de distance, il vit un char attelé de deux chevaux, et sur ce char se tenait une femme qui disposait une nouvelle flèche sur l'arc. Le trait s'envola et vint frapper un buisson au loin, en amont, d'où sortit un homme. Il poussa un grand cri, courut vers le torrent dans lequel il se jeta, et disparut, emporté par le flot tourbillonnant.

Visiblement satisfaite, la jeune femme rangea l'arc dans son étui, attaché à la caisse du char, et poussa les chevaux jusqu'à Khéty, devant qui elle s'arrêta.

— Je ne sais qui tu es, lui dit-il. Sans doute la déesse Anath en personne, car elle m'a toujours protégé. La seule chose que je sais, c'est que je te dois la vie.

— Tu t'es admirablement battu contre ce Néphilim. Sache que je t'ai vu te défendre et que j'ai apprécié la manière dont tu as réussi à dominer un tel colosse. Je ne sais non plus qui tu es, mais moi qui suis venue souvent vers ce ruisseau, je n'avais encore jamais rencontré cette sorte de taureau à forme humaine. Ni non plus cet homme qui t'a menacé de sa lance. Pourquoi donc cherchait-on à te tuer ?

— C'est ce que j'aimerais bien savoir, soupira Khéty qui, au fond de lui-même, était cependant convaincu que ces hommes avaient tout simplement voulu éliminer le nouveau fils du roi Shareq.

— Tu parais pourtant être un simple voyageur, ou peut-être un Khabirou.

— Tu as prononcé le mot. Je peux être dit un Khabirou.

Elle le pénétra de son regard clair – car si elle était pourvue d'une ample chevelure sombre, serrée sur la nuque par un large anneau de cuivre, ses yeux étaient bleus, ce qui étonna Khéty.

— Mais tu es également un guerrier... Il n'est pas un homme ordinaire, celui qui est capable de pratiquer de telles prises sur un monstre de cette espèce, et de s'en tirer victorieux.

— Guerrier, je l'ai été...

— Me diras-tu ton nom ?

Khéty ne savait que faire, le roi lui ayant recommandé de ne pas livrer son vrai nom aux étrangers. Elle reprit la parole, avec un rire qui le fit frissonner, tant il le trouva délicieux. Avec son visage aux traits volontaires mais gracieux, son cou mince paré de plusieurs anneaux, elle était d'une grande beauté.

— Hésiterais-tu à me livrer ton nom par crainte de devenir mon esclave ? Tu ne peux ignorer que la possession du nom d'un être vivant le soumet à celui qui le connaît...

Il ne savait si cette remarque était sérieuse ou ironique, mais il osa se formuler que, s'il pouvait jouir de sa beauté, il lui aurait volontiers livré son vrai nom afin de devenir son esclave. Il se décida alors à se nommer, mais pas de son nom véritable, quoique celui-ci pût aussi bien être pris pour un nom égyptien que cananéen.

— Mon nom est Hori.

Ce nom lui était aussitôt venu à l'esprit car c'était un nom connu en Canaan, mais c'était aussi un joli nom en Égypte.

— Hori ? Appartiendrais-tu au clan des Horiens, qui nous viennent de Séir ?

— Précisément. J'espère que tu n'es pas hostile à une telle origine.

— Pas du tout. C'est un courageux peuple de nomades.

— Maintenant, puis-je savoir comment tu t'appelles ?

— Je ne te le dirai pas... Je ne voudrais pas tomber en ta puissance. Que la déesse Anath t'ait en sa sauvegarde. Il me plaît que tu l'aies invoquée : elle me chérit aussi, elle est ma Dame. Et garde-toi bien... J'ai le sentiment que tu as des ennemis, que certains hommes en veulent à ta vie.

Sur ces mots, elle fit tourner le char, claqua le fouet à longue mèche qu'elle avait pris dans son carquois, là même où elle rangeait ses flèches, et elle s'éloigna au galop de ses chevaux.

Khéty la vit ainsi de dos, qui s'en allait. Il put admirer son corps svelte, serré dans une étroite tunique blanche qui en épousait les formes, mais s'arrêtait à mi-cuisses. Elle était chaussée de sandales souples dont les lacets s'entrecroisaient sur ses mollets.

Il ne put en voir plus car elle avait lancé ses chevaux si rapidement qu'elle disparut à ses yeux dans un nuage de poussière, au point qu'il aurait pu se demander s'il n'avait rêvé, ou encore si ce n'était la déesse Anath en personne qui lui était apparue, ou même Neith, la déesse guerrière à l'arc, la Dame de Saïs.

Il se décida alors à examiner le corps de l'homme qui gisait toujours sur le sol, mort sur le coup. Il ne put que se convaincre qu'il ne l'avait encore jamais vu, pas plus d'ailleurs que ce géant, celui que la jeune fille avait qualifié de Néphilim. Concernant ce dernier, une pareille créature ne saurait s'oublier, ne l'aurait-on entrevue qu'un court moment.

En revenant lentement vers son bagage, il se rappela qu'il était nu, totalement nu, et que c'est dans cet état qu'il avait été vu par elle. Au demeurant, elle n'avait pas paru s'en offenser. « Mais qui, se dit-il, pouvait être cette jeune femme qui allait ainsi dans la campagne sur un char ? » Il avait bien entendu dire que, chez certaines tribus de nomades, les femmes combattaient avec les hommes ; cependant ces nomades n'avaient pas de chars et de chevaux, et leurs femmes ne portaient pas de telles tuniques courtes. Il en arrivait à se demander si elle n'était pas en réalité une déesse incarnée, comme l'homme qui l'avait assailli aurait été un Néphilim, cette race légendaire de géants – ils n'existaient plus à l'époque où il vivait, à ce que l'on disait, mais on pouvait se tromper. En tout cas, c'est ce que lui avait assuré Kushar.

En remettant son vêtement, Khéty ne retrouva plus ses amis ophidiens. Il les chercha, les siffla, frappa le sol, mais en vain. Convaincu finalement qu'ils avaient dû reprendre leur liberté, il abandonna ses recherches. Il lui serait toujours loisible, le cas échéant, de procéder à de nouvelles captures, et de se faire ainsi de nouveaux amis rampants. Et il pensa que, après tout, ses deux compagnons, lui ayant sauvé la vie à leur manière, méritaient bien quelque repos, peut-être pour se refaire une nouvelle jeunesse et aller se cacher pour changer de peau.

Tout en parcourant les rues d'Hébron, il ouvrit largement les yeux, en quête de sa belle inconnue. Un jeune garçon qu'il interpella le conduisit volontiers jusqu'à la résidence du gouverneur de la ville. Khéty s'abstint de lui demander s'il n'arrivait pas que, par les rues et les places de la cité, on n'entrevît parfois une jeune femme se déplaçant sur un char tiré par deux chevaux. Il décida de ne pas non plus s'en enquérir auprès de Tarammu, le gouverneur d'Hébron. Il avait décidé de garder pour lui une si étrange rencontre, visiblement voulue par un dieu – ou, comme il le supposait plutôt, par Anath elle-même.

Lorsqu'il montra le sceau royal à Tarammu, ce dernier le reçut avec tous les honneurs dus à un messager du Roi Pasteur. Mais quand le gouverneur lui demanda son nom, il évita de le lui livrer, et lui dit s'appeler Hori, puisque c'était l'identité qu'il avait choisie afin de ne pas se faire reconnaître. Il préférait que personne ne connût sa présence dans la ville : il n'avait pas été peu surpris qu'en prononçant son nom devant le roi des Jébuséens, ce dernier fasse aussitôt le rapprochement avec le fils adoptif du roi. Il voulait garder l'anonymat, d'une part pour que le bruit de sa présence ne puisse parvenir aux oreilles de la princesse, qui se serait alors tenue sur ses gardes, d'autre part parce qu'il ne pouvait oublier qu'il était entré dans la ville d'origine des rois Pasteurs, celle de leur tribu. Or, il pouvait s'y trouver, là plus qu'ailleurs (excepté dans la capitale), des hommes susceptibles de vouloir l'éliminer. Il se contenta donc, après avoir décliné son faux nom, de faire savoir que le roi l'avait délégué pour s'occuper d'une affaire personnelle, dont il ne pouvait divulguer le secret sans trahir la confiance que leur royal seigneur avait mise en lui. Ce qui fut le meilleur argument pour éviter que Tarammu ne cherchât à en savoir davantage.

En tant que héraut royal, il lui fut attribué une chambre dans la résidence et l'on mit un serviteur à sa disposition.

— Seigneur, lui dit Tarammu, n'hésite pas à demander à ton serviteur tout ce que tu pourras souhaiter. Je mets à ta disposition ce jeune homme qui sera à ton service pendant ton séjour sous ce toit. Il s'appelle Yamin.

Yamin inclina fortement le torse en portant la main à sa poitrine. C'était un garçon âgé de seize ans, selon ce qu'il apprit ensuite à Khéty, vif et visiblement dégourdi. Il conduisit Khéty jusqu'à sa chambre, qui s'ouvrait sur une cour, au centre de laquelle poussait un grand dattier dont les palmes étaient si denses qu'il l'ombrageait tout entière.

— Seigneur, lui dit alors Yamin, je suis ton serviteur. Dis-moi ce que tu désires. Je vois que ta tunique est sale et froissée. Si tu me la remets, je te la rendrai lavée, toute belle.

— Je veux bien te la confier, mais que vais-je revêtir en attendant ?

— Si tu crois avoir besoin de t'habiller à l'intérieur de la maison, ou si tu désires sortir, je vais t'apporter une autre tunique qui sera à ta taille.

— Apporte-moi donc une nouvelle tunique et je te confierai celle-ci, lui dit alors Khéty, qui voulait se défaire de ses habitudes égyptiennes, ne serait-ce que pour ne pas se trahir.

Lorsque Yamin revint auprès de lui avec une tunique propre qu'il revêtit, Khéty lui demanda :

— Dis-moi, Yamin, es-tu libre ou esclave ?

— Que mon seigneur ne se trompe pas, je suis libre. J'appartiens au peuple des Késiziens. Mon père est un ami de notre seigneur le gouverneur. Il m'a placé auprès de Tarammu pour que j'entre à son service, afin que je devienne échanson. Car je suis le plus jeune des garçons de ma famille, le sixième. Nous sommes trop nombreux, trop de garçons dans notre tribu pour pouvoir nourrir tant de monde. C'était plus facile autrefois, quand notre peuple nomadisait dans les steppes et les déserts ; on faisait alors du transport, on élevait chèvres et moutons, mais aussi on pillait les caravanes de sel ou de marchandises diverses. Maintenant, depuis que les rois Pasteurs ont pacifié le pays et fédéré les tribus, ils ont imposé un certain ordre ; il n'est plus permis de piller les caravanes et de dépouiller autrui. Aussi sommes-nous obligés de trouver du travail chez les sédentaires. Pour moi, mon ambition est de devenir un jour un serviteur du palais de notre seigneur le roi Shareq, d'être son échanson.

— Voilà une belle ambition, reconnut Khéty. J'ai le sentiment que tu y parviendras. Maintenant, dis-moi, sais-tu s'il y a des tavernes dans la ville ou dans ses faubourgs ?

— Il y en avait trois que je connais très bien car notre seigneur Tarammu y va souvent le soir, et il m'y emmène, ne serait-ce que pour tenir la torche, afin d'éclairer sa route.

— Bien ! Mais pourquoi dis-tu qu'il y en « avait » trois ? Auraient-elles été détruites ou fermées ?

— Au contraire ! Il y en a maintenant quatre. Une nouvelle taverne vient d'ouvrir, il y a quelques jours à peine.

— Y es-tu déjà allé ?

— Non, pas encore. J'ai cependant suivi sa construction, car il y a déjà une lune qu'est arrivée ici la cabaretière qui l'a fait édifier, entièrement en bois, grâce aux chênes de la forêt de Mambré, une immense chênaie à l'ouest de la ville.

— Une cabaretière, dis-tu ?

Khéty dressa l'oreille à ce terme qui lui évoquait aussitôt Sidouri.

— C'est cela. Pourquoi t'en étonnes-tu ? Ne sais-tu pas que la plupart des tavernes qui s'ouvrent dans nos contrées sont le fait de femmes ? Des Babyloniennes, pour la plupart d'entre elles.

— Euh... Oui, oui, bien sûr... Ce que je ne sais pas, c'est la raison pour laquelle elles viennent de Babylonie.

— Je vais alors te l'apprendre. Depuis la nuit des dieux, c'étaient des femmes qui, la plupart du temps, tenaient les tavernes dans le pays des Deux Fleuves. Mais voici que, depuis quelques années, il paraît que les rois de ce pays ne veulent plus que les femmes ouvrent de nouvelles tavernes, et ils s'arrangent pour obliger celles qui sont déjà installées, soit à fermer boutique, soit à mettre leur établissement au nom d'un homme, qu'il soit leur mari ou leur patron. Ainsi, toutes celles qui refusent de se donner un maître ou qui songent à ouvrir une taverne émigrent en Canaan, où il n'y a aucune loi interdisant aux femmes d'ouvrir une taverne.

Khéty écouta avec intérêt cette explication, qui lui donnait le motif ayant poussé Sidouri à fuir son pays pour venir s'installer à Sodome, bien que ce ne soit pas là la raison qu'elle avait elle-même invoquée.

— Sais-tu le nom de cette cabaretière ? demanda-t-il au garçon.

— Non, mais je pourrai le savoir bientôt.

— Pourquoi pas ce soir ? Si tu veux bien m'y accompagner, puisque tu es mon serviteur pendant mon séjour ici.

— Je suis ton serviteur et c'est volontiers que je t'obéis. Je te conduirai ce soir à la taverne.

20

Le soleil s'était couché sous l'horizon. Sa lumière chaude répandait encore ses lueurs sur le ciel occidental, que déjà la lune, presque en son plein, montait dans le ciel constellé d'étoiles.

— Ce soir, avait déclaré Yamin à Khéty, ce n'est pas la peine d'emporter une torche. La lune va si vivement éclairer le ciel qu'on pourra suivre notre chemin comme en plein jour.

Comme à Sodome, et comme dans la plupart des villes, les tavernes étaient bâties vers la périphérie, car c'était des lieux bruyants, où l'on chantait, où l'on riait, où l'on beuglait ! La nouvelle taverne ne faisait pas exception à la règle. La nuit tombait lorsque Khéty et Yamin y parvinrent. Deux torches allumées étaient fixées de part et d'autre de la porte afin de l'éclairer et de marquer sa destination, ne serait-ce que pour les noceurs quelque peu avinés, ceux qui faisaient la tournée des tavernes, afin qu'ils ne se trompent pas et n'aillent s'aviser de frapper chez un particulier.

Contrairement à la taverne de Sidouri, précédée d'une salle ouverte et dont la porte était accueillante, ce qui paraissait naturel dans une ville aussi bien policée que Sodome, où il n'existait pour ainsi dire ni voleurs, ni trouble-fêtes, il n'en allait plus de même dans les vastes territoires de Canaan. Il n'y avait pas de salle ouverte sur l'extérieur et la porte en bois de chêne était bien close. Cependant, dès que Yamin eut frappé deux coups à l'aide d'un court bâton pourvu d'une tête noueuse, posé sur une pierre haute pour servir de heurtoir, un homme vint ouvrir et les accueillit en leur souhaitant la bienvenue. En revanche, grande fut la déception de Khéty : il ne vit dans la salle sombre ni Sidouri, ni aucun visage connu. Il se dit cependant que, somme toute, s'il ne trouvait pas Sidouri en ce lieu, il y apercevrait peut-être, comme le roi le lui avait suggéré, celle qu'il lui destinait.

La salle était vaste et, dans la pénombre, on pouvait distinguer les silhouettes de plusieurs consommateurs. À la demande de Khéty, l'aubergiste l'installa avec Yamin dans un angle où étaient disposés nattes et coussins, autour d'une table carrée en bois, très basse. Selon la volonté des clients, l'aubergiste déposait sur la table, en même temps que la boisson, et de la nourriture pour ceux qui souhaitaient manger, un plus ou moins grand nombre de lampes à huile. Grâce à cette pénombre choisie, ceux qui le désiraient pouvaient ainsi rester incognito.

— Mes seigneurs veulent-ils seulement boire ou aussi manger ? demanda le taulier une fois qu'ils se furent installés.

— Les deux, répondit Khéty qui commençait à avoir faim, n'ayant pris que son demi-pain le matin.

— Mes seigneurs ont-ils de quoi rendre le bien qui va leur être fait ?

Khéty sortit de sa bourse aux électuaires le rouleau en or.

— Évidemment, évidemment, opina l'aubergiste, qui reprit aussitôt après :

— Mes seigneurs goûteraient-ils la cuisine babylonienne ? Une très bonne cuisine, faite par les meilleurs cuisiniers venus du pays des Deux Fleuves.

La proposition attisa l'intérêt de Khéty, bien que Sidouri ne dût pas être la seule Babylonienne susceptible, dans le pays, de préparer ce genre de cuisine.

— Nous y goûterons avec plaisir, lui dit Khéty. Sers-nous ce que tu as de meilleur, en nourriture et en vin... Qu'en penses-tu, Yamin ?

— Sur ce point, répondit l'adolescent, je me garderai de contredire mon seigneur, car j'aime le vin tout autant que ce que notre hôte appelle la bonne cuisine.

Lorsque le tenancier se fut éloigné, après avoir assuré que ses nouveaux hôtes ne manqueraient pas de revenir, sans aucun doute ravis par ce qui allait leur être servi, Khéty chercha à mieux distinguer les convives. Mais seul le fond de la salle était correctement éclairé, par plusieurs lampes suspendues à des trépieds. Ainsi ne parvint-il à voir que des silhouettes, sauf autour de quelques tablées voisines, sur lesquelles étaient disposées suffisamment de petites lampes en terre cuite pour éclairer le visage des hommes assis en tailleur autour d'elles.

— Crois-tu, demanda alors Khéty à son compagnon, que nous aurons droit à des danses et à des chants ?

— Je ne sais, seigneur. Il en va ainsi dans les autres tavernes et c'est ce qu'y attendent ceux qui les fréquentent, mais je ne m'engagerai pas pour celle-ci, n'y étant encore jamais entré.

Khéty craignit alors de s'ennuyer et il se dit qu'après avoir rempli son estomac, il rentrerait pour dormir. Il trouvait que Yamin était un gentil garçon, serviable, mais bien peu disert. Et il se fatiguait déjà de l'entendre lui donner du « mon seigneur » chaque fois qu'il s'adressait à lui. Il se prit à regretter ses bons compagnons khabirou qui, s'ils tenaient souvent des propos grivois, étaient de joyeux compères, avaient toujours des histoires à raconter, riaient facilement – parfois un peu fortement et grassement, fut-il obligé de reconnaître. Au moins, il se distrayait en leur compagnie... et il en arrivait à oublier Iset.

Une jeune fille, simplement vêtue d'un étroit pagne, ce qui permettait aux clients d'apprécier ses hanches un peu trop larges au goût de Khéty, ses seins, un peu menus – mais elle était encore jeune, et ses jambes, très joliment galbées –, vint déposer sur la table une cruche de vin et deux gobelets en bois. Tout cela accompagné d'un gentil sourire. Cette apparition suffit à Khéty pour augurer une suite plus agréable que ce qu'il avait d'abord prévu. On ne pouvait ainsi commencer à émouvoir les sentiments des clients pour ensuite les abandonner dans les plus cruels abîmes de déréliction !

Aussi laissa-t-il Yamin lui servir une rasade de vin, dans le gobelet qu'il vida à petits traits. Il ne fut interrompu dans cette opération gustative que par l'arrivée de trois hommes, qui lui étaient inconnus et que Yamin, qu'il interrogea, ne connaissait pas davantage.

— Hébron est devenue une cité importante et bien peuplée, lui apprit son compagnon. Et l'on vient même des campagnes pour profiter de ses tavernes. Sans compter les nomades de passage.

Les trois nouveaux venus furent installés à une table voisine. Ils se mirent à parler à voix haute, dans une langue différente du cananéen, mais qui lui était voisine par certains côtés, car Khéty parvenait à saisir un certain nombre de mots.

— Ce sont des Amorrhéens, lui fit savoir Yamin.

— Comment le sais-tu ? Comprends-tu ce qu'ils disent ?

— Je connais leur langue. Ils sont divisés en de nombreuses tribus, mais tous sont venus du Nord, d'après ce que j'ai appris, d'une ville appelée Haran. J'ai même entendu dire que s'était installé ici un clan d'Amorrhéens venus d'encore plus loin, de la Babylonie, d'une ville appelée… Attends, que je me souvienne…

— Ur, peut-être, suggéra Khéty, qui connaissait cette ville grâce à Shubriya, dont c'était la patrie.

— Exactement. Tu connais donc cette ville ?

— Je la connais de renom seulement, parce que j'ai un bon compagnon qui en vient, et il m'en a souvent parlé.

— Il était amorrhéen, lui aussi ?

— Pas que je sache. En tout cas, c'est la première fois que j'entends parler de ce peuple.

Les plats furent apportés par la jeune fille qui leur avait servi le vin, et un adolescent lui aussi seulement vêtu d'un pagne. Le tavernier, qui les accompagnait, annonça aux deux convives qu'il s'agissait, pour le premier plat, de chevreau tendre cuit dans du lait de chèvre avec divers ingrédients, dont coriandre, ail écrasé, et poireaux, et pour l'autre, d'échine de porc cuite dans un bouillon salé assaisonné de divers aromates, dont la coriandre et l'aneth, le tout servi avec des lentilles.

Après avoir largement entamé ces mets, qui constituaient un copieux repas, parachevé avec dattes et pommes, Khéty se sentit repu, prêt à savourer le spectacle de chants et de danses tout juste annoncé par le taulier.

Khéty tressaillit et se redressa lorsque apparurent, par la porte du fond, éclairée de nombreuses lampes, les mêmes danseuses et les musiciennes qu'il avait vues à Sodome, dans le cabaret de Sidouri. Et, tout à fait comme la seule fois où il les avait vues et entendues, elles dansèrent et chantèrent, accompagnées par les mêmes instruments.

Khéty s'obligea à se calmer pour apprécier le spectacle, tout en attendant, avec une impatience contenue, l'apparition de Watie. Mais Watie ne vint pas, Watie ne se manifesta pas aux yeux de Khéty. En revanche, à la fin de ce spectacle, c'est Sidouri en personne qui entra dans la salle et fut présentée au public par le tavernier. Il déclara hautement qu'elle était aussi la patronne de cette taverne, construite à son initiative, la cuisinière en chef et la personne qui avait formé les jeunes filles à la danse et au chant. Ce qui lui valut une ovation des spectateurs.

Avant qu'elle ne s'éclipse, Khéty se leva et se dirigea en hâte vers elle. Elle allait passer le pas de la porte et il n'hésita pas à l'interpeller. Elle se retourna, un sourire illumina son visage et elle vint vers lui : il fut soulagé de voir qu'elle l'avait reconnu, quoique ne l'ayant aperçu qu'une fois.

— Sidouri, lui dit-il, je suis heureux de te revoir ! J'ai eu si peur pour toi et tes pensionnaires !

Elle l'entraîna dans l'arrière-salle, afin de parler loin des regards et des oreilles des curieux, précisa-t-elle.

Ainsi lui apprit-elle que, comme on l'avait supposé, elle avait prudemment rassemblé tous ses biens et ses compagnes dès le départ de l'armée, tant elle était sûre que celle-ci serait vaincue par les Hyksos et que la ville serait prise. Elles étaient allées se cacher dans les collines environnantes puis, voyant que la ville avait été abandonnée par ses habitants et ravagée, elle avait décidé de se rendre en Canaan, pour y fonder une nouvelle taverne. On lui avait appris que ces lieux de spectacle – de débauche, disaient certains, et aussi de ripailles et de beuveries – s'étaient répandus chez les peuples cananéens, une nouveauté pour eux, dont ils étaient vite devenus très friands. C'est ainsi que, de proche en proche, elles étaient arrivées à Hébron. Là, un dieu ou plutôt la déesse Ishtar sans doute, avait fait se croiser sa route et celle de Zabulanu. Ce dernier disposait des moyens qui manquaient à Sidouri. Et il parlait le babylonien, sa défunte mère étant originaire de ce pays, tandis que son père était un Cananéen venu s'installer à Hébron. Ainsi Zabulanu et Sidouri s'étaient-ils mariés et avaient-ils fait construire cette taverne.

Si l'aventure de Sidouri réjouit Khéty, il brûlait de savoir ce qu'était devenue Watie. Mais il eut la patience d'attendre qu'elle ait terminé son récit pour lui poser la question.

— Je ne sais ce qu'elle est devenue, avoua Sidouri. Elle a bien fui avec nous dans les montagnes... Ensuite, s'est-elle égarée au cours de la nuit, s'est-elle enfuie ? Toujours est-il que, un matin, nous ne l'avons plus trouvée parmi nous. Nous l'avons cherchée partout, nous l'avons appelée, mais en vain. Quoi qu'il en soit, belle comme elle est, je n'ai pas de craintes pour elle. À moins qu'une bête fauve ne l'ait dévorée, mais c'est le pire des cas à envisager, et aussi le plus rare.

Khéty soupira, exprima quelques regrets, puis il demanda :

— Dis-moi franchement, cette fille, où l'avais-tu dénichée ? Est-elle babylonienne ? L'as-tu amenée de là-bas avec les autres filles ?

— Pas du tout ! Je ne sais ni de quel pays elle venait, ni qui elle était. Je l'ai achetée sur un marché aux esclaves, à Jéricho, où nous nous étions établies quelque temps avant de venir nous installer à Sodome. Elle était si belle ! Comme elle est muette, et en plus comme c'est une vraie lionne lorsqu'on prétend la toucher, personne n'en voulait. Ce qui fait que je l'ai eue du premier coup, pour pas cher du tout. J'avais pu voir qu'elle dansait admirablement et elle me convenait pour ce que je voulais en faire. Alors que pour un homme qui a d'autres vues sur une femme, une telle panthère reste sans intérêt, si belle soit-elle. Car tu dois le savoir, toi qui es un homme, une belle femme, c'est bien joli à regarder un moment ; mais quand on ne peut ni lui parler, ni la toucher, on a tôt fait de s'en lasser.

Khéty reconnut le bien-fondé de cette conclusion et Sidouri lui précisa que le vendeur avait été honnête en annonçant les tares de la jeune femme. En réalité, il l'avait déjà vendue une fois un très bon prix, mais trois jours plus tard, l'heureux acquéreur était revenu avec la marchandise, le visage marqué de coups de griffes, et il avait exigé le remboursement de son achat avec des dommages et intérêts. Un juge, pressenti pour la chicane, avait donné raison au plaignant, de sorte que le marchand avait dû obtempérer. Pour prix de la nouvelle mise en vente, il n'avait demandé que la valeur des dommages et intérêts qu'il avait été contraint de verser.

— Mais toi, que deviens-tu ? Je suis si heureuse de te retrouver ici, vivant ! Et tes bons compagnons, où sont-ils ?

— Tu peux voir que je me suis bien tiré de l'affaire et mes compagnons aussi. Mais je te raconterai ce qui nous est arrivé plus tard, peut-être...

— Tu as raison. Ce sera mieux, car le spectacle n'est pas terminé, ni mon travail. Reviens donc nous voir demain soir, ou un autre soir, comme tu le veux... Tu seras toujours le bienvenu dans la taverne de Sidouri.

En revenant dans la première salle, Khéty restait songeur. Il commençait à se persuader qu'il avait été le jouet d'une illusion, d'une fausse ressemblance. Comment son épouse, qu'il croyait morte, aurait-elle pu être vendue sur un marché d'esclaves à Jéricho ? Si d'aventure elle n'avait pas vraiment été tuée, si elle avait guéri du coup que lui avait porté Nahash, l'homme à qui son père l'avait destinée devait l'avoir définitivement prise pour épouse. Car c'était bien dans le dessein de l'enlever pour enfin pérenniser ce mariage que son père était venu la chercher si loin, en prenant tant de risques ! Et, toujours dans le cas où elle n'aurait pas été tuée, contrairement à ce que laissait supposer le témoignage de la servante égyptienne, Khéty imaginait mal qu'elle ait réussi à s'enfuir pour aller se réfugier, non auprès des gens qui pouvaient la protéger dans la grande ville du Sud, mais à Jéricho, loin par-delà des déserts impossibles à traverser, ou encore que son père l'ait vendue à il ne savait trop quel marchand d'esclaves, à une troupe de ces Ismaéliens, qui serait passée par Avaris ! Il n'en aurait d'ailleurs tiré qu'un prix misérable : en tout cas, à peine de quoi pouvoir rembourser au premier prétendant la somme qu'il lui avait avancée en gage de fiançailles.

Non, vraiment, son imagination l'avait fait délirer. S'il avait mieux réfléchi à la chose, plutôt que de s'abandonner à quelque ridicule espoir, il eût tout de suite rejeté une aussi folle espérance. Car, outre la conclusion à laquelle il venait de parvenir, Khéty devait se dire qu'Iset ne pouvait être devenue soudainement muette, ni ne pas l'avoir reconnu lorsqu'elle s'était rapprochée et avait un moment dansé devant lui en le regardant comme elle l'avait fait.

21

— Que cette nuit te soit favorable. Je suis heureuse de te retrouver ici, mais aussi étonnée.

Khéty venait d'être tiré de ses méditations par une voix qu'il ne pouvait oublier. En relevant la tête, il découvrit le visage de la jeune fille au char, qui se tenait debout devant lui. Elle avait échangé sa courte tunique blanche contre une longue robe noire tombant jusque sur ses chevilles, et coiffé sa chevelure en deux chignons relevés chacun de part et d'autre de la nuque.

Il se leva brusquement, comme mû par un ressort et, dans sa stupeur, il esquissait déjà le geste de salutation égyptienne, courbé fortement, les deux bras projetés en avant, lorsqu'il se retint, pour incliner la tête en portant la main droite à sa poitrine.

— Tu me trouves moi-même tout surpris, balbutia Khéty, de te revoir ici dans cette taverne...

Mais, sans manifester le moindre embarras, elle retroussa le bas de sa robe pour s'asseoir en face de lui, sans attendre d'y avoir été invitée. Elle prit peut-être cette initiative en voyant la confusion de Khéty, qu'elle soupçonnait, dans l'état de trouble où elle le voyait, incapable de songer à l'inviter à prendre place à sa table. Et c'est elle qui, sans satisfaire son étonnement, attaqua, dès qu'il se fut assis à son tour :

— J'ai vu, Hori, que tu n'étais pas ici un inconnu. Cette femme à qui tu as parlé est-elle une de tes amies ?

— Euh… En quelque sorte. Je voulais lui demander de ses nouvelles, car je ne m'attendais pas à la rencontrer dans cette taverne, et aussi celles d'une jeune femme.

— Bien. Et cette jeune femme, n'est-elle pas ici ?

— Non. On ne sait ce qu'elle est devenue…

Il ne savait pas pourquoi il se laissait entraîner dans ce dialogue, pourquoi même il lui avait donné la raison pour laquelle il avait interpellé Sidouri. En réalité, il était fasciné par cette jeune femme, comme ses serpents l'étaient par lui.

— Es-tu amoureux d'elle ?

— Pas précisément. Elle ressemblait à mon épouse.

— Ah ! Parce que tu es marié ?

— Je l'ai été, mais en vérité, mon épouse est morte, elle est allée dans la Terre sans retour, le pays des Ombres.

— Certains disent que les âmes continuent de vivre dans un monde qui serait le reflet du nôtre, où l'on mène une vie agréable, sans souci, servi par de fidèles serviteurs, toujours et toujours. C'est, à ce qu'on rapporte, ce que croient les Égyptiens.

Khéty ne sut distinguer si elle avait cité les Égyptiens par hasard, ou si c'était un piège qu'elle lui tendait, bien qu'il ne vît chez elle, par la suite, aucune raison de le faire tomber dans un quelconque traquenard en tâchant de se rendre compte s'il n'était pas plutôt un Égyptien.

— Je ne sais, mentit-il prudemment.

Entre-temps, les musiciennes étaient reparues et elles commencèrent à produire une musique aiguë, qu'accompagna l'une des chanteuses d'une voix sonore.

— Hori, lui dit alors la mystérieuse jeune femme, il me plairait que tu m'accompagnes pour m'entretenir de toi.

— Maintenant ?

— Maintenant, car je n'aime pas la voix de cette chanteuse.

— Si tu le veux… Mais il convient de payer notre écot à l'aubergiste.

— C'est fait.

— Que veux-tu dire ?

— Je l'ai payé pour ma part, et aussi pour la tienne et celle de ton jeune serviteur… Je suppose que ce garçon est ton serviteur…

— Dans une certaine mesure. Il est surtout mon guide, dans cette ville que je ne connais pas.

— Pour ce soir, c'est moi qui vais être ton guide.

L'invitation était trop péremptoire, trop surprenante, et trop séduisante pour qu'il songeât à lui opposer la moindre objection. Il se tourna vers Yamin tout en se levant :

— Yamin, lui dit-il, tu peux rester autant que tu veux, je te laisse rentrer seul. Je vois qu'il y a encore dans cette cruche suffisamment de vin pour te réjouir l'esprit.

La jeune femme s'était elle aussi levée. Le cabaretier, Zabulanu, vint en hâte et courut leur ouvrir la porte lorsque la jeune femme lui fit savoir qu'ils se retiraient.

Une fois dehors, elle entraîna Khéty derrière le bâtiment, où il distingua un enclos formé par une enceinte de bois. À l'intérieur, il découvrit quelques ânes, moutons, chèvres et porcs, ainsi que le char sur lequel il avait d'abord vu la jeune fille, toujours attelé des deux chevaux.

— Serais-tu une habituée de cette taverne ? s'étonna Khéty.

— Habituée n'est pas le mot exact, puisqu'elle est ouverte depuis à peine quelques jours. Mais j'y suis venue déjà plusieurs fois. Les danseuses sont gracieuses et les chanteuses ont de belles voix, sauf quand elles se mettent à pousser des cris amoureux de femelles en chaleur, comme ceux que tu viens d'entendre.

Elle prit l'un des chevaux par le mors et fit sortir le char puis, après avoir refermé la porte de l'enclos, elle prit place à l'avant. Khéty restait à côté du char, sans trop savoir ce qu'il devait faire.

— Viens, monte derrière moi, lui dit-elle.

Comme il hésitait, elle se mit à rire :

— Ne crains rien, tu as pu voir, ce matin, que je sais conduire un char. Sans doute n'es-tu jamais monté sur un tel véhicule ?

Il secoua la tête sans répondre, laissant ainsi entendre qu'il n'était pas familier de ce moyen de transport, sans se prononcer clairement.

— Profite de cette occasion. Et j'ai la prétention de croire que tu n'auras jamais un cocher comme moi.

— Je te l'accorde bien volontiers, dit-il en se décidant à prendre place derrière elle.

Aussitôt après, elle secoua les rênes et poussa les chevaux au galop. Le départ fut si brutal que Khéty manqua d'être renversé, s'il n'avait précipitamment enlacé la taille de la jeune fille. Et il lui fut si agréable de serrer entre ses bras ce corps svelte, souple, vivant et chaud, qu'il ne relâcha pas son étreinte, car elle n'avait pas protesté. Elle ne protesta pas plus lorsque, poussant ses avantages, il posa ses lèvres sur son cou, dont il goûta la soyeuse sensualité. Elle ne soufflait toujours mot, se contentant de maintenir au galop l'attelage qui les emportait vers la chênaie de Mambré, bordée par une ligne de collines basses.

Comme l'avait remarqué Yamin au début de la soirée, la lune, maintenant haute dans le ciel, éclairait vivement les contours des arbres et le lignes sombres des hauteurs. Mais ce qu'il regardait uniquement, c'était sa chevelure et ses colliers en or qui scintillaient ; ce qu'il sentait uniquement, ce n'étaient pas les senteurs qu'exhalaient les plantes dans l'air nocturne, c'était le parfum piquant qui exsudait de sa peau. Il ne voyait plus rien, ne percevait plus rien, n'entendait plus rien, ni les grincements du moyeu, ni les souffles des chevaux, et moins encore les bruits de la nature : il était tout en elle, il n'était plus qu'elle !

Il fut même surpris et presque désolé lorsque le char s'arrêta soudain. Il se redressa et, confus d'avoir ainsi agi, il sauta hors de la caisse, inclinant la tête :

— Pardonne-moi, je crains d'avoir abusé du vin.

Elle sourit sans lui répondre, sauta à son tour à terre et lui prit la main.

— Viens, souffla-t-elle en l'entraînant.

Il la suivit et, presque titubant, se laissa ainsi emmener. Elle s'arrêta devant une cabane, toute petite, aux murs et au toit faits uniquement de palmes, simplement close par un rideau de roseaux tressés. Elle repoussa cette porte fragile. À travers les palmes filtrait la lumière lunaire. Khéty put voir que l'abri contenait uniquement une large couche de roseaux recouverts d'épais coussins.

Il restait immobile, ne sachant précisément ce qu'il valait mieux faire. Mais, avec décision, elle se plaça devant lui et, lentement, le dépouilla de sa tunique, sans qu'il cherchât à l'en empêcher. Et il resta devant elle, nu, immobile. Elle se laissa couler le long de son corps, qu'elle caressa de ses mains ouvertes.

— En vérité, se décida-t-elle enfin à murmurer, Anath t'a aimé. Comme tu es beau !

Et, en un mouvement spontané, elle porta ses lèvres contre sa verge, déjà triomphante. Il ferma les yeux tout en lui caressant la tête, et dénoua sa chevelure. Mais elle ne s'attarda pas dans sa tâche. Elle se redressa, dénoua les pans de sa robe retenus sur ses épaules, et elle se tint devant lui dans sa voluptueuse nudité. Il se décida alors à prendre les initiatives que tout homme aurait déjà prises s'il n'avait pas été fasciné par la beauté de la jeune femme. Il l'enlaça, posa ses lèvres sur les siennes, et tous deux roulèrent dans les coussins moelleux.

Khéty avait appris à aimer comme il convenait pour un homme amoureux, ainsi que le lui avait enseigné Mersebek dans le temple de Shedet et comme il l'avait si longuement pratiqué avec Iset. Il domina son désir, il lui infligea les plus délicieuses caresses avec patience, avec ardeur, il l'accabla de baisers et de suçons, avant de venir en elle. Et il sut faire durer le plaisir tant de temps que, finalement, elle retomba sur la couche, sous lui, tout deux mêlant leurs halètements aussi étroitement que leurs corps.

Et lorsqu'il se retira et se redressa, il vit que sa main était rouge de sang.

— Quoi ! ne put-il s'empêcher de s'exclamer, tu étais donc vierge !

Elle s'assit à son tour.

— Hori, lui lança-t-elle d'un ton sévère, comment astu pu supposer un instant que je ne l'étais pas, que tu n'étais pas le premier homme à s'unir à moi !

— Pardonne-moi ! Mais nous nous sommes rencontrés ce matin, nous nous sommes revus cette nuit, et nous sommes maintenant seuls, ici...

— Hori, ne t'ai-je pas ainsi donné la meilleure preuve de mon amour ? Car si j'avais déjà eu des amants, tu n'en serais qu'un parmi bien d'autres. Mais tu es le premier, celui à qui je réservais ma beauté, sans savoir qui il pourrait bien être.

Cette confession le ravit au point qu'il s'enlaça à son amante en la renversant à nouveau sur la couche et lui donna encore de l'amour. Ils firent tant et tant, cette nuit-là, que lorsqu'il se réveilla, ce n'était plus la pâle et froide lumière de la lune mais celle, ardente, du soleil, déjà haut dans le ciel, qui éclairait la pièce, si étroite qu'elle ne contenait que le lit. Khéty était seul sur la couche. La porte fut soulevée et la jeune femme apparut, revêtue de sa grande robe noire. Il ne sut pourquoi elle lui parut plus belle encore que la veille, et pourtant froide et lointaine.

— Si tu veux boire et te laver, une source se trouve juste à côté.

Il sortit et ne vit personne dans les environs. Il découvrit une source qui, en effet, coulait à flots à peu de distance. Il y but longuement, se lava, coiffa son épaisse chevelure avec ses doigts. En revenant vers la cabane, il vit la jeune fille près du char, où elle s'apprêtait à monter.

— Tu me quittes ? s'étonna-t-il.
— Le jour n'est-il pas revenu ?
— Je ne peux le contester.
— C'est le moment de nous séparer.
— Jusqu'à quand ?
— Cela dépend de toi. Si tu m'aimes vraiment, si je t'ai donné du plaisir, reviens ici ce soir. Je t'y retrouverai.
— Tu peux être assurée de m'y rencontrer. Mais, avant de nous séparer, consentiras-tu à me livrer ton nom ?
— Pas encore. Dis-toi simplement que je suis ta fiancée de la nuit... Voilà pourquoi le jour doit nous séparer.
— Resteras-tu toujours seulement ma fiancée de la nuit ? Ne seras-tu pas aussi mon épouse du jour ?
— Cela viendra peut-être.
— Le plus tôt possible.

La ferveur de Khéty la fit sourire. Elle sauta sur le char, sans lui répondre immédiatement. Elle se saisit du fouet de cocher, puis, se tournant vers lui, elle lui lança :

— N'oublie pas qu'un vrai guerrier, s'il doit être susceptible d'aimer son épouse, de se prendre pour elle de passion, ne lui doit que la nuit pour l'amour. Car il ne faut pas qu'il s'abandonne aux passions, même les plus belles ; il ne lui est pas permis d'avachir son corps dans les plaisir de l'amour, d'amollir son âme en la laissant dominer par la volupté.

Elle fit claquer le fouet et les chevaux partirent au trot, tandis qu'il lui criait :

— Mais je ne suis pas un guerrier et mon amour pour toi est plus grand que toute autre passion, car tu es devant moi comme la déesse Anath !

Il ne sut si elle avait entendu son cri, et même il se demanda quels sentiments si vifs l'avaient poussé à lui parler ainsi. Car il se rendit compte que cette jeune femme l'avait si fortement ensorcelé qu'il en avait oublié Iset. Surtout, il avait oublié qu'il était venu en cette ville pour séduire la fille du roi, sa promise, celle qui n'était pas sa fiancée de la nuit.

Tout en rentrant sans hâte vers la ville, dont il distinguait au loin les première maisons, il se sentit assailli de questions. « Que vais-je faire ? se dit-il. Je devais séduire la fille du roi, et j'ai finalement séduit cette inconnue ! Comment, après avoir connu une femme pareille, vais-je pouvoir en supporter une autre ? Comment aurais-je la force de courtiser cette Asnath ? Et que va dire mon seigneur Shareq, quand il saura que je n'ai pas réussi à enjôler sa fille, que je suis amoureux d'une inconnue rencontrée dans une taverne... La sagesse m'impose de ne pas revenir à la cabane ce soir. »

Cette conclusion restait toutefois très temporaire, et il n'avait pas décidé qu'elle mettait fin à toute ouverture. En effet, il n'était pas encore parvenu aux portes de la ville que, déjà, il gambergeait autour de cette aventure si inattendue : il irait devant le roi son seigneur, il lui dirait qu'il était amoureux de cette jeune femme, qu'il voulait bien épouser la princesse Asnath, mais qu'il ne pouvait se passer de cet amour. Et si le roi ou si Asnath n'acceptait pas qu'il fasse d'elle sa compagne, il s'enfuirait avec elle, il irait... où ? Il ne savait pas très bien. En Babylonie, ou il reviendrait en Égypte avec elle. Voilà qui était beau, mais imprécis, et il ne savait si un tel programme serait agréé par sa fiancée de la nuit, qui ne semblait pas être partageuse.

Ainsi méditait-il, soupesait-il le pour et le contre, sans se sentir capable de prendre une quelconque décision. Il se retrouva dans la résidence du gouverneur et, dans sa chambre, sans même s'en rendre compte, il se laissa tomber sur sa couche. Il aurait voulu dormir, ou plutôt rêver, rêver de cette mystérieuse fiancée, ne plus penser qu'à elle, vivre en elle !

Il fut tiré d'une sorte de demi-torpeur par Yamin, qui vint s'agenouiller auprès de lui et le secoua :

— Seigneur, lui dit-il, que se passe-t-il ? Que t'est-il arrivé ? D'où viens-tu ?

Khéty se redressa, se passa une main sur le front, puis dans les cheveux.

— Qu'y a-t-il ? Pourquoi me secoues-tu ainsi ?

— Seigneur, je ne te secoue pas. Je n'ai fait que te prendre le bras car tu semblais délirer.

— Ah... Oui, c'est possible... Mon bon Yamin ! Comment s'est terminée cette soirée ?

— Bien mon seigneur, bien. Mais toi, je t'ai vu partir avec cette femme...

— Oui, et alors ?

— Qu'Anath te protège ! Sais-tu qui elle est ?

— Comment le saurais-je ? Je serais bien content si tu pouvais me l'apprendre.

— Alors, vois : elle s'appelle Asnath, et elle est la fille de notre seigneur, le roi Shareq.

Sur le coup, Khéty se redressa et bondit sur ses pieds.

— Que me dis-tu là ? Cette jeune fille est la princesse Asnath ? En es-tu bien certain ?

— Aussi sûr que tu es devant moi... Encore ne suis-je plus aussi certain de savoir qui est maintenant devant moi ! Car comment cette princesse, que personne n'osait approcher, puisqu'elle manie le fouet facilement et n'a jamais hésité à balafrer le visage de bien des garçons un peu trop audacieux, se serait-elle laissé approcher par toi ? Elle ne t'a rien fait ?

— Rien... Enfin, presque rien, en tout cas rien de désagréable.

— Quoi, se serait-elle éprise de toi ?

— Je ne sais pas encore.

— Vas-tu la revoir ?

— Cela dépend de moi. Ce soir, peut-être.

— Moi, ton serviteur, je déconseille à mon seigneur de la revoir.

— Et pourquoi donc ?

— Pourquoi ? On voit que tu ne connais pas son père notre roi ! S'il apprend que sa fille s'est donnée à un homme de passage, il te fera rechercher et je peux t'assurer qu'il te fera mourir dans les pires tourments !

— Yamin, tu m'effraies. Mais vois-tu, je suis tombé si fortement amoureux d'elle que je suis prêt à subir les pires supplices pour cet amour.

— Mon seigneur, tu es devenu fou. Je t'en supplie, pour le moins, évite que notre seigneur Tarammu ne soupçonne quoi que ce soit. Car, s'il apprenait la chose, il te ferait tout de suite arrêter et te ferait conduire aussitôt devant le roi afin qu'il t'inflige le châtiment mérité pour un tel crime.

— Quoi ! Est-ce donc un crime que d'aimer une femme si belle ?

— Oui, quand cette femme est une princesse hyksos, que son père est le puissant roi Shareq et qu'il a promis sa main à un homme dont il a fait son héritier, selon le bruit qui court dans tout le pays.

Khéty se gratta la tête, se disant que, malgré les airs enjoués qu'il prenait devant lui, le roi protégeait soigneusement et même résolument la vertu de sa fille. Il comprenait qu'elle fût restée vierge : qui aurait été assez insensé ou, comme lui, assez follement amoureux pour oser affronter la colère du roi ? Toutefois, ce que lui avait appris Yamin l'enchantait. Par la volonté de la déesse Anath, ou d'Isis, ou d'Hathor, peu lui importait car il n'était pas intolérant et se sentait prêt à vénérer toutes ces déesses, incarnations de toutes les magies féminines, il était tombé éperdument amoureux de celle qui lui était destinée. Et il avait la présomption de supposer ne pas l'avoir laissée indifférente, sans quoi elle ne l'eût pas elle-même sollicité comme elle l'avait fait.

On comprend que, dans ces conditions, il avait hâte de voir tomber la nuit pour courir vers la cabane de ses amours, sans plus songer à faire étape à la taverne : à ses yeux, c'était du temps de perdu, cela ne pouvait que raccourcir la durée d'une nuit trop courte pour qu'il ait le temps non pas d'assouvir sa passion, mais seulement ses désirs latents, toujours renouvelés par la présence de leur objet.

22

C'est à peine si, vers la fin de la matinée, Khéty entrevit Tarammu, qui lui demanda s'il avait bien tous les moyens de remplir sa mission.

— Je te rends grâce de t'intéresser à ma personne, lui répondit-il. Je te rassure : je crois que les affaires se présentent pour le mieux et je suis persuadé que le roi, notre seigneur, sera content de moi.

Yamin vint lui apporter un copieux repas au début de l'après-midi et, comme l'impatience de Khéty le rendait nerveux et qu'il ne tenait plus en place, entrant dans la chambre pour en ressortir aussitôt, tournant dans la cour pour rentrer de nouveau dans la chambre, il décida de se mettre en route sans plus attendre. Il préférait patienter dans la cabane de ses amours, là où il pourrait rêver ; dans cette chambre, il se sentait prisonnier, et il lui semblait même étouffer.

Une fois sorti de la ville, il se trouva plus à l'aise. Marchant rapidement, bien qu'il eût tout son temps, il vit sur la route des paysans qui travaillaient aux champs, avant d'entrer dans la chênaie de Mambré. Il put alors apercevoir, sur sa gauche, parmi les chênes, des tentes de nomades qu'il n'avait pas remarquées le matin. Il les crut arrivés à la fin de la matinée : en effet, ils achevaient de dresser leurs tentes. Il en fut contrarié, se disant qu'ils ne seraient pas très éloignés de leur cabane. Il est vrai qu'elle se trouvait encore à une distance suffisante pour ne pas être dérangés par leurs cris ou les aboiements des chiens. Car il aperçut des chiens qui tournaient autour d'un troupeau de moutons et de chèvres.

Sans plus y prendre garde, il poursuivit sa route jusqu'à la cabane. Elle était vide, ce qui ne le surprit ni ne l'inquiéta, puisque sa fiancée de la nuit lui avait donné rendez-vous pour la soirée, sans d'ailleurs préciser vers quel moment, mais au plus tôt vers celui du crépuscule. Il commença par aller boire à la source, puis il se coucha dans la cabane, sur le lit de coussins. Il avait trouvé si jolie cette idée de fiancée de la nuit qu'il continuait d'appeler ainsi son amante, bien qu'il sût maintenant qui elle était. Et il se dit qu'il aurait tout de même dû y penser ! Il s'était étonné de voir une fille d'une tribu de nomades aller ainsi seule sur un char. D'autant qu'il aurait dû se rappeler que les chars étaient des véhicules rares, inconnus des nomades, et que seul le roi en possédait. Il lui paraissait maintenant évident qu'il n'y avait que la fille de Shareq pour disposer d'un char personnel et se permettre d'aller faire courir ses chevaux seule dans la campagne. Il reconnut avec une sorte de délectation qu'elle était bien la fille de son père, valeureuse, sans peur, méprisant les préjugés des gens du peuple. Car il fallait être ainsi pour oser se comporter comme elle le faisait, alors que toutes les femmes qu'il avait rencontrées depuis qu'il avait quitté la vallée du Nil paraissaient humbles et soumises aux hommes, confinées dans leurs maisons ou autour de leur campement. Les seules qui lui avaient semblé plus indépendantes, il ne les avait jamais vues qu'à Sodome, ou dans les tavernes...

Il mit sur son visage l'un des coussins, celui où elle avait posé sa tête, et il parvint encore à sentir le parfum de sa chevelure, ou de son cou, un parfum qu'il ne savait nommer, piquant, provocant, délicieux... En vain aurait-il cherché des épithètes qui ne fussent pas banales pour le qualifier.

Il sombra lentement dans une sorte de somnolence où, comme dans le sommeil, une partie de sa conscience restait toujours en éveil. C'est ainsi qu'il fut soudainement tiré de cette chaude torpeur par des bruits qui lui parurent être des froissements, des murmures. Il ouvrit l'oreille en se redressant, mais il ne perçut plus aucun bruit. Il mit l'œil à de minuscules jours ménagés dans le treillis des palmes, sans rien voir qui puisse l'inquiéter. Le soleil était très bas sur l'horizon : il s'en réjouit en songeant que le moment tant attendu de l'arrivée de sa fiancée de la nuit approchait, qu'il allait bientôt pouvoir l'enlacer, couvrir son visage et son corps de baisers... Et il poussa un long soupir, se disant que les dieux lui étaient si favorables qu'ils avaient jeté dans son cœur la passion pour une femme que, dans un premier temps, il croyait devoir haïr, une femme qui lui était destinée par son père lui-même.

Ainsi rêvait-il, et même s'était-il une fois encore endormi, lorsqu'il perçut soudainement un roulement sourd, suivi de hennissements. Il se redressa à nouveau, se frotta les yeux puis bondit sur ses pieds et se saisit de son bâton, qu'il emmenait toujours avec lui, même s'il ne l'utilisait que comme support de son bagage. Les hennissements des chevaux ne couvraient plus les claquements secs d'un fouet et des cris et des grognements humains. En surgissant de la cabane, il vit à peu de distance le char qui tournait sur lui-même, tiré par les chevaux, qui se cabraient en agitant leurs jambes antérieures. Debout sur le char, Asnath tenait à distance un groupe d'hommes – sur le moment, Khéty ne chercha pas à les compter –, qui l'assaillaient en la menaçant de leurs lances à pointe de pierre taillée.

La manière dont Khéty se rua sur eux en faisant tournoyer son bâton, frappant les têtes ou les dos avec assez de violence pour les faire tomber à terre, sema un instant la panique parmi les assaillants. Ainsi Khéty s'ouvrit-il un chemin jusqu'au char, où il s'empara de l'un des javelots disposés dans l'étui sur le côté de la caisse. L'un des entraînements les plus pratiqués dans l'armée égyptienne consistait en le maniement du javelot comme d'une lance. Avec une telle arme et la maîtrise qu'il en avait, Khéty avait déjà étonné les guerriers hyksos, lors de la bataille pour la défense de Sodome. Mais, cette fois-ci, la colère semblait avoir démultiplié sa rapidité et son adresse. Il chargea les hommes les plus proches, et ainsi tombèrent-ils sans paraître se défendre, tant ils semblaient à la fois stupéfaits par une intervention aussi inattendue et paralysés par la fougue de leur agresseur qui, à chaque coup, porté avec précision, faisait un blessé, sinon un mort. En frappant ainsi, se ramassant sur lui-même, bondissant soudain vers le lieu où on ne l'attendait pas, prompt aussi à sauter en retrait, tel un serpent, afin d'esquiver un coup, il criait, injuriait ces lâches agresseurs, les traitant de chacals et de hyènes, de fils de Seth (car dans sa rage il évoquait naturellement le démoniaque dieu égyptien). Tant et si bien que les derniers des assaillants, qui n'étaient d'ailleurs plus que deux, tournèrent les talons et prirent la fuite. Alors, posément, il projeta son javelot, qui atteignit le premier des fuyards dans les reins. Puis, il se saisit de l'arc du char, plaça une flèche sur la corde, le banda et lâcha le trait. Le second homme, qui se croyait sauf, fut frappé à la cuisse et, ainsi arrêté dans sa course, il s'effondra sur les genoux.

Aussitôt, après avoir jeté un coup d'œil à Asnath, qui se tenait droite sur le char, le sourire aux lèvres, Khéty courut de toute la vitesse de ses jambes vers l'homme blessé, qui tentait vainement de se remettre debout pour fuir encore. Il le saisit par sa longue chevelure et le traîna plus qu'il ne l'entraîna vers le char, d'où la jeune fille était descendue pour examiner les ravages qu'avait faits Khéty. Près du char, celui-ci s'accroupit devant l'homme, qui restait couché sur le côté en gémissant. Il saisit la flèche et commença à la faire bouger dans la plaie, ce qui fit hurler le malheureux. Khéty lui dit alors qu'il élargirait plus encore la plaie s'il ne lui disait pas qui il était et pourquoi lui et ses compagnons avaient ainsi osé assaillir la paisible et frêle jeune fille qui montait le char. Il n'eut pas besoin d'insister pour que le blessé avoue : il appartenait, avec ses compagnons, à la tribu qui s'était installée le matin même dans la forêt de chênes. Au début de l'après-midi, un homme était venu parmi eux, qui leur avait promis de l'or s'ils allaient se mettre en embuscade derrière les rochers contre lesquels était bâtie la cabane. Ils devaient assaillir un couple qui apparaîtrait à la tombée de la nuit, ou peut-être plus tard, sur un char tiré par deux chevaux. L'inconnu leur avait distribué une partie de l'or promis, leur promettant le reste dès qu'il découvrirait les deux cadavres près de la cabane. Seuls quelques nomades s'étaient portés volontaires, une dizaine au total, qui s'étaient partagé l'or. Ceci malgré l'avis contraire des autre nomades, qui leur avaient fait judicieusement ressortir qu'une telle agression, suivie de meurtres, ne manquerait pas d'être rapidement découverte, qu'une enquête serait ouverte et qu'on accuserait sans doute l'ensemble de la tribu, celle-ci risquant alors d'encourir collectivement la colère du gouverneur. Mais l'inconnu avait assuré qu'il viendrait lui-même enlever les corps et qu'il les dissimulerait pour que le meurtre ne fût pas découvert, assurance qui avait emporté la décision de la dizaine de stipendiés. Quant à savoir quel était cet homme qui les invitait à commettre un tel forfait, ils l'ignoraient, d'autant plus qu'eux-mêmes venaient rarement dans cette région, où ils ne connaissaient personne.

La jeune fille s'était accroupie auprès de Khéty pour écouter la confession de son prisonnier.

— Nous ne pouvons nous attarder ici... commença-t-elle à dire.

— Sans doute, lui accorda-t-il.

Il se leva pour aller chercher sa trousse à ingrédients. Il en tira divers onguents, qu'il posa sur la plaie après en avoir extrait la flèche.

— J'aurais pu te tuer, pour le crime que tu as voulu perpétrer contre un peu d'or. Cependant, je te laisse la vie sauve. Et lorsque tu reverras ce traître, qui n'a pas osé agir lui-même, mais vous a soudoyés pour vous souiller à sa place du sang d'innocents, dis-lui que je n'aurai désormais de cesse de le démasquer. Je me charge personnellement de lui faire subir ce qu'il aurait voulu m'infliger.

— Hori, je connais un autre endroit secret, où nous ne courrons plus le risque d'être surpris.

Asnath secoua les rênes du char pour faire partir au trot les chevaux. Khéty avait pris place derrière elle, après lui avoir demandé si elle n'avait pas été blessée, si elle n'avait pas eu peur.

— Ne crains rien, ces chacals n'ont pas réussi à me toucher tant ils ont été surpris par le mal que peut faire une mèche de fouet bien manié. Sur le moment, j'ai été quelque peu prise au dépourvu. Je venais d'arrêter le char devant la cabane et je m'apprêtais à en descendre, lorsque ces hommes ont soudainement surgi de derrière les rochers, s'élançant vers moi. J'aurais pu tenter une manœuvre pour faire tourner le char et m'éloigner, mais je n'imaginais pas qu'ils en voulaient à ma vie. Et j'ai compris que je n'aurais pas le temps de faire une telle manœuvre. J'ai d'abord cru qu'ils appartenaient au clan des nomades installés dans le bois, c'est pourquoi je n'ai pas cherché à me saisir d'un javelot pour les recevoir. De toute façon, je suis loin d'être aussi habile que toi dans le maniement de cette arme. Sache que j'ai admiré la manière dont tu frappes l'adversaire... Hori, tu m'es apparu comme Baal, maître de l'orage, lorsqu'il se lance dans la mêlée et foudroie ses ennemis.

Le compliment le ravit, et il déposa un baiser dans le cou de la jeune fille en lui disant :

— Mon âme, j'en suis persuadé, l'homme qui voulait nous réserver un sort cruel est le même qui a tenté de me faire tuer lors du passage du Yabbok. Il a incité ces nomades à nous mettre à mort... Moi, je sais pourquoi il en veut à ma vie. Mais toi ! Pourquoi voudrait-on te tuer ? Qui pourrait le vouloir ?

— Hori, je suis bien incapable de savoir qui a armé ces bras. Je peux cependant t'assurer qu'un certain nombre d'hommes me haïssent au point de souhaiter ma mort.

Sachant ce que Shareq lui avait appris de l'attitude de sa fille à l'égard des prétendants qu'elle avait évincés, il comprit ce qu'elle sous-entendait. Mais, dans un mouvement amoureux, il la serra plus fort contre lui, et il s'exclama :

— Que me dis-tu là ! Peut-on haïr une femme comme toi, alors qu'on ne devrait songer qu'à l'admirer, qu'à l'adorer comme une déesse, comme l'incarnation d'Anath !

La spontanéité et la candeur de cette remarque firent sourire la jeune fille, tout en l'enchantant. Elle se contenta de répondre :

— Tu parles ainsi parce que tu m'aimes sincèrement, profondément, j'imagine. Il n'en va pas de même de tous les hommes. Et puis, sache que je ne suis pas aussi aimable avec bien des hommes que je l'ai été à ton égard.

Ils restèrent ensuite silencieux. Le vacarme provoqué par le martèlement des sabots sur le sol, les grincements des essieux et les craquements des roues couvrait leurs voix. Asnath arrêta le char près de la rive du Yabbok, en un lieu boisé. Un fragile abri, fait de feuillages, était dressé contre un bosquet à peu de distance de la rivière.

— C'est une autre de mes retraites, lui apprit-elle en sautant au bas du char. Il n'y a par ici jamais personne. Ainsi puis-je aller me baigner sans le moindre vêtement dans les eaux fraîches du Yabbok.

Et, sans doute pour illustrer ses paroles, elle se dépouilla de sa robe et de ses sandales, avant de courir se jeter dans les eaux de la rivière. Khéty ne pouvait faire autrement que de l'imiter, mais seulement après avoir jeté un long regard alentour et par-delà le torrent, ne voulant pas qu'ils fussent surpris par quelque fâcheux. L'eau était encore fraîche, par contraste avec la chaleur de l'air, mais il avait depuis longtemps oublié la tiédeur des eaux de son lac natal comme de celles du Nil, si bien qu'elle lui parut délicieusement fraîche. Asnath s'était laissé emporter par le courant vers l'aval tout en nageant. Il admira chez elle ce talent qu'aucun enfant du Nil n'ignorait, quel que fût son sexe, mais qui était rare chez les pudibonds Cananéens. Il trouva d'ailleurs que sa fiancée de la nuit méritait d'être une Égyptienne tant elle lui semblait différente de la plupart des Cananéennes qu'il avait eu l'occasion de rencontrer.

Un moment, ils jouèrent dans l'eau, s'y enlacèrent, s'y embrassèrent, puis il eurent une bonne marche à faire pour remonter vers l'amont et retrouver le char.

Dans un mouvement naturel, quoique récemment appris, Khéty entreprit tout d'abord de libérer les chevaux de l'attelage et de leur ôter bride et mors. Ce qui parut étonner Asnath, qui le laissait faire.

— Ainsi, tu sais comment dételer ces chevaux, dont tu ne parais pas avoir peur.

Khéty comprit qu'il venait de manifester un zèle dont il aurait dû s'abstenir. Avec une vive présence d'esprit, il se justifia :

— Il me semble qu'il suffit d'observer la manière dont ces animaux sont attelés pour imaginer tout de suite comment procéder. Pour le reste, pourquoi aurais-je peur d'eux ? Au contraire. Ils me paraissent des animaux paisibles... Ce ne sont tout de même pas des lions du désert !

Elle sourit de sa repartie et vint prendre dans le char un sac ainsi qu'une outre :

— J'ai apporté du vin et un peu de nourriture, commenta-t-elle. Ce n'est pas parce que nous n'irons pas à la taverne et que nous voulons consacrer la plus grande partie du temps à nous aimer que nous devons négliger le reste.

Khéty l'approuva et la suivit dans l'abri, où était aménagée une couche rustique. Elle s'assit en tailleur, déballa ce qui se trouvait dans le sac, puis tendit l'outre à Khéty.

— Tiens, bois le premier. Tu es mon héros, à toi l'honneur ! Car nous sommes maintenant quittes. Hier, je t'ai sauvé la vie, aujourd'hui, ce fut ton tour. Malgré mon fouet, si tu n'avais pas surgi de la cabane d'une manière si inattendue, je doute que j'aurais pu réussir à me débarrasser de ces hommes.

— Moi-même j'ai été imprudent, dit Khéty. J'étais si impatient de te retrouver que je suis venu tôt dans l'après-midi à notre rendez-vous. J'ai somnolé dans la cabane et j'ai été réveillé par des bruits suspects ainsi que, je crois, des paroles dites à voix basse. Maintenant, je crois que c'était ces hommes, venus se cacher derrière les rochers. Comme le traître qui les a soudoyés a dû leur dire que nous n'arriverions que tard, peut-être après la tombée de la nuit, ils n'ont pas pensé à jeter un regard dans la cabane. Moi, j'aurais dû sortir pour aller voir de plus près quelle était la cause de ces bruits qui m'avaient éveillé.

— C'est mieux ainsi, car ils auraient aussi bien pu te tuer. Tu les as eus par surprise, alors que leur attention était tournée vers moi, et je suis portée à croire que le fait de me voir ainsi agressée et de combattre pour ma sauvegarde t'a conféré plus de force encore.

— Tu l'as bien vu ! Il est vrai que la vision de ces hommes qui osaient t'assaillir, toi…

Khéty allait dire : « Toi, Asnath, la fille du roi notre seigneur », mais il reprit, après une brève pause :

— … toi, ma fiancée de la nuit, la prunelle de mes yeux, celle à qui je tiens plus que tout au monde, plus que ma propre vie ! La crainte et la colère qui m'ont saisi m'ont donné un surcroît d'ardeur, et je n'ai plus voulu que tuer, tant j'ai ressenti de haine à l'endroit de tes agresseurs.

— Hori ! M'aimerais-tu à ce point ? s'exclama joyeusement Asnath en se serrant contre lui.

— Je le crois, dit-il. Et plus encore que tu ne peux l'imaginer... Plus encore que moi-même je puis le croire ! Et sans doute demain t'aimerai-je plus encore que ce soir.

La nuit tirait à sa fin. Déjà l'aube faisait pâlir le ciel oriental, mais ni l'un ni l'autre des amants n'avait dormi, n'avait songé à dormir. L'apaisement était venu et Khéty restait sur le dos, sa fiancée de la nuit étendue sur le ventre tout contre lui, la tête contre son épaule.

— Hori, murmura-t-elle alors, sais-tu que chez nous, lorsqu'un jeune homme prend la virginité d'une fille, il est contraint de l'épouser.

— Délicieuse contrainte, dit-il en tournant les yeux vers elle.

— Et s'il refuse le mariage, le père de la jeune fille est alors en droit de mettre à mort l'homme qui a déshonoré sa fille et refuse réparation.

— Mon âme, dis plutôt, pour ce qui est de nous, que je t'ai honorée et que mon seul désir est de continuer de le faire chaque jour et chaque nuit, pour toujours.

— Puisqu'il en est ainsi, nous allons nous séparer...

Ce seul mot le fit littéralement bondir. Il se redressa :

— Que me dis-tu là ! Je refuse de me séparer de toi.

— Il le faudra pourtant. Mais ne t'émeus pas, ce ne sera pas pour longtemps. Il faut que je retourne auprès de mon père, afin de lui faire savoir que j'ai trouvé un époux, que je lui ai donné ma virginité et que, en réalité, nous sommes déjà mari et femme. Il ne pourra te refuser à moi.

— Si c'est pour cela, soupira Khéty, je veux bien rester loin de toi un court moment. Vis-tu à Hébron avec ta famille ?

— Non, je n'y suis que de passage. Mon père réside plus loin. Mais le voyage sera rapide et, avant que la lune ne paraisse au plus bas de son déclin, je serai de retour auprès de toi.

— Quoi ! Veux-tu dire que ton père habite si loin qu'il te faudra une dizaine de jours pour revenir auprès de moi ?

— Il te faudra t'armer d'un peu de patience. Ensuite, nous ne nous séparerons plus.

23

Ils avaient encore prolongé leur séjour dans ce lieu enchanteur jusqu'au milieu de la matinée, puis ils s'étaient décidés à atteler les chevaux et à rentrer en ville. Ils s'étaient séparés avant de parvenir aux portes d'Hébron, ne voulant pas risquer d'être vus ensemble. Khéty rentra à pied, sans se hâter. Tout en cheminant, il méditait sur sa prochaine action.

Asnath lui avait affirmé vouloir prendre la route au début de l'après-midi. « Sans doute, se dit-il, empruntera-t-elle la route de la plaine car, d'après ce que j'ai vu du chemin des collines, je doute qu'un char puisse le parcourir. » Il calcula donc que s'il se mettait lui aussi en route dès le début de l'après-midi, il pourrait coucher le soir même chez l'hospitalier roi des Jébuséens, le soir suivant à Sichem, et le lendemain, avant la fin de la journée, il serait rentré à Megiddo. Car, évidemment, il ne pouvait attendre passivement à Hébron. Il pensa que si Asnath semblait bien être tombée amoureuse de lui, elle avait au départ fait ce probable calcul : elle devait se hâter de trouver un amant susceptible de faire un mari convenable, de façon à opposer au choix de son père son propre choix. Et comme le garçon lui aurait ravi sa virginité, elle avait dû imaginer que son père abandonnerait la prétention de lui donner pour mari cet Égyptien qu'elle avait décidé de mépriser, pour lui permettre d'épouser un homme à sa convenance.

Mais, maintenant qu'il commençait à bien connaître Shareq, Khéty avait la certitude que le roi n'allait peut-être pas réagir comme l'attendait sa fille. Ignorant que le mari dont elle rêvait était la personne même qu'il avait élue, il risquait fort de prendre une « néphilique » colère, de séquestrer sa fille dans son palais et d'envoyer des sbires pour éliminer le gêneur. Il convenait donc de parvenir à Megiddo avant Asnath, pour mettre au courant le roi de leur aventure, et décider avec lui de ce qu'il y avait lieu de faire.

Avant de se mettre en route, il voulut voir quel allait être le train de la princesse : dans le cas où elle aurait eu l'audace de se lancer seule sur la route dans son char, il craignait trop pour elle pour la laisser s'aventurer sans nulle protection apparente que son fouet, même si le char recelait certaines armes meurtrières.

Il alla donc se poster derrière un arbre, sur la place où s'ouvrait le palais de la princesse. Il n'eut pas à attendre longtemps avant d'en voir sortir un noble convoi. En tête venaient trois chars montés chacun par deux guerriers, suivis par une quinzaine de soldats. Asnath avait pris place dans un grand palanquin porté par douze hommes robustes, pourvu d'un toit teint en rouge et bordé de sculptures dorées, d'où tombaient des voiles légers qui protégeaient la passagère de la poussière et des rayons du soleil. Derrière venaient son char, conduit par un cocher, puis plusieurs chariots tirés par des bœufs, où s'entassaient servantes et serviteurs, et d'autres où l'on avait empilé les bagages. Venaient ensuite une longue file d'ânes chargés de paniers et d'amphores, et enfin une trentaine de guerriers, le cortège étant fermé par trois chars de guerre montés chacun par deux hommes.

Khéty se réjouit doublement : d'abord parce qu'il n'avait plus de crainte quant à la sécurité de la jeune fille, ensuite parce qu'avec un tel équipage il lui faudrait pour le moins cinq ou six jours avant d'arriver à Megiddo. Il songea alors qu'il n'avait plus à se hâter pour s'en retourner auprès du roi.

Lorsqu'il se présenta à la résidence du gouverneur afin d'y prendre son maigre bagage, Yamin courut au-devant de lui :

— Seigneur, lui dit-il, j'ai eu bien peur en ne te trouvant ici ni hier soir ni ce matin. Et pourtant, je ne t'ai pas vu à la taverne de Sidouri !

— C'est parce que je n'y suis pas allé. J'ai passé la nuit ailleurs.

— Avec la même...

— Bien sûr, avec la princesse Asnath.

— Alors, je suis soulagé, car elle est partie tout à l'heure pour rentrer chez son père. Le seigneur Tarammu s'est rendu au palais tout à l'heure. Il y est allé saluer la princesse, qui l'avait fait aviser de son départ dès hier après-midi.

Ainsi, se dit Khéty, elle était si sûre de mon amour qu'hier elle avait déjà pris la décision de s'en retourner auprès de son père. Je comprends alors qu'un tel train de bagages ait déjà été prêt dès le début de l'après-midi.

— La princesse vient, en effet, de nous quitter, dit Khéty. Et moi-même je vais reprendre la route de Megiddo tout à l'heure.

— Tu t'en vas donc toi aussi ! soupira le jeune homme.

— Il le faut bien : j'en ai terminé avec ce que j'avais à faire ici.

— As-tu l'intention de partir sur-le-champ ?

— Sans plus tarder. Je vais aller saluer Tarammu et je pars aussitôt après.

— Il ne va pas tarder à être de retour du palais puisque, m'as-tu dit, la princesse s'est mise en chemin. Je viendrai t'avertir dès qu'il sera rentré.

Il n'eut pas cette peine à prendre. Il s'apprêtait à sortir lorsque Tarammu entra, accompagné de deux soldats.

— Hori, dit-il alors sans ménagements, je me vois contraint de t'arrêter.

— M'arrêter ? s'étonna Khéty, surpris par une interpellation aussi inattendue. Et pour quelle raison ?

— Tu as été dénoncé.

— Dénoncé ? De quoi et par qui, dis-moi donc ?

— Par qui, je ne sais. Je revenais du palais royal quand un homme m'a abordé, qui portait un sceau royal ou, plutôt, le sceau du palais de Megiddo. Il m'a dit avoir été envoyé sur tes traces, mais il n'a pu empêcher le pire et il m'a chargé d'appliquer le châtiment que tu mérites.

— Tu m'étonnes ! Dis-moi donc de quoi il s'agit et quel est ce châtiment dont tu me menaces.

— Le châtiment, c'est la mort. Toutefois, seul notre seigneur le roi Shareq pourra en décider.

— Voilà qui me soulage. Et que me vaudrait un si définitif châtiment ?

— Tu as osé porter la main sur la princesse, la fille de notre seigneur. Tu l'as entraînée dans une cabane où tu l'as violée. Et, non content de ce crime, comme cet envoyé du palais a tenté de porter secours à la princesse Asnath, grâce à des hommes qu'il s'est hâté de rallier dans le camp des nomades installés à Mambré, tu en as fait un massacre. Il paraît que tu en as tué au moins une dizaine.

Khéty ne put s'empêcher d'éclater de rire, songeant en même temps qu'il lui fallait à tout prix se débarrasser d'un ennemi aussi perfide que malin, capable d'imaginer toutes les supercheries pour l'éliminer. Il reprit bien vite son sérieux.

— Tarammu, lui dit-il, apprends que mon nom n'est pas Hori, mais Khéty. En vérité, je suis le fils adoptif du roi Shareq et déjà presque son gendre. Le roi m'a envoyé ici pour que je rencontre sa fille sans me faire reconnaître, afin de la séduire, car elle refuse tout époux qu'il voulait lui imposer. Et maintenant, dis-moi :

tu viens de voir la princesse. Si elle avait été violée hier soir par moi, ne t'en aurait-elle rien dit ? Or, si tu interroges les gens du palais, ils pourront te dire qu'elle n'est rentrée que dans la matinée, sans doute toute joyeuse d'avoir passé la nuit avec moi. Sache aussi que l'homme qui t'a abordé est un criminel : il a payé des hommes de cette tribu pour nous assassiner, aussi bien la princesse que moi-même. Tarammu, je peux te dire que s'ils avaient réussi dans leur entreprise, j'ai la certitude que le roi ne te l'aurait jamais pardonné. Envoie des hommes dans le camp de ces nomades et fais une enquête. Tu pourras voir que les cadavres sont cinglés de coups de fouet : c'est le présent de la princesse Asnath, qui s'est défendue contre leur attaque. Et tu pourras voir aussi qu'ils ont sur eux de l'or, à moins qu'on ne le leur ait enlevé. Yamin lui-même, qui m'a accompagné à la taverne de Sidouri la première nuit que j'ai passée ici, pourra te dire que c'est la princesse elle-même qui est venue à notre table, et qui m'a emmené hors de la salle, avant que je ne la suive dans cette même cabane où ces nomades nous ont assaillis hier soir. Et tu peux aussi te le faire confirmer par cette Sidouri elle-même, qui nous a vus et qui te dira que mon nom est bien Khéty, et que je suis l'homme qui a guéri notre seigneur de la morsure mortelle d'un serpent.

Malgré sa surprise, Yamin, vers qui le gouverneur s'était tourné, approuva de la tête.

— Nous savons dans tout le pays, répondit Tarammu, que Khéty est bien ce Seigneur des serpents qui a réussi le miracle de nous rendre notre seigneur, alors qu'il avait déjà un pied dans le royaume des ombres. Puisqu'il en est ainsi, seigneur, pardonne-moi ma méprise !

— Je te pardonne, mais il faut que tu me décrives cet homme et, surtout, que tu le fasses rechercher et arrêter. Car il n'aura de cesse de nous faire tuer. Je ne sais qui il sert, ni pour quel motif il agit ainsi : tu comprends que je serais curieux de l'interroger.

— J'étais avec six guerriers fidèles, dit Tarammu. Ils ont vu cet homme comme moi-même, et je vais les envoyer à sa recherche.

— Je te demande aussi de chasser ces nomades de ton territoire. Il faut qu'ils comprennent que des hommes de leur tribu se sont très mal conduits, qu'ils ont cherché à assassiner la fille du roi des Hyksos et son beau-fils. Et si tu ne parviens pas à retrouver le criminel qui les a manipulés et qui a osé intervenir auprès de toi, envoie à Megiddo deux de tes gardes qui étaient avec toi et qui l'ont vu. Si cet homme reparaît à Megiddo, ils seront les seuls à pouvoir le reconnaître. Qu'ils viennent alors au palais nous en aviser et nous le désigner.

Khéty demanda à rencontrer les gardes qui avaient entrevu le félon, afin de pouvoir reconnaître par la suite ceux d'entre eux qui viendraient devant lui à Megiddo, le cas échéant. Puis, se décidant à retarder son départ, il voulut finalement se rendre lui-même au camp des nomades, avec une petite troupe de guerriers. Tarammu tint à l'accompagner. Non pas qu'il mît en doute la parole de Khéty et sa véritable identité, mais il préférait se faire une opinion en examinant les cadavres, et voir s'ils portaient bien des traces de coups de fouet.

Lorsqu'ils parvinrent au campement des nomades, ils surprirent hommes et femmes de la tribu en train de célébrer le deuil. Ils ensevelissaient leurs morts, qu'ils venaient de ramener à dos d'ânes.

— Qui sont ces morts ? demanda Tarammu au chef de la tribu.

— De pauvres hommes qui ont été assassinés hors de notre camp, nous ne savons pas par qui. Nous les avons retrouvés tout à l'heure…

— Tu sais très bien par qui ils ont été frappés, intervint alors Khéty. Ils ont été payés par un félon, un ennemi caché de notre seigneur le roi Shareq, pour assassiner la princesse Asnath, la fille du roi, et moi-même qui suis son beau-fils.

Tarammu ordonna que les suaires dans lesquels avaient été enveloppés les corps fussent ouverts. Il fut facile de reconnaître les entailles sur les visages et surtout les bras, faites par des coups de fouet.

— Tu peux voir, dit alors Khéty au gouverneur, les marques laissées sur ces corps par le fouet de la princesse. Car elle s'est défendue comme une lionne, comme la digne fille du roi des Hyksos, contre ces chacals qui osaient l'assaillir avec leurs lances.

Le chef de la tribu se jeta alors à plat ventre sur le sol :

— Pardonne-moi, supplia-t-il à l'adresse de Khéty. Cet homme, qui est venu devant nous pour nous demander de commettre cette agression, nous a dit qu'il s'agissait de criminels en fuite, et que lui-même était un envoyé du roi des Hyksos. Et, comme preuve, il nous a montré un sceau. Il est vrai que nous ne savons pas lire et nous ne savons pas plus ce que représentait vraiment ce sceau. Mais il a parlé avec tant d'autorité que nous l'avons cru sur parole.

— Il ne t'est pas venu à l'esprit que s'il s'agissait d'arrêter des criminels, c'était l'affaire du gouverneur de la ville, c'est-à-dire moi-même, intervint alors Tarammu, et non d'un étranger qui donnait de l'or pour faire sa propre justice ?

— Seigneur, je reconnais notre erreur. Mais tu dois savoir que nous, nous avons refusé d'agir ainsi. Seuls se sont portés volontaires ces quelques hommes, bien malgré nous, malgré nos mises en garde.

— Cet homme est-il revenu vers vous ? demanda Tarammu.

— Non, seigneur, nous ne l'avons pas revu.

— Je suppose, dit Khéty au gouverneur, qu'il a dû voir quel carnage a été fait de ses stipendiés. Il n'a sans doute pas osé se présenter de nouveau au camp de ces nomades.

— C'est bien possible, admit Tarammu.

Puis, se tournant vers le chef des nomades, toujours étendu sur le sol, il lui dit :

— Relève-toi. Je te donne trois jours pour lever ton camp et aller t'établir ailleurs, loin d'ici. Cependant, si entre-temps ce criminel osait se présenter à toi, n'hésite pas à le faire saisir par tes guerriers et fais-le conduire devant moi. Si tu y parviens, je t'accorderai un plus long délai avant de te contraindre à quitter les territoires que je contrôle.

Khéty ne partit d'Hébron que le lendemain, tôt dans la matinée.

— Khéty, mon seigneur, lui dit Tarammu, permets que deux de mes hommes qui ont vu le traître t'accompagnent. Ils te seront une protection, mais, surtout, il est possible que tu rattrapes ce criminel et que tu le dépasses, ou que tu le croises sans pouvoir soupçonner qu'il se trouve devant toi. Mes guerriers, eux, le reconnaîtront. Ce sont de bons marcheurs et il est possible que, si vous vous hâtez, vous parveniez à Megiddo avant le traître… Dans la mesure où il voudrait regagner cette ville.

— Qu'il y retourne, j'en suis persuadé. Il ne peut être que l'homme de main d'un grand, d'un homme proche de notre seigneur Shareq. Il reviendra auprès de lui pour lui rendre compte de l'échec de sa mission.

— Dans ce cas, ils le reconnaîtront dès qu'il se présentera au palais royal.

Cette compagnie, qui lui formait aussi une petite escorte, permit à Khéty de se rendre compte à quel point les longues et rapides marches qu'il avait commencées dès son enfance lui donnaient un avantage exceptionnel. Car il doubla ses précédentes étapes : malgré le passage du Yabbok, qui fut d'ailleurs rapide, la nuit n'était pas encore complètement tombée qu'il parvenait déjà aux portes de Sichem. Ses deux compagnons, qui avaient suivi l'allure à grand-peine, s'écroulèrent de fatigue en arrivant, alors que Khéty se sentait encore plein de vigueur :

— Seigneur, lui dit l'un des deux hommes, mon compagnon et moi-même, nous sommes réputés pour notre endurance et la rapidité de notre marche. Et pourtant, nous avons eu beaucoup de mal à te suivre. Je ne tiens plus debout, alors que toi, j'en ai l'impression, tu pourrais encore poursuivre ta route !

— Certainement, lui répondit Khéty, mais pas longtemps encore.

Les deux hommes purent aussi voir le respect que les guerriers de la garnison et le chef de la cité marquaient à l'égard de Khéty, ce qui acheva de leur prouver qu'il était bien ce qu'il avait déclaré être à Tarammu.

On leur servit un copieux repas, car ils n'avaient fait que boire pendant leur voyage, puis Khéty les invita à aller se coucher dans les chambres qui leur avaient été assignés :

— Hâtez-vous de vous reposer. Demain, nous partirons tôt dans la matinée. Mais réjouissez-vous, l'étape sera moins longue et moins dure. Nous serons arrivés auprès de mon seigneur Shareq avant la fin de la journée.

Le pari fut tenu : le soleil était encore haut sur l'horizon lorsqu'ils franchirent les portes du palais de Megiddo.

24

À Megiddo, Khéty confia à Jithran, qui faisait aussi office de directeur de sa maison, le soin de donner à ses deux compagnons un logement où ils puissent se reposer après de telles marches. Il se rendit aussitôt ensuite chez le roi, auprès de qui, par son ordre, il avait accès à toute heure du jour et de la nuit.

Shareq goûtait la douceur de cette fin d'après-midi dans la plus grande des cours du palais, qu'il avait fait aménager en un jardin ombragé. Il était à demi couché sur un lit, protégé des ardeurs du soleil par une épaisse treille. Ada, la directrice du palais, se trouvait assise auprès de lui, sur un fauteuil haut, dressé au pied du lit royal. Sur des sièges avaient pris place quelques-uns des intimes du roi, parmi lesquels Khéty reconnut Yaqebher.

— Khéty ! s'exclama le roi en le voyant surgir et venir d'un pas rapide vers lui. Mon fils, mon gendre bien-aimé, te voilà déjà de retour !

— Mon seigneur, ton serviteur est devant toi, sa mission heureusement accomplie.

— Voilà qui réjouit mon cœur. As-tu si promptement réussi à conquérir celui de ma fille ?

— Le soir même de mon arrivé à Hébron.

— En vérité, mon fils, un dieu te protège et te favorise.

— Je n'en doute pas, et je suis persuadé que c'est la déesse Anath.

— Qu'elle soit glorifiée ! Je suis impatient d'apprendre comment l'affaire s'est déroulée et comment tu as réussi à la mener à bien si rapidement.

Comme Khéty hésitait, car il avait scrupules à s'exprimer devant les dignitaires présents, Shareq, qui avait compris son embarras, lui dit :

— Ne crains pas de parler devant mes amis, mes parents, mes conseillers. Ce sont des hommes sûrs, dévoués à ma cause, qui tous t'admirent et te respectent.

— Il convient d'abord que tu saches, mon seigneur, que moi, ton serviteur, ainsi que ta fille, la princesse Asnath, nous avons été victimes de plusieurs attentats.

— Que m'apprends-tu là ! s'exclama le roi en se redressant sur son lit.

— Je t'apprends la vérité. Un homme qui vit à ta cour, qui est dans tes secrets, a préparé un piège pour me supprimer avant même que je ne parvienne à Hébron. Ensuite, le stipendié de ce félon a voulu faire assassiner la princesse par un groupe de guerriers nomades qui s'étaient établis dans la forêt de chênes de Mambré.

— Que dis-tu là ? Quoi, non content d'avoir voulu t'assassiner, cet homme aurait osé attenter à la vie de ma fille chérie ?

— Il en a bien été ainsi et elle-même pourra te le confirmer, puisqu'elle ne va pas tarder à arriver à Megiddo. Moi-même, j'ai coupé par la route des collines, tandis qu'elle rentre avec son escorte et son train de bagages par le chemin de la plaine.

Sur les insistances du roi, Khéty se décida à rapporter son aventure et celle de la princesse dans les moindres détails.

— Il faut se saisir de ce criminel. Il faut aussi démasquer le traître qui vit à ma cour. Car il était bien au courant de ton voyage et du chemin que tu avais emprunté, celui qui t'a tendu ce piège au passage du gué du Yabbok.

— Cela ne fait aucun doute. J'ai emmené avec moi deux des guerriers de Tarammu. Ils ont vu l'homme qui m'a accusé auprès du gouverneur. S'il se présente à ta cour, ils ne pourront manquer de le reconnaître et de le saisir pour le conduire devant toi.

— Fort bien : j'ordonnerai qu'on l'écorche vif, jusqu'à ce qu'il dénonce tous les traîtres qui ont osé défier leur roi et menacer la vie des deux êtres qui lui sont le plus chers.

Shareq donna ensuite congé à ses courtisans, pour rester seul avec Khéty, afin de décider avec lui de l'attitude à adopter lors de la réception de sa fille qui, comme il pouvait s'en douter, allait déclarer avoir fait choix d'un époux.

Il est facile d'imaginer qu'en quittant le palais royal Yaqebher était partagé entre la crainte et la colère. Colère contre Mansum qui, non content d'échouer lamentablement dans son entreprise, s'était imprudemment manifesté devant le gouverneur d'Hébron et quelques-uns de ses gardes. Un instant, il songea à faire assassiner les deux hommes logés chez Khéty. Mais il renonça bien vite à ce projet aussi dangereux qu'hasardeux. Même réussirait-il à se débarrasser d'eux, il en resterait encore quatre, outre Tarammu, qu'on pourrait pressentir afin d'aider à démasquer le coupable. Par ailleurs, si ces deux hommes se trouvaient assassinés aussitôt après leur arrivée, il serait facile de conclure que l'organisateur de ces meurtres avait assisté au conseil secret du roi : or, ils n'étaient que six personnes, outre le roi lui-même, Ada et Khéty. Et il savait le roi capable de les faire arrêter tous les six, de sorte qu'il ne pourrait avertir Mansum au moment où il rentrerait à Megiddo. La fin de l'affaire devenait dès lors prévisible. Il imagina recevoir Mansum, en espérant que les deux hommes d'Hébron ne l'auront pas encore identifié, et supprimer un aussi gênant témoin. Mais si l'on retrouvait mort un homme dont on savait qu'il était l'un de ses plus proches serviteurs, et qu'il n'était pas apparu auprès de son maître depuis plusieurs jours, on s'en étonnerait sans doute. Et le corps de Mansum pourrait être présenté aux deux témoins…

Tout en injuriant intérieurement son serviteur pour avoir aussi maladroitement agi, Yaqebher se hâta de regagner sa résidence, et il fit venir devant lui Akirum, son second serviteur de confiance.

— Akirum, lui dit-il, dès que tu vas sortir d'ici, tu te rendras à la porte sud de la ville et tu la surveilleras jusqu'à ce que tu voies venir Mansum. Veille surtout à ce qu'il n'entre pas dans la ville, et conduis-le à ma maison hors des remparts, où il devra se tenir caché et où je viendrai lui rendre visite.

Le lendemain, avant la fin de la matinée, Akirum alla avertir son maître que Mansum l'attendait au lieu prévu. Yaqebher se dépêcha d'aller retrouver son serviteur.

— Yaqebher, mon seigneur, lui dit celui-ci en se jetant sur le ventre, je suis devant toi l'âme remplie de honte, car j'ai échoué dans mon entreprise. Le ciel m'a été contraire, alors que cet Égyptien est visiblement dans la faveur des dieux.

— Je ne le sais que trop bien. Il est inutile que tu me rapportes la manière dont ton invincible lutteur s'est finalement fait battre par ce Khéty, ni comment encore ces nomades que tu as lancés contre lui et la princesse ont tous été massacrés par cet homme qui, je le comprends désormais, est un redoutable guerrier. Dis-moi plutôt quelle folie t'a saisi de vouloir faire assassiner la princesse elle-même ! Ta mission était de nous débarrasser de l'Égyptien, surtout pas de toucher à la princesse !

— Seigneur, pardonne-moi, mais j'ai bien vu que la princesse s'était follement éprise de cet homme, ce qui était tout à fait inattendu. J'ai alors compris que plus que jamais elle n'acceptera d'autre mari que lui et j'ai craint que cette femme ne porte mon seigneur à commettre quelque imprudence, car j'ai bien vu combien mon seigneur la désire.

— Il ne te revenait pas de décider de ce qui convient à ton seigneur ou ne lui convient pas ! Il est regrettable que tu aies échoué dans ta mission : elle ne refusera certainement pas d'épouser cet Égyptien, qui deviendra l'héritier légitime du trône. La pire de tes folies est d'avoir imaginé que, en abordant le gouverneur d'Hébron pour lui dévoiler le crime imaginaire de ce Khéty, tu pourrais réussir à le faire éliminer. Et maintenant, plusieurs hommes t'ont vu, et il est arrivé hier dans cette ville deux de ces hommes, qui ont accompagné Khéty.

— Que m'apprend là mon seigneur ? Ce Khéty est déjà arrivé au palais, alors qu'il était encore à Hébron lorsque j'en suis parti ?

— Visiblement, il est bien plus rapide que toi. Et pourtant, il a suivi le même chemin à travers les collines... Encore heureux qu'il ne t'ait pas rencontré en route ! Les deux hommes qui l'accompagnaient t'auraient tout de suite reconnu. D'après ce que je sais maintenant de ce Khéty, je doute que tu aurais réussi à lui échapper.

— Il faut se débarrasser de ces hommes. Fais-moi confiance, je me charge de les éliminer avant que cette journée ne soit écoulée.

— Pauvre fou ! Tu as failli dans ton entreprise contre ce Khéty et tu songerais encore à aller assassiner ces deux guerriers dans la résidence royale où ils sont logés, dans le quartier même que le roi a dévolu à son gendre ? Je ne veux plus te voir à la cour.

— Mon seigneur craindrait-il que son plus fidèle serviteur ne le trahisse ?

— Je souhaite que cette pensée n'ait jamais traversé ton âme ! Non, ce que je crains, c'est que tu sois reconnu, arrêté et conduit devant le roi.

— Même en pareil cas je ne trahirais jamais mon seigneur !

— Crois-tu ? Alors, apprends que le roi a déclaré que son intention, dans le cas où tu serais capturé, était de te faire écorcher vif jusqu'à ce que tu dénonces ton maître. Il n'y a pas un homme capable de résister à un si horrible supplice... Cette nuit même, Akirum viendra te chercher, et tu iras avec lui te réfugier dans ma demeure de Beth-Shean, dans la vallée du Yarden. Tu t'y tiendras caché jusqu'à ce que je te rappelle auprès de moi. Réjouis-toi, tu vivras là-bas tranquille sous la vigne et le figuier. Mais évite de te montrer, évite à tout prix de te faire prendre : c'est la mort dans les pires tourments qui te serait réservée, ne l'oublie jamais.

— Mon seigneur, comment pourrais-je l'oublier ? Je te rends grâce et je te rends grâce encore pour avoir bien vu que je n'étais pas vraiment responsable de mes échecs. Comment aurais-je pu imaginer que cet Égyptien, dont toi-même m'avais assuré de la faiblesse et de la médiocrité, allait pareillement résister à la force invincible du géant que j'ai envoyé contre lui, qu'il réussirait à le vaincre et à le noyer dans le torrent ? Et comment aurais-je pu prévoir que l'homme que j'avais commis pour le frapper de sa lance, lui aussi un rude guerrier, allait être abattu par la princesse elle-même, qui passait par là, visiblement conduite par la volonté du dieu contraire à mes desseins ?

— Je ne te rends pas responsable de ces échecs. Ce que je te pardonne difficilement, c'est d'avoir osé attenter à la vie de la princesse et de t'être ensuite montré à Tarammu. Il est heureux qu'il ne te connaisse pas ! Va, éloigne-toi quelque temps de ma vue, jusqu'à ce que soit passée ma colère.

— Peut-être, mon seigneur, jusqu'à ce que tu aies de nouveau besoin des services de ton plus fidèle serviteur...

— Précisément. Mais si un jour je t'appelle pour te confier une nouvelle mission, sois plus circonspect. Et si tu échouais une fois encore, il serait alors mieux pour toi de ne jamais plus reparaître devant moi. Je ne te pardonnerais pas un autre fiasco.

25

Le surlendemain de son retour à Megiddo, vers la fin de l'après-midi, Khéty fut avisé par un envoyé du roi de l'arrivée de la princesse au palais. Il commença par s'étonner qu'elle fût déjà là, vu la lenteur de marche de la caravane. Mais il comprit mieux lorsqu'il apprit que, lasse d'avancer à une telle allure, le matin de ce jour, elle avait abandonné le palanquin pour remonter dans son char. Dès lors, elle avait poussé les chevaux au galop, sans se soucier du capitaine des gardes, qui l'adjurait de ne pas prendre le risque d'un accident fatal dans le seul dessein de gagner une ou deux journées de marche.

Shareq en personne vint retrouver Khéty dans ses quartiers :

— J'ai préféré me déplacer plutôt que de te convoquer dans mes appartements, où Asnath pourrait nous surprendre à tout moment, fit-il savoir à Khéty, fort surpris de voir apparaître le roi devant lui.

Habituellement, ce n'était pas le roi qui se déplaçait, mais ses inférieurs. Le souverain reprit, ne laissant pas même à Khéty le temps de prendre de ses nouvelles :

— Asnath est venue devant moi sans se faire annoncer, selon son habitude. Car elle a depuis longtemps déclaré que seuls les sujets du roi devaient se faire annoncer, et non sa fille, ce que je lui ai bien volontiers accordé. D'emblée, elle m'a dit à peu près ceci : « Mon père chéri, ta fille est de retour devant toi parce qu'elle a fait le choix d'un mari. » Et moi de lui répondre : « C'est une bonne chose... Moi aussi, je t'ai choisi un mari. J'espère que nous avons fait le même choix. » « J'en doute, m'a-t-elle répondu, puisque, si j'en crois les messagers que tu m'as envoyés au cours de ta campagne dans la vallée de Siddim, tu prétends m'imposer un vieux guérisseur qui t'a sauvé la vie. Je le respecte et lui suis reconnaissante pour avoir réussi là où, paraît-il, les meilleurs mages avaient échoué, grâce à quoi tu es ici devant moi, toujours bien vivant. Au point que, je le crois, on a noirci le tableau, et on t'a cru plus gravement atteint par le venin de ce serpent qu'il n'en était en réalité. Sans cela, tu ne me semblerais pas aussi fort et vif que tu l'es en ce moment. » Vois, Khéty : je lui ai fait savoir que, contrairement à ce qu'elle pouvait penser, j'étais tout près de la mort et que, sans ton intervention, j'aurais quitté depuis longtemps le monde des vivants, tandis qu'elle-même se trouverait en butte aux ambitions des grands, déjà prêts à s'affronter pour s'emparer de mon trône, puisque je n'ai pas d'héritier mâle. « Tu les connais tous, lui ai-je rappelé, puisque ce sont les mêmes qui ont brigué ta main. Rappelle-toi que tu les as refusés, et tu sais de quelle manière et en quels termes. Mais dès lors que je ne serai plus là, tu ne seras plus en mesure d'éconduire le vainqueur, celui qui se sera imposé sur le trône des rois Pasteurs. Aussi dois-tu être reconnaissante à ce garçon qui t'a évité de devoir affronter la morgue du nouveau maître de notre royaume. » Mon argumentation n'a pas paru la convaincre réellement ; elle a reconnu que tu lui avais évité un grand malheur, sans pour autant devoir t'abandonner sa virginité. Et, comme ce terme avait surgi dans la conversation, elle en a profité pour m'éclairer, déclarant qu'elle avait définitivement perdu son hymen entre les bras de l'homme qu'elle avait élu.

Après un silence consacré à avaler une grande rasade de bière que lui avait servie Khéty lui-même, le roi reprit la parole.

— Comme je sais que c'est toi, cet heureux élu, je n'ai pas manifesté la colère que j'aurais dû exprimer, ce qui l'a certainement étonnée. Avec le plus grand calme, je lui ai rappelé qu'un tel acte, de la part d'un homme qui n'était pas son mari, était passible du châtiment suprême. Elle l'a bien volontiers reconnu, mais elle m'a opposé que ce châtiment pouvait être évité par le coupable s'il acceptait d'épouser la fille ainsi déshonorée. « Or, a-t-elle précisé, il est tout prêt à m'épouser, comme moi-même je le suis à son égard... » Enfin, à l'égard de cet heureux élu qu'elle m'a dit s'appeler Hori. C'est bien le nom que tu lui as donné?

— C'est bien le nom que je lui ai dit être le mien. Mais apprends-moi, seigneur, quelle a été ta réaction.

— Comme je ne pouvais pas rester indifférent sans éveiller en elle je ne sais quels soupçons, je lui ai simplement demandé de se retirer dans sa chambre et de s'y faire servir son dîner: je voulais prendre conseil de la nuit avant de lui faire part de mes décisions. Et cette effrontée de me déclarer que, dans le cas où je refuserais de la marier à cet Hori, elle était prête à aller le retrouver et à s'enfuir avec lui! Je lui ai demandé où elle comptait aller, elle m'a répondu « n'importe où », et que, par amour, elle était prête « à vivre de rien, comme le font les Khabirou », et à partir comme eux sur les grands chemins du monde. Elle voulait vivre cet amour qui était voulu non plus par elle, mais par la déesse Anath elle-même! Que répondre à cela, dis-moi?

— Que répondre, je ne sais, sinon reconnaître qu'elle est encore plus amoureuse que je ne le supposais.

— Il en va ainsi toujours avec les filles, et plus particulièrement avec la mienne! C'est une vraie rebelle dont les réactions sont imprévisibles. Maintenant, c'est à toi d'agir. Elle ne quittera pas sa chambre et je veillerai à placer devant sa porte des gardes... qui ne manqueront pas de s'endormir dès que la nuit sera un peu avancée.

— Il serait tout de même mieux que je passe par la fenêtre de sa chambre. J'ai vu qu'une vigne vierge grimpait le long du mur, et j'ai aussi vu que les joints entre les pierres mal équarries permettaient une escalade, périlleuse sans doute, mais possible.

— Eh, mon cher fils, ne va surtout pas risquer de te casser le cou pour jouer à l'amoureux prêt à toutes les folies afin de retrouver sa belle !

— Que mon seigneur ne nourrisse de crainte à mon égard. Ce n'est pas maintenant, alors que j'ai la certitude d'être si fortement aimé, que je vais prendre des risques inconsidérés. Mais il est légitime, aussi, d'affronter quelques dangers pour conquérir définitivement celle qui tient entre ses mains le cœur de son amoureux.

— Vraiment, Khéty, j'admire ta folie et je me réjouis plus que jamais d'avoir porté mon choix sur un gendre aussi plaisant que toi.

Khéty attendit que la nuit fût suffisamment avancée pour quitter son logis et se rendre sous la fenêtre de la chambre d'Asnath. Il s'était contenté de nouer un pagne sur sa taille et il était resté nu-pieds, afin de mieux pouvoir s'agripper aussi bien au tronc de la vigne grimpante qu'aux interstices entre les pierres. Il n'eut aucun mal à parvenir à la hauteur de l'embrasure de la large fenêtre, fermée uniquement par de fins rideaux. Souple et silencieux comme une panthère de Nubie, il sauta dans la pièce. Bien que la lune fût maintenant descendante, ses rayons étaient encore suffisamment lumineux pour pénétrer dans la chambre et en percer la pénombre.

Contrairement à la mode égyptienne, selon laquelle les lits étaient en général constitués par un bâti de briques dressé contre une paroi, où l'on disposait des nattes et des coussins, en Canaan comme dans les pays des Deux Fleuves, aussi bien chez les Assyriens que les Babyloniens, les artisans confectionnaient des cadres de bois pourvus de pieds, sur lesquels on tendait des bandes de cuir formant des sortes de sommiers.

Là-dessus, on disposait des coussins recouverts de draps. Tel était le lit placé au milieu de la pièce, et Asnath y reposait. Avec cette particularité que le bois de cèdre dans lequel il avait été façonné était sculpté, et que le chevet comme les pieds du lit étaient ornés de plaques d'ivoire.

Khéty se dépouilla de son vêtement et vint doucement se glisser sous le drap, à côté d'Asnath, qui reposait sur le dos. La présence de ce corps la réveilla et elle commençait déjà à se redresser lorsqu'il l'enlaça et posa sa bouche contre la sienne, afin d'étouffer tout cri. Lorsqu'il la relâcha, elle poussa un soupir, puis murmura :

— Hori ! C'est bien toi ?

— Mon âme, qui oserait se glisser dans ta chambre et dans ton lit, sinon celui qui t'aime plus que tout au monde.

— Oh ! Hori ! Quel fou tu es, pour oser venir me poursuivre de ta passion jusqu'en ce lieu !

— N'est-ce pas une belle preuve d'amour que je te donne là ?

Sans répondre, elle se serra contre lui, trouvant inutile de perdre de si précieux instants en reproches ou en manifestations de crainte.

Cette nuit, qui aux yeux de Khéty était leur nuit de noces, ils s'aimèrent tant et tant que, au moment où ils se réveillèrent, le jour illuminait la chambre. Asnath se dressa brusquement dans le lit et, voyant son amant auprès d'elle, elle dit :

— En vérité je n'ai pas rêvé ! C'est bien toi, mon Hori, qui se trouve là, dans ma chambre, dans mon lit ! Que faire ? Si une servante te découvre ici, elle ne manquera pas de te dénoncer en hâte à mon père. Car, si pareille chose lui était cachée, les serviteurs seraient les premiers à encourir sa colère.

Khéty admira cependant qu'elle ne se fût pas posé la question de savoir par quel moyen son amant avait réussi non seulement à apprendre qui elle était, mais plus encore à s'introduire dans le palais !

C'est précisément la question qui lui vint à l'esprit, aveuglée qu'elle avait été jusque-là par la passion, à ce moment même :

— Mais... Mais, mon Hori, comment as-tu su qui j'étais et où me retrouver ?

À peine eut-elle prononcé ces mots qu'une rumeur s'éleva derrière la porte de la chambre, qui s'ouvrit brusquement. Asnath n'eut que le temps de se lever et de s'envelopper dans le drap, laissant découvert Khéty qui, sans hâte, se leva à son tour. Shareq en personne était sur le seuil de la porte, seul. Asnath, ayant aussitôt retrouvé son sang-froid, regarda le roi en cachant son émotion et lui dit :

— Mon père, sois le bienvenu chez ta fille. Tu arrives à point pour que je te présente mon fiancé, l'homme que j'ai choisi pour devenir mon mari. Il s'appelle Hori.

— Ma fille bien-aimée, lui dit Shareq en avançant de quelques pas, tu me vois heureux de rencontrer ton Hori. Moi, je viens de mon côté te présenter l'époux que je t'ai choisi.

— Mon père bien-aimé et mon seigneur, tu sais que je ne voudrai jamais d'autre époux que mon Hori. Mais présente-moi tout de même celui que tu prétends me destiner.

— Je te le présente, et il s'appelle Khéty.

— Montre-le-moi donc, car je ne le vois pas.

— Comment ne le vois-tu pas, alors qu'il se trouve à tes côtés et qu'il sort à peine de ton lit, où il vient de passer la nuit en ta compagnie ?

Elle tourna un regard interrogatif vers Khéty qui leva les bras en signe d'impuissance. Et, comme si elle comprenait soudain que Hori et Khéty ne faisaient qu'une seule et même personne, elle éclata :

— Quoi ! Hori ! Est-ce possible ? Tu m'as trompée, tu t'es moqué de moi, tu m'as humiliée !

— Mon âme, je n'ai fait que te prouver mon amour... Si je m'étais présenté à toi sous mon vrai nom, ne m'aurais-tu pas repoussé sans même vouloir m'entendre, sans même vouloir me regarder ?

— Ma fille chérie, lui dit à son tour Shareq, tu étais si rigide et aveugle dans ta volonté de refuser tout parti que nous n'avons pas trouvé d'autre ruse pour te faire accepter de devenir l'épouse de Khéty. Et maintenant, n'oublie pas ce que tu m'as rappelé hier : l'homme qui a pris ta virginité doit soit t'épouser, soit être mis à mort. C'est à toi de décider.

— Dans ce cas, qu'il meure !

Cette exclamation prit de court aussi bien le roi que Khéty. Ce dernier vint devant Asnath, après avoir ramassé au passage un poignard abandonné sur une table voisine du lit et, le tendant à la jeune femme, il lui dit non sans quelque emphase, car il ne pouvait croire en la sincérité de son amante en cet instant :

— Puisque tu le veux ainsi, voilà l'arme qui mettra fin à mes jours. La vie sans toi me serait insupportable, surtout si je n'ai droit qu'à ton mépris ou à ta colère. Il te suffit de frapper : tu n'as pas d'autre choix que de m'épouser ou de me faire périr, suivant en cela la loi de ton peuple, qui est maintenant aussi le mien.

Et il resta devant elle, les bras ouverts, les yeux fermés, comme s'il attendait le coup fatal. Mais au lieu de recevoir une blessure mortelle, c'est la jeune femme qui tomba dans ses bras, en disant :

— Je te préfère vivant que mort... Si tu mourais, moi non plus je ne pourrais te survivre.

Après avoir pressé son front contre la saignée de son bras, elle murmura :

— Tu dois savoir que tu vas épouser une insensée, une femme que tu vas détester à l'usage. Mais j'en suis heureuse, et je reconnais que c'est certainement Anath, la déesse dont nous partageons les faveurs, qui a ainsi fait croiser nos chemins et qui a jeté dans nos cœurs un si fol amour !

— Détrompe-toi, mon âme, jamais je ne pourrai regretter d'avoir fait de toi ma femme. Rappelle-toi ce que je t'ai dit l'autre jour : que je t'aimais plus encore que la veille et sans doute moins que je ne t'aimerai demain. Je crois t'avoir prouvé cette nuit que je t'aime de plus en plus.

— Et moi, intervint Shareq, je prierai la déesse pour que des unions si passionnées et si renouvelées fassent bientôt de moi un grand-père. Hâtez-vous de donner au trône des Pasteurs un héritier digne de moi, et de vous. Maintenant que l'affaire est entendue, je vais de ce pas envoyer des messagers de par le monde, pour inviter tous les rois et les princes à venir assister à vos noces.

— Mon père, dit alors Asnath, je tiens aussi à ce que soit dressé un contrat où il sera établi que si d'aventure Khéty, puisque c'est vraiment son nom, osait prendre une autre femme, moi, je prendrais un deuxième mari. Et s'il s'avisait d'aimer une autre femme, comme moi je ne pourrais aimer quelqu'un d'autre que lui, je serais en droit de faire ce que je n'ai pas fait aujourd'hui : je pourrais enfoncer cette lame dans son cœur et le lui arracher, afin que nulle autre que moi ne puisse le posséder. Désormais, ce cœur m'appartient et je le garderai pour moi, devrais-je l'ôter de ta poitrine, mon Hori ! Comme m'appartient la chose délicieuse qui se trouve entre tes jambes… et qui m'a révélé ce qu'est vraiment le plaisir, me faisant connaître ce qu'il y a de meilleur au monde. Celle-là aussi, je me la garde, et dans le cas où tu voudrais l'utiliser à l'avantage d'une autre que moi, je te l'ôterai de même.

Khéty tomba alors à genoux à ses pieds et lui dit :

— Devant toi et devant le roi, notre père et notre seigneur, je fais le serment de t'abandonner définitivement ces deux objets de ta tendresse. Qu'ils restent attachés à moi-même ou que tu les retires de leurs écrins pour les emporter avec toi !

— Voilà de bonnes dispositions, remarqua Shareq en souriant. Toutefois je crains, Khéty, que tu ne te sois un peu trop avancé. Le temps apaise les passions et souvent, par la suite, on regrette les mots et les serments prononcés dans l'ardeur de l'amour.

— Jamais je ne pourrai regretter aucune des paroles que je viens de prononcer. Si j'y manquais, je mériterais le châtiment qui me serait infligé. J'en fais la promesse.

26

Les noces furent fixées pour la fin des deux mois qui allaient suivre. Non seulement Shareq voulait prendre tout son temps pour qu'elles puissent être somptueuses, dignes de sa propre puissance, mais encore fallait-il aux messagers le temps de porter les invitations vers toutes les villes du royaume et les rois des pays voisins, afin qu'en retour ils envoient des présents et viennent eux-mêmes à Megiddo participer aux réjouissances. D'autre part, la date de l'invasion de l'Égypte avait été fixée une vingtaine de jours après la cérémonie car, d'après les calculs des scribes, confirmés par Khéty, à cette époque la crue du Nil serait à son plus haut niveau, tout en ayant suffisamment commencé à décliner pour ne pas risquer de gêner la progression des armées hyksos. Par ailleurs, la saison des plus grosses chaleurs serait passée, ce qui éviterait de mettre en péril les armées d'invasion. Alors que, quelques mois auparavant, Khéty aurait éprouvé quelque scrupule à participer aussi activement à la conquête de son propre pays, il était maintenant impatient de prendre le triomphal chemin du retour.

Il fut aussi décidé, selon la volonté royale, que pendant ces deux mois Khéty n'irait retrouver sa fiancée que la nuit, dans sa chambre de jeune fille. Le jour, il éviterait de la rencontrer en privé. D'autant plus que la préparation de l'invasion de la vallée du Nil, la mise au point finale de l'entraînement des guerriers et des cavaliers étaient susceptibles d'occuper toutes les journées de Khéty. Par ailleurs, il pouvait ainsi consacrer un temps à ses compagnons khabirou, bien qu'il évitât soigneusement de les accompagner dans les tavernes de la ville, dans la crainte de mécontenter Asnath qui, de son côté, ne pouvait se permettre dans la capitale les libertés prises ailleurs, dans les autres villes du royaume, là où elle était moins connue. La seule qu'elle s'accordait désormais était de faire courir les chevaux de son char et de s'exercer au tir à l'arc ainsi qu'au maniement du javelot, ce qu'elle faisait en compagnie de Khéty, mais aussi de ses compagnons, auxquels avaient été également attribués des chars.

Magnifiques furent les noces d'Asnath et de Khéty. Pas un seul roi, pas un seul prince, pas un seul gouverneur de province ne négligea d'envoyer une ambassade apportant des cadeaux. Non seulement la renommée des rois Pasteurs était parvenue jusqu'aux confins du monde, mais nulle chancellerie n'ignorait que Shareq avait levé une imposante armée pour envahir l'Égypte. De sorte que, une fois conquise la vallée du Nil, il s'imposerait comme le plus puissant des rois de la terre.

Une dizaine de jours avant les noces commencèrent à affluer les présents, souvent si riches que Shareq les regardait comme des tributs des principautés et royaumes voisins. Le roi de Babylone, Ammisaduqa, envoya une importante délégation, dont le chef fut présenté à Shareq, assis sur son trône, Khéty et Asnath ayant pris place sur des sièges plus bas, elle à sa gauche et lui à sa droite. Les sièges étaient dressés sur un podium protégé par un large baldaquin, érigé au fond de la grande cour du palais, où s'étaient réunis tous les grands du royaume et les chefs de tribu des Pasteurs. L'ambassadeur s'agenouilla devant le trône et, inclinant le buste, il déclara :

— Mon seigneur, ton serviteur parle au nom de son maître, le roi de Babylone, le seigneur des Quatre Régions, le bien-aimé de Mardouk. Mon seigneur le roi Ammisaduqa se réjouit en apprenant le mariage de la fille de mon seigneur avec un prince venu de Misraïm. Mon seigneur s'attriste cependant car il ne pourra venir en personne assister à ces noces. La menace que font peser sur son royaume les montagnards kassites lui interdit de s'éloigner de sa capitale, la sainte Babylone, cette Porte du Dieu devenue la lumière du monde, le reflet terrestre de Shamash, par qui brille le soleil. Mon seigneur notre roi a délégué ton serviteur pour le représenter auprès de mon seigneur le roi des Hyksos et son beau-fils, mon seigneur Khéty. Mon seigneur te prie d'accepter ces modestes cadeaux. Vois : du lapis-lazuli du pays d'Aratta, des bijoux précieux du royaume d'Anshan, des jarres de dattes de Magan, ces meubles façonnés dans du bois de Meloukhia, des perles fines provenant de la mer de Dilmoun, déposées dans des coffrets…

Et les serviteurs de la suite de l'ambassadeur de Babylone déposaient devant le trône les produits ainsi nommés.

Ce même jour, ce fut aussi l'envoyé du roi d'Assyrie Bazaia, qui vint présenter les vœux royaux et déposa devant le trône des ornements de meubles en ivoire sculpté, un immense lion ailé de pierre à tête humaine, protecteur des portes des villes et des palais, de vrais lions et lionnes dans des cages à barreaux de bois. En revanche, le roi des Hittites, Hattusilis, se déplaça en personne et fit présenter par son héraut dix chars à la caisse armée de feuilles de bronze sculpté représentant des animaux fantastiques, tirés chacun par deux chevaux, et aussi des objets uniques, dagues et glaives non plus en bronze, mais forgés dans un métal nouveau, difficile à fondre et à travailler, mais plus léger, plus solide et plus facile à aiguiser que le bronze, le fer. Lupakku connaissait Hattusilis, mais c'était encore son père,

Labarnas, qui régnait lorsqu'il avait été trahi, de sorte que le jeune roi ignorait la perfidie de son géniteur. Si Lupakku fut désigné pour être l'interprète du roi, qui ne parlait pas la langue de Canaan, et pour servir leur hôte hittite pendant son séjour, il évita de rappeler au prince un passé que lui-même avait oublié, surtout maintenant, alors qu'il avait reçu un haut commandement dans une armée destinée à devenir la plus puissante de tous les royaumes de la terre.

Le jour suivant se présentèrent le roi de Damas et le roi de Tyr, qui apportaient des jarres de vin de Syrie, de la pourpre de Tyr, des armes, des tissus bariolés, des défenses en ivoire, deux ours des montagnes d'Argent et du bois de cèdre provenant des mêmes montagnes. Des chefs de tribu venus du fond des déserts du pays d'Havilah apportèrent des arbres producteurs d'encens et de myrrhe et de la poudre d'or. Des Keftiou venus des îles du milieu de la mer, par-delà les horizons du Couchant, d'Alashia et de Kaptara, déposèrent au pied du trône des vases aux formes admirables, dont les flancs étaient ornés de peintures vives représentant des animaux marins, et qui contenaient des résines, des parfums, des vins, des huiles tirées de différentes espèces d'oliviers. Et ces porteurs d'offrandes étaient vêtus comme l'avait été Yawa, d'un étroit pagne constitué par un long pan de tissu laissant nues les hanches et les cuisses, maintenu sur la taille, par-devant et par-derrière, à l'aide d'un épais bourrelet formant une sorte de ceinture. Et tous exhibaient de noires chevelures divisées en longues tresses, qui leur tombaient dans le dos et sur les épaules.

— Ce sont des hommes de chez moi, apprit par la suite Yawa à Khéty. Je leur ai parlé : ils sont les envoyés des princes de Phaestos et de Cnossos. Mais je n'ai pas voulu me faire reconnaître puisqu'ils n'auraient eu alors de cesse de me ramener à mon père. Ils m'ont appris qu'il est toujours bien vivant et qu'il régnait toujours sur notre cité de Cnossos. Or, maintenant, je n'ai plus de désir de retourner là-bas. Je le ferai sans doute un jour mais, pour l'instant, mon désir est de te suivre dans la conquête de la Terre noire. Car chez nous, on parle souvent de ces rivages où nous venons commercer. Mon ambition est de la connaître, et même de prendre des contacts avec les marchands de ce pays, pour pouvoir ensuite rentrer dans mon île et faire part aux Keftiou, mes compatriotes, de toutes les merveilles des contrées que j'aurais connues.

Yawa saisit cette occasion pour parler longuement de son île à Khéty. Et il le fit en des termes si enthousiastes que Khéty lui dit qu'un jour il accompagnerait bien volontiers le jeune homme dans son pays, lorsqu'il y retournerait. Proposition qui enchanta le jeune Keftiou. En suite de quoi Khéty prit la décision d'apprendre, en sa compagnie, la langue des Keftiou.

— Tu m'enseigneras un peu chaque jour, et nous nous astreindrons à parler entre nous uniquement dans ta langue... Enfin, dès que j'aurai appris un certain nombre de mots.

Cette perspective réjouit d'autant plus Yawa que, aussi bien les Égyptiens que les Cananéens, les deux peuples riverains de la Grande Mer avec qui les Keftiou entretenaient des rapports commerciaux, dédaignaient leur langage et exigeaient des étrangers qu'ils s'adressent à eux dans leur langue, quitte à utiliser des interprètes. C'était la première fois qu'un étranger lui demandait de lui apprendre à s'exprimer dans sa propre langue.

Yarpili, le fils du roi de Yérushalayim, Melkisédék, vint se présenter personnellement à Khéty avec divers cadeaux et une centaine d'hommes, le tribut en guerriers payé au Roi Pasteur, pour participer à sa campagne d'Égypte. Khéty s'évertua à l'accueillir avec le plus d'égards possible, aussi bien pour remercier les Jébuséens de la manière dont il avait été reçu que pour se faire un allié sûr parmi les chefs des tribus hyksos.

Le mariage ne consistait pas en une quelconque cérémonie religieuse – bien que, pour cette occasion, afin de se rendre les dieux favorables, notamment Baal et Anath, les mariés versèrent sur les autels de ces divinités du vin, du lait, de l'huile et brûlèrent de l'encens. Le contrat de mariage, dans lequel avaient été libellées les volontés d'Asnath, avait été inscrit en écriture babylonienne sur une tablette d'argile au bas de laquelle le roi, Khéty et Asnath avaient chacun imprimé les marques de leur sceau personnel.

Shareq ayant invité aux noces non seulement toutes les délégations étrangères, tous les hommes de ses armées qui se trouvaient dans la capitale, tous les dignitaires de sa cour et leurs familles, mais aussi tous les habitants de la capitale et des campagnes alentour, des tables en grand nombre avaient été dressées hors des murs de la ville, et c'était à une multitude de cuisiniers et de serviteurs qu'avait été confié le soin de faire rôtir les viandes, directement à la broche, chèvres, moutons, bœufs et porcs entiers, et de préparer toutes sortes de plats de légumes et de poissons pour nourrir autant de bouches. Et c'étaient aussi des milliers de cruches de vins de toutes sortes, des vins de Syrie et d'Alashia, doux et âcres, piquants et acidulés grâce à l'ajout de miel, et de bière d'orge et de dattes, qui avaient été réparties sur les tables.

Cependant, Shareq, les mariés, les rois et princes étrangers, les grands du royaume et les chefs de chacune des ambassades se trouvaient réunis sous un grand dais, autour de plusieurs tables basses.

Profitant de l'occasion, des baladins khabirou étaient venus de toutes les parties du royaume et même des régions limitrophes de Canaan, répondant à un appel de hérauts que Shareq avait envoyés vers tous les horizons. Ainsi chanteurs, danseuses et musiciens, funambules et bateleurs s'exhibaient par petits groupes, aussi bien auprès des tables de convives que dans les rues et les carrefours de la ville, où se dispersèrent les habitants après s'être bourrés de nourriture, sans oublier d'emporter des cruches pleines de vin. La fête se prolongea non seulement toute la nuit, mais le jour suivant, la nuit suivante, et encore deux autres jours.

Pour autant qu'ils eussent pris plaisir à boire et à manger, Khéty et Asnath s'étaient bientôt lassés de tant d'agapes et ils s'étaient éloignés de la ville sur l'un des chars offerts par le roi des Hittites. Asnath elle-même avait pris les rênes, afin d'emmener son amant et mari dans la campagne, jusqu'à une cabane perdue dans une dense végétation :

— En ce lieu, apprit-elle à Khéty, j'allais souvent rêver à mon aise de l'homme qui m'emporterait dans le paradis de l'amour. Avec toi, je l'ai enfin trouvé : c'est là que nous passerons notre nuit de noces, et même les nuits suivantes, avant que nous ne nous séparions, je ne sais encore pour combien de temps.

Elle avait ainsi parlé car dans les jours prochains l'armée hyksos devait se mettre en route sous le commandement de Shareq et de Khéty. Or, comme on allait s'aventurer dans une guerre dont l'issue restait aléatoire, Shareq n'avait pas voulu que sa fille, malgré son audace et son adresse dans la conduite d'un char et dans le maniement des armes, participât à leur première campagne.

— Tu es trop précieuse à mes yeux et certainement à ceux de Khéty pour que je te permette de risquer ta vie. On ne sait jamais comment peut tourner un combat, comment peut se terminer une guerre. Tu as peut-être déjà dans ton sein le successeur du trône, tu ne peux prendre le risque de perdre ta vie et la sienne.

Et il avait aussitôt ajouté, sans attendre les protestations de la jeune femme :

— Mais tu n'auras pas à patienter longtemps. Dès que nous nous serons rendus maîtres du nord du pays, dès que j'aurai pu voir les ennemis n'offrir guère de résistance et m'assurer qu'aucun d'entre nous ne perdrait la vie dans une telle équipée, tu pourras venir rejoindre ton père et ton époux victorieux.

Bien entendu, Asnath avait commencé par se rebiffer. Cependant Khéty, bien qu'il lui eût assuré qu'il souffrirait autant qu'elle de leur séparation, craignant secrètement pour la vie de sa nouvelle épouse, était parvenu à la persuader de prendre patience, lui promettant que leurs retrouvailles seraient d'autant plus délicieuses qu'ils se trouveraient séparés pendant ces quelques décades de guerre. Il avait parlé en décades, mais il craignait que ce ne fût en mois.

— Sache, lui dit Asnath après s'être rendue à ses arguments, que si je te perdais, si par trop d'audace tu étais envoyé dans le pays des ombres, je ne te survivrais pas longtemps : je périrais quelques heures à peine après avoir appris la mauvaise nouvelle.

— N'aie aucune crainte, mon âme, je saurai être prudent en pensant à toi. Et sois certaine que je reviendrai vers toi, bien vivant et victorieux.

C'est ainsi que, comme prévu, une vingtaine de jours après la fin des noces, l'armée hyksos se mettait en marche. Avec plus d'une dizaine de milliers d'hommes, elle était impressionnante. Khéty lui-même avait reçu le commandement de l'arrière-garde, constituée par trois mille hommes à pied. Ainsi l'avait voulu le roi. Il avait donné pour raison que la vie de son beau-fils lui était si précieuse, qu'il ne voulait pas l'exposer à l'avant-garde car, dans le cas d'une résistance inattendue, ce serait ce corps qui devrait essuyer les premiers chocs et il risquait de tomber dans une embuscade. L'autre raison, qu'il n'avait pas voulu lui révéler, c'était qu'il craignait que, lors d'un affrontement avec une armée égyptienne, Khéty ne marquât quelque scrupule à s'engager. Ce fut ainsi qu'il préféra donner le commandement de l'avant-garde à Yaqebher.

— Il est l'homme en qui j'ai le plus confiance, après toi, évidemment, avait déclaré Shareq à son gendre. Il m'a toujours fidèlement servi et il est très respecté par nos guerriers. En outre, il est devenu le chef de sa tribu depuis la mort de son père.

Khéty ne trouva rien à redire à cela et, bien qu'il ne se sentît pas en grande sympathie avec ce Yaqebher, il ne pouvait avoir contre lui aucun grief. Et Yaqebher lui-même manifestait plus que jamais, avec une magnifique duplicité, sa fidélité à son roi ainsi qu'une admirative considération à l'égard de Khéty – après avoir vécu longtemps dans la crainte que Mansum n'osât revenir à Megiddo sans son accord, risquant d'être reconnu par les deux gardes venus d'Hébron, qui se relayaient à la porte de l'acropole de la ville. Il ne fut soulagé que lorsque le roi décida de renvoyer auprès de Tarammu les deux hommes qu'il avait délégués dans la capitale, persuadé que le traître qui avait tenté de faire assassiner sa fille et son gendre ne se manifesterait plus à Megiddo, soit précisément par crainte d'être reconnu, soit plus simplement parce qu'il n'avait jamais résidé dans cette ville. Afin que nul ne s'étonnât de ne plus voir auprès de lui Mansum, dont on savait qu'il était l'un de ses fidèles serviteurs, Yaqebher se décida à envoyer Akirum auprès de lui à Beth-Shean, pour l'inviter à rentrer à Megiddo. Et, à ceux qui déjà lui posaient des questions sur l'absence de Mansum, il l'avait justifiée en évoquant une mission d'inspection dans son domaine des bords du Jourdain. Ainsi ses deux précieux serviteurs avaient-ils fini par intégrer l'avant-garde de l'armée, corps dont il avait reçu le commandement.

Une halte d'une dizaine de jours était prévue à Gaza, pour rassembler les troupes qui s'y trouvaient déjà cantonnées et qui allaient plus que doubler le nombre de guerriers de l'armée d'invasion, avant de partir à la conquête de l'Égypte en empruntant la route d'Horus.

Pendant ces derniers mois, Shareq s'était souvent entretenu avec Khéty. Il lui avait demandé de lui parler longuement de l'Égypte, des mœurs de ses habitants, de leurs habitudes, de leurs croyances, de leurs dieux, de leur histoire.

— Puisque je vais régner sur un empire qui s'étendra sur Canaan, la Syrie et Misraïm, il est bon que je connaisse mes sujets, avait-il déclaré.

Il avait voulu aussi que Khéty lui apprît les rudiments de la langue :

— J'ai entendu dire que Memphis est la plus grande, la plus belle ville du monde avec Babylone. Aussi, c'est là que j'établirai ma capitale et l'administration de mon empire. Je continuerai d'apprendre la langue de mes nouveaux sujets. Quant au fils que te donnera Asnath, je veux qu'il soit comme toi, qu'il s'exprime avec autant d'aisance aussi bien dans la langue de Canaan que dans celle de Misraïm.

— J'y veillerai, mon cher seigneur, lui avait dit Khéty. Et j'admire ta volonté de t'installer dans la Terre noire et d'y établir ta capitale. Il est vrai que Memphis est une très grande et très belle ville. Pendant mille ans, elle a été la résidence des puissants rois d'Égypte. Lorsque tu verras les monuments qu'ils se sont fait construire, ces pyramides semblables à des montagnes, tu pourras comprendre que le peuple qui les a érigées fut le plus puissant et le plus industrieux de la terre.

— Oui, parle-moi de ces monuments divins dont on prétend que ce sont de véritables montagnes faites de millions de pierres bien taillées.

Ainsi, pendant tous ces jours, Khéty trouva mille occasions de faire l'apologie de son pays, d'en décrire la beauté, d'exalter la grandeur de ses rois.

— Mon seigneur, mon père, lui confia-t-il, si tu te rends maître de la vallée du Nil et si tu fais de ses habitants les égaux de tes guerriers, tu seras le souverain du plus grand empire qu'aient connu les hommes, car même au sommet de leur puissance les rois de Misraïm n'ont jamais réellement dominé Canaan et la Syrie, que les Égyptiens appellent le Kharou.

Par ces paroles véridiques, Khéty espérait que Shareq se montrerait clément et généreux envers les Égyptiens, et qu'il se garderait de ravager le royaume d'Horus.

Sur la requête du roi, il lui parla longuement aussi d'Avaris, lui décrivit la ville. Sans même que Khéty ait à le lui demander, le roi lui confirma ce qu'il lui avait déjà proposé : il en ferait le prince de la ville et lui accorderait les revenus de la cité comme ceux de la région pour entretenir sa maison. Une perspective qui réjouit vivement Khéty : il ne pouvait mieux souhaiter pour assumer sa vengeance contre Zérach.

27

Khéty put admirer combien Shareq et ses officiers étaient prévoyants et méthodiques, alors qu'en Égypte on ne parlait que des hordes des rois Pasteurs. Le commandant de l'armée cantonnée à Gaza avait envoyé une première troupe baliser la route du désert jusqu'à la frontière de l'Égypte. On y avait relevé les forts construits par les souverains de la glorieuse période où les Égyptiens s'étaient imposés aux peuples de Canaan, soit les Amenemhat et les Senousret, il y avait maintenant près de trois siècles, on y avait dégagé les puits et on en avait creusé des nouveaux, tandis que de petites garnisons avaient été établies dans chacun des fortins, ce que les nomades et les Cananéens appelaient des *migdol*, afin d'occuper déjà et tenir le couloir qui reliait l'Égypte au pays des Cananéens.

Ainsi l'armée progressa-t-elle sur la large piste qui suivait le rivage de la mer, sans rencontrer la moindre résistance. Shareq avait conservé la même disposition de marche que lors du déplacement de Megiddo à Gaza, se contentant de répartir les troupes cantonnées à Gaza dans chacun des trois corps constituant la colonne en marche. Yaqebher conservait le commandement de l'avant-garde, formée par cinq mille guerriers et une dizaine de chars – lui-même et ses deux lieutenants, Mansum et Akirum, se déplaçant chacun dans un char conduit par un cocher. Les chars de l'avant-garde étaient destinés à assurer la liaison entre elle et le gros de l'armée, formée par un corps de dix mille hommes à la tête desquels avait été placé Khyan, le commandant de l'armée concentrée à Gaza, sous la haute autorité de Shareq en personne. À ce corps central étaient affectés les deux cents chars placés sous le commandement de Lupakku. Khéty avait la responsabilité de l'arrière-garde, composée aussi de dix mille hommes, auxquels avait été intégré le corps des Jébuséens, commandés par Yarpili.

Afin qu'il ne puisse y avoir de trop grandes bousculades à l'arrivée aux étapes, marquées par la présence d'un *migdol* auprès duquel étaient creusés plusieurs puits et construites des citernes qu'on remplissait avec leur eau, les trois corps d'armée gardaient chacun une journée de marche d'écart, la distance séparant chaque fort représentant en moyenne cette journée de marche. L'ensemble de l'armée devait se retrouver à Avaris, la première ville importante où aboutissait la route d'Horus. Tenant compte de l'expérience qu'avaient les éclaireurs des difficultés de la route, Shareq s'était donné huit jours pour parcourir le chemin entre Gaza et Avaris.

Khéty conduisait l'un des chars offerts par le roi des Hittites, plus lourd mais plus solide et mieux équilibré que celui sur lequel il s'était entraîné à Gomorrhe, mais il n'avait pas négligé d'emporter aussi ce char-là, conduit par son cocher, Jimna. Ce dernier avait pris avec lui Taribatum le Babylonien, qui s'était déclaré bien incapable de conduire un char tiré par deux si étranges animaux, lesquels ressemblaient à ceux qu'en Babylonie on appelait des ânes des montagnes. De son côté, Khéty s'était fait accompagner par Yawa, curieux de cette île de Kaptara où l'on façonnait de si belles poteries, car le jeune Keftiou s'était lui aussi déclaré inapte à la conduite d'un char.

— Nous aurons ainsi tout le temps de discuter de ton île, lui avait annoncé Khéty en l'invitant à partager son char. Et nous pourrons aussi parler dans ta langue.

Cependant, lors des haltes nocturnes, ce fut avec Jithran, que le roi lui avait adjoint au commandement de ses troupes, que Khéty eut de nombreux entretiens. Ce dernier montait aussi un char, en compagnie de Zilpa, le porte-harpé de Khéty.

— Mon seigneur, commença un soir l'officier, depuis que tu es rentré à Megiddo pour épouser la fille de notre roi, je n'ai jamais eu l'occasion de m'entretenir avec toi loin d'oreilles indiscrètes. Tu étais toujours en compagnie de notre seigneur Shareq, et plus souvent encore avec la princesse Asnath, ou bien avec des hommes de la cour du roi, notamment avec ce Yaqebher.

L'évocation d'Asnath soutira à Khéty un long soupir, ce qui fit sourire Jithran.

— Je comprends que tu soupires ; j'imagine que tu penses à la princesse. Et je te comprends et t'admire non seulement pour les qualités que tu as su manifester à nos yeux, mais aussi, crois-le, pour t'être montré capable de dompter notre princesse, alors que tous ceux qui l'ont approchée et aussitôt aimée, admirée et crainte, avant souvent de la haïr, se sont vu rabrouer lorsqu'ils osaient s'aligner pour demander sa main à notre seigneur le roi Shareq.

— J'ai bien peur, Jithran, que tu ne viennes me rappeler que, par cette victoire sur les humeurs de celle qui est maintenant ma femme et que j'aime plus que tout au monde, j'ai fait nombre de jaloux.

— Il n'en pouvait être autrement, mais tu as aussi fait des jaloux par la position où le roi t'a placé. Si tu as pu provoquer l'admiration de ton serviteur, car je n'ai jamais eu la hardiesse d'oser me ranger parmi les prétendants de la princesse, tu as plus souvent, chez d'autres, suscité de la haine. La preuve de ce que j'ose avancer à mon seigneur, c'est qu'on a bien tenté de t'assassiner à plusieurs reprises.

— Tu peux être assuré que, désormais, je saurai me garder de cela, d'autant plus que j'ai auprès de moi de fidèles compagnons : non seulement mes anciens amis khabirou, mais visiblement des guerriers aussi dignes de foi que toi-même, ou que Zilpa, en qui j'ai mis toute ma confiance.

— Seigneur, il y a heureusement bien d'autres guerriers chez nous qui te sont reconnaissants d'avoir sauvé la vie de notre roi, comme ils admirent ta vaillance et ton courage. Il suffit cependant d'un coup de lance dans le dos ou d'une flèche bien dirigée pour que tous tes fidèles ne te soient plus d'aucun secours.

— Toi-même, Jithran, serais-tu capable de me dire quels sont ceux dont je dois me méfier ? Car s'il peut m'arriver de n'avoir que peu de sympathie pour certains des courtisans qui approchent le roi, je ne peux les condamner de ce chef. Et je peux tout aussi bien avoir placé ma confiance en quelques-uns qui ne me veulent que du mal.

— Seigneur, il serait aventureux de ma part de te donner des noms... Je n'ai aucune certitude. Néanmoins, je te conseille de te méfier de Yaqebher. Nous savons tous qu'il déteste la princesse et il a osé déclarer, avant que tu ne la conquières, que viendrait un jour où il la mettrait malgré elle dans sa couche.

— Il est vrai que je n'éprouve à son égard aucune sympathie et qu'il me paraît bien obséquieux, alors qu'il s'est montré fort arrogant durant les jours pendant lesquels je fus son prisonnier.

— Nous l'avons remarqué, et c'est aussi l'une des raisons qui me poussent à te le désigner. Mais ce que tu dois savoir, c'est que, avant ton arrivée, avant que le roi ne t'élève au rang qui est maintenant le tien, son ambition secrète était de succéder à notre seigneur sur le trône des Hyksos. Je sais qu'il s'est rallié en secret un certain nombre de chefs de tribu et de grands du royaume. S'il est peut-être un homme dont tu dois te garder, c'est bien lui. Il serait même heureux pour nous qu'il perdît la vie au cours de cette guerre. C'est ce qui pourrait arriver de mieux.

— Jithran, laissons les dieux en décider. Ce n'est pas à nous de nous mettre en travers de leur volonté.

— Leur volonté pourrait aussi bien le conduire à achever ses jours lors de cette campagne : la lance ou la flèche qui l'enverrait dans le pays d'où nul ne revient serait alors l'instrument de la volonté du dieu.

Khéty avait médité ces avertissements de Jithran. Il avait cru comprendre, d'après les paroles de l'officier, qu'il lui suffisait d'un ordre discret pour lancer son javelot ou ses flèches contre Yaqebher. Mais Khéty était trop scrupuleux pour songer à se débarrasser d'une manière honteuse à ses yeux d'un éventuel factieux, sans pouvoir toutefois imaginer combien de tels scrupules pouvaient avoir de néfastes conséquences.

Le soir du sixième jour, l'arrière-garde parvint au *migdol* qui constituait la frontière de l'Égypte, ce même fort qu'il avait auparavant évité, se détournant de la route d'Horus pour ne pas prendre le risque d'y être intercepté. L'ancienne garnison avait été remplacée par une petite troupe d'une cinquantaine d'hommes, détachés sur ordre de Shareq du gros de l'armée.

Le lendemain, Khéty put reconnaître l'emplacement où avait campé le chef shasou Haluyakim, dont il avait été l'hôte. Comme il y avait là un puits important, Shareq y avait installé un autre corps d'une vingtaine d'hommes, pour le garder. Le chef de la petite garnison, interrogé par Khéty, lui apprit que lorsque l'armée hyksos était arrivée, il n'y avait plus personne. Haluyakim et sa tribu avaient peut-être suivi son conseil et, dans ce cas, ils étaient allés s'établir aux portes du désert, dans la région de la grande ville du Sud.

Ce fut tout autre chose lorsque Khéty parvint dans le village de Senousret. Shareq y avait également laissé une petite garnison, qui s'était installée dans les maisons abandonnées. Khéty apprit que les habitants avaient, pour la plupart d'entre eux, pris la fuite en apprenant l'avancée de l'armée des Pasteurs commandée par

Yaqebher. Les malheureux qui étaient restés, en majorité des vieillards, avaient tous été massacrés. Le roi lui-même avait dû ordonner, lors de son passage le lendemain, que les morts fussent enterrés.

Le jour suivant, Khéty entrait dans Avaris. Selon les directives royales, les hommes avaient dressé leurs tentes dans un vaste camp installé aux portes de la ville où s'étaient déjà établis l'avant-garde et le gros de l'armée. Suivant d'autres instructions de Shareq, Khéty se rendit au palais sur son char, accompagné de Zilpa, son cocher Jimna, Jithran, ses compagnons khabirou, et une vingtaine d'hommes en qui il avait placé sa confiance, dont Yapiranu, à qui il avait délégué le commandement d'un corps de deux cents hommes tous anciens de l'armée de Sodome, et Yarpili, le fils de Melkisédéq, qu'il avait décidément pris en amitié.

Dans un premier mouvement, il avait d'abord décidé de se rendre à la tête de cette troupe à la demeure de Zérach-Mériseth, pour assumer sa vengeance et reprendre son fils. Mais à la porte de la ville, où Khéty se présenta en tête de ses hommes, un officier de confiance qu'il connaissait s'inclina devant lui et lui fit savoir que le seigneur Shareq l'avait préposé à cette porte pour l'accueillir, lui, son beau-fils, et de le conduire au palais, où le roi s'était installé. Khéty se dit qu'il pouvait patienter encore un jour ou deux avant de se présenter chez Zérach, le roi son beau-père et seigneur devant être servi le premier. Il jugea même plus avisé de faire part de son projet au roi avant de le mettre à exécution. Car les Aamou, lui avait appris l'officier, avaient envoyé une délégation au-devant de Yaqebher, afin de l'accueillir en libérateur. Puis, la même délégation s'était présentée le lendemain devant le roi, pour lui offrir l'appui des Aamou de la ville. Ils avaient même ajouté qu'ils n'attendaient qu'un ordre du roi pour commencer à massacrer les indigènes, c'est-à-dire les Égyptiens. Un ordre que s'était bien gardé de donner le roi, qui préférait, en tout cas dans un premier temps, ne pas effrayer la population, et se rallier les grands du royaume d'Horus.

Ce fut ainsi que, en pénétrant dans la grande cour du palais du monarque, où le roi s'était installé, Khéty la trouva remplie des plus importants personnages de la ville, convoqués en ce lieu. Shareq l'attendait dans une salle ouverte sur une cour intérieure, entouré de ses officiers généraux, parmi lesquels Yaqebher. À la suite des avertissements de Jithran, qui le suivait avec Zilpa et quelques-uns de ses compagnons, Khéty regarda Yaqebher d'un œil neuf, sans toutefois marquer à son endroit une inhabituelle attention. Il vint s'incliner devant le roi :

— Mon seigneur, ton serviteur est devant toi, prêt à écouter tes ordres.

— Mon cher fils, tu me vois heureux de la réception que la population de cette ville a faite à notre armée. Nous sommes entrés dans ce pays presque comme des libérateurs. Je te confirme ici ce que j'ai décidé en accord avec toi, soit te conférer le gouvernement de cette cité, qui deviendra la capitale du nord du pays. Moi-même, j'installerai ma résidence à Memphis, d'où nous partirons à la conquête du Sud, pour renverser ce Didoumès du trône qu'il a usurpé. Je t'attendais pour me manifester aux grands de cette ville, que j'ai convoqués dans la cour du palais.

— Je les ai aperçus, mon seigneur.

— Tu as alors pu voir qu'il y avait des Cananéens, ceux que les Égyptiens appellent des Aamou, mais aussi des indigènes. Je vais parler dans notre langue aux Aamou et il te reviendra ensuite de répéter mes paroles dans la langue des gens de Misraïm.

— Il en sera fait selon la volonté de mon seigneur.

— Tu connais ma position, nous en avons suffisamment parlé ensemble avant de partir en campagne. Il te revient de faire connaître au peuple d'Égypte nos intentions, qui lui sont favorables, me semble-t-il.

— Il est bon de chasser toute crainte de l'esprit des Égyptiens, afin qu'ils voient en toi un libérateur et l'unificateur du pays, et non un envahisseur.

Lorsque Shareq parut sur le podium installé au fond de la cour des audiences, accompagné de Khéty et entouré de ses officiers, tous les hommes présents s'agenouillèrent, pour rendre hommage au roi triomphant. Puis, sur son injonction, ils se relevèrent.

Shareq prit alors la parole, pour déclarer qu'il voulait unir sous son sceptre les Égyptiens et les Cananéens, afin d'en faire un seul peuple. Il désigna alors Khéty, qui se tenait debout à ses côtés :

— Khéty, dit-il, est mon fils adoptif et mon gendre. Il est né dans la Terre noire, il est des vôtres et aussi des nôtres car si ma fille, son épouse, ne nous donne pas d'héritier, c'est lui qui me succédera sur le trône d'Horus. De ce jour, il est déjà le seigneur de cette ville et le gouverneur des régions du nord de Misraïm.

Tandis qu'il parlait, Khéty scruta la foule, dont toutes les têtes étaient levées vers lui et le roi. Son cœur battit plus fort au moment où il reconnut Zérach, mais il dissimula son émotion. Il se demanda si ce dernier l'avait lui-même reconnu. Or, comme Shareq avait bien prononcé son nom et avait déclaré qu'il était né en Égypte, il lui parut impossible qu'il n'ait pas identifié son ancien beau-fils, bien que ne l'ayant jamais vu que lors du mémorable jugement qui avait été fatal à Renséneb.

Dès que le roi eut cessé de parler, Khéty prit à son tour la parole, en égyptien. Il expliqua que les ambitions du roi Shareq étaient de chasser le lâche usurpateur qui s'était assis sur le trône d'Horus après avoir assassiné le roi légitime Aÿ Mernéférê, et de rendre à la terre d'Osiris son ancienne puissance, en lui donnant un empire qui s'étendrait de l'île d'Éléphantine au pays de Kharou. Que sa volonté était d'unir les peuples autour de son trône, qu'il allait installer à Memphis, renouant avec l'antique tradition et rendant à la vieille cité son rang de capitale. Il rappela que, lui-même étant un authentique Égyptien, il garantissait un traitement égal pour les enfants de la Terre noire et pour les Aamou installés dans le pays.

Lorsqu'il se tut, il constata que Zérach, qui s'était d'abord tenu au premier rang, avait disparu.

28

Dès la fin de la cérémonie de la prise du pouvoir, une fois libéré des contraintes de sa nouvelle situation, Khéty rassembla ses compagnons khabirou, installés avec lui dans le palais destiné à devenir sa résidence, ainsi que ses plus proches serviteurs et une vingtaine d'hommes dont il était sûr, placés sous le commandement de Yarpili, et il se dirigea en hâte vers la demeure de Zérach. Après réflexion, il avait jugé inutile de faire part de ses projets à Shareq. D'abord, parce qu'il craignait être désapprouvé par le roi, tandis que s'il le mettait devant le fait accompli, il ne pourrait plus rien dire ; ensuite, parce qu'il répugnait à lui avouer avoir un fils, redoutant que le roi puisse le soupçonner de vouloir favoriser ce fils au détriment de l'enfant qu'il était susceptible d'avoir d'Asnath. Il se dit que la meilleure chose qu'il lui resterait à faire, après avoir repris son petit Amény, serait de le confier à son propre grand-père Djedethotep, afin qu'il en fasse un Seigneur des serpents, et de laisser le soin à ses propres parents d'élever l'enfant – évidemment, après les avoir retrouvés, ce qu'il envisageait de réaliser dans le cours des mois à venir. Il était cependant inquiet, car il y avait un long moment que les cérémonies de présentations étaient achevées et, depuis un plus grand laps de temps encore, Zérach s'en était retourné chez lui, de sorte qu'il avait largement eu le loisir de s'enfuir avec toute sa famille.

La place sur laquelle s'ouvrait la demeure de Zérach, comme de coutume – et Khéty le savait bien, pour y avoir passé naguère des jours entiers en observation –, était très animée. L'arrivée de l'armée d'invasion des rois Pasteurs ne semblait avoir changé en rien les vieilles habitudes. Les paysans des environs étaient venus y proposer les produits de leurs champs, de leurs vergers ; les pêcheurs, les poissons qu'ils venaient de pêcher dans le bras du Nil ; les artisans, les produits sortis de leurs ateliers ; et même des nomades proposaient l'échange de moutons ou de chèvres contre les produits de l'agriculture ou de l'art.

Sa première surprise, en traversant la place, fut de reconnaître, installé à peu de distance de la porte de la demeure de Zérach, Haluyakim en personne, avec son fils Yamu-ilu et quelques compagnons, qui présentaient des moutons à vendre. Il se hâta de venir les saluer. Au premier abord, le chef des Shasou ne reconnut pas l'Égyptien fugitif, le maître des serpents qu'il avait accueilli dans son camp il y avait de cela près de deux ans, en cet homme vêtu de la tunique courte des guerriers hyksos, une épée fixée à sa ceinture. Mais lorsque Khéty eut prononcé son nom, Haluyakim le reconnut et le salua à la manière des nomades, portant une main au front et sur la poitrine.

Le Shasou lui expliqua que, suivant sa recommandation, il était allé s'installer dans le désert, à l'est de la grande ville du Sud. Et il avait été bien reçu en se recommandant de Khéty, comme ce dernier le lui avait suggéré. Mais après que Didoumès se fut emparé du trône d'Horus, l'attitude de l'administration avait changé, Nebkaourê, qui était son protecteur, ayant perdu son commandement. Il ne put dire à Khéty ce que son ancien ami était devenu : la tribu s'était hâtée de revenir vers les puits du Nord. Lorsqu'ils avaient appris l'invasion imminente des Hyksos, Haluyakim et les siens étaient venus s'installer vers la rive du bras du Nil, près d'Avaris, les champs ayant été abandonnés par les paysans égyptiens, qui s'étaient enfuis vers Memphis et l'ouest du Delta, par crainte des envahisseurs, qu'on disait barbares et sanguinaires.

Après l'avoir rassuré sur ce point, Khéty lui demanda si, d'aventure, il avait vu des personnes quitter la maison de Zérach, qu'il lui désigna. Haluyakim lui confirma que, en effet, il avait vu quelques personnes, parmi lesquelles se trouvaient des femmes et des enfants montés sur des ânes, s'éloigner en hâte. Khéty trouva dès lors inutile de faire encercler la maison par ses guerriers et il alla directement frapper à la porte de bois, prêt à la défoncer à coups de hache dans le cas où personne ne viendrait la lui ouvrir.

Alors qu'il craignait de trouver vide la demeure de Zérach, il fut reçu par une servante :

— Je suis Khéty, le nouveau gouverneur de cette ville. Conduis-moi auprès de ton maître, lui dit-il d'un ton impérieux.

La servante s'inclina et l'invita à entrer avec sa suite. Ses compagnons khabirou connaissant son histoire, il leur donna l'ordre de se disperser dans la maison et d'amener devant lui toutes les personnes qu'ils y trouveraient. Il suivit ensuite la servante, accompagné de Zilpa, son porte-harpé, et de Jimna, son cocher. Zérach en personne se tenait debout, dans le jardin qui occupait le fond de la demeure. Sans marquer la moindre émotion, il dit à Khéty :

— Je t'attendais.

— S'il en est ainsi, c'est donc que tu m'as reconnu, et tu ne peux ignorer mes intentions à ton égard.

— Je me doute bien de tes intentions et je t'avoue admirer la volonté de je ne sais quel dieu, qui a fait que toi, misérable Égyptien né dans la boue des rives du lac du Sud, tu es devenu le gendre du roi Shareq et le gouverneur de notre ville.

— Et moi, j'admire que tu ne marques aucune crainte, s'étonna Khéty.

— Je n'ai aucune crainte car je suis persuadé que tu aimes suffisamment ton fils pour ne pas risquer sa vie.

— Quelle perfidie as-tu conçue ?

— Sache donc que mon fils Hanoun a quitté depuis un moment cette maison avec sa femme, celle de mon pauvre fils Nahash que tu as si cruellement mis à mort, et leurs enfants, et aussi avec ton fils. Il t'est visiblement loisible de me faire emprisonner ou même de me tuer : j'ai trop bien vu que le roi Shareq t'a donné tout pouvoir. Mais la moindre action que tu pourrais entreprendre contre moi causera la mort de ton fils... C'est un charmant enfant, si jeune... ajouta sournoisement Zérach, comme pour mieux émouvoir Khéty.

Avant de reprendre, il marqua une brève pause, durant laquelle Khéty, qui cherchait la meilleure attitude à adopter dans la situation imprévue à laquelle il était confronté, resta silencieux.

— Tu as maintenant une nouvelle épouse. Certainement, elle t'a fait oublier ma fille, mais je ne puis croire que tu es prêt à sacrifier la vie de l'enfant qu'elle t'a donné pour assumer une vengeance qui désormais n'a plus lieu d'être, maintenant que tu es devenu ce que tu es, maintenant que tu as pu assumer ta vengeance sur mon cher fils Nahash. Car, en fin de compte, c'est grâce à moi que tu as pu devenir le gendre du roi des Hyksos... Vois : si tu avais toujours une épouse vivante en la personne d'Iset, tu n'aurais pu épouser la fille du roi et, en conséquence, tu n'aurais pu devenir son beau-fils.

Khéty trouva inutile de répondre. Ses compagnons revinrent auprès de lui pour lui faire savoir qu'ils n'avaient trouvé personne dans la maison, fouillée en détail jusqu'au fond du jardin. Alors, il se retira sans prononcer une parole. Non pas que, en vérité, le dernier argument l'ait persuadé qu'il avait bel et bien assumé sa vengeance en mettant à mort Nahash et que, maintenant qu'il avait contracté un nouveau mariage, poursuivre sa vengeance n'avait plus de sens. Mais il lui restait un désir, reprendre son fils. Il aurait pu, évidemment, se jeter sur Zérach, le menacer de son poignard ou de son glaive aigu, commencer à lui entailler la peau, par exemple, pour lui faire avouer où pouvait bien se cacher Hanoun avec son fils Amény. Toutefois, il avait compris qu'user de violence ne conduirait à rien, qu'il convenait plutôt d'utiliser la ruse. Ainsi, par son silence, il laissait Zérach dans l'expectative, tout en lui rendant une certaine confiance. Zérach ne pouvait laisser son fils Hanoun isolé et, nécessairement, un jour ou l'autre, il irait le retrouver ou, pour le moins, il enverrait vers lui la servante, en qui Khéty avait reconnu Maaca, celle qu'il avait jadis abordée sur la place du marché. Il suffisait de faire surveiller la maison par des hommes habiles et dévoués, capables de suivre toute personne qui en sortirait, et ainsi, un jour ou l'autre, on les conduirait jusqu'au repaire d'Hanoun. Il laissa à Kushar le soin d'organiser la surveillance, mettant en lui toute sa confiance. Pour sa part, il pensait que le roi l'emmènerait certainement avec lui quand il se déciderait à marcher sur Memphis.

Après une nuit agitée, le lendemain, Khéty fit le bilan de ses pensées, et il s'étonna de ne plus découvrir en lui de haine envers Zérach. Il en arrivait même à comprendre son action et sa position, lui accordant le crédit d'avoir agi comme il pensait devoir agir, suivant son éducation et ses préjugés. Il se dit que, maintenant qu'il avait acquis cette position dominante, Zérach lui eût bien volontiers donné sa fille. Ce qui évidemment était désormais exclu, puisqu'il avait épousé Asnath, pour qui sa flamme était d'autant plus vive qu'il était séparé d'elle depuis près d'un mois.

Il reçut avec d'autant plus de joie la nouvelle que lui annonça le roi, quatre jours plus tard :

— Khéty, mon fils, j'ai le sentiment que la guerre contre Misraïm va n'être qu'une marche en pays déjà conquis. C'est pourquoi j'ai envoyé tout à l'heure des messagers afin d'annoncer à ton épouse qu'elle pouvait désormais venir te rejoindre ici, à Avaris. Pour moi, je vais prochainement partir avec le gros de l'armée et me rendre à Memphis où j'ai décidé de me faire couronner roi des Deux Terres. Apprends-le, j'ai reçu ce matin même une délégation des prêtres du temple de Ptah, à Memphis. Ils m'ont fait savoir que le grand prêtre de ce dieu, qui porte à ce que j'ai compris le titre de Grand Maître de l'art, était disposé à déposer sur ma tête les couronnes du Sud et du Nord. Il paraît qu'il y a quelques siècles à peine, c'était dans leur cité que le roi recevait la double couronne, ce qui confirme ce que tu m'as rapporté. Cette coutume a été changée lorsque les nouveaux souverains se sont installés dans la grande ville du Sud, dont ils ont fait leur capitale. Tu vois, déjà les gens de ton peuple m'ont élu pour être leur roi, contre l'usurpateur qui se terre dans sa ville du Sceptre !

Pour l'instant, tu peux encore résider ici, afin d'envisager toutes les dispositions à prendre pour le gouvernement de cette ville, destinée à devenir la capitale des régions du Nord. Dès que ton épouse t'aura rejoint, tu viendras avec elle à Memphis, pour assister à mon couronnement. J'ai laissé à Yaqebher le soin de conquérir la terre du Nord. Je lui ai donné le commandement des troupes qui constituaient notre avant-garde, auxquelles seront ajoutés huit mille hommes prélevés sur l'arrière-garde. Lorsque tu viendras me retrouver à Memphis, tu emmèneras avec toi un millier d'hommes et tu en laisseras ici autant, pour garder la région et la frontière contre d'éventuels raids de nomades. Ils auront aussi pour mission d'assumer la police du désert. Je me méfie des Shasou, des Amalécites et des Ismaéliens.

Le roi lui fit savoir ensuite que dès son arrivée à Memphis, il enverrait des hérauts dans la grande ville du Sud pour ordonner à Didoumès d'accourir afin de lui prêter serment d'allégeance et lui remettre un premier lourd tribut.

— Il te reviendra, poursuivit Shareq, de rentrer avec lui à la tête d'une bonne troupe pour imposer jusqu'à l'île de l'Eléphant le nom de ton roi et seigneur. Tu t'installeras ensuite dans la ville du Sceptre, afin d'assumer la fonction de commandant militaire de la Haute Égypte, ce qui te permettra de t'assurer en permanence de la fidélité de ce Didoumès.

Et comme s'il prévoyait l'objection de Khéty, il précisa, en guise de clin d'œil :

— Maintenant, si ce Didoumès te déplaît et si tu as gardé contre lui une rancune pour t'avoir dénoncé auprès de moi, il te revient de trouver un prétexte afin de l'évincer de son trône et d'y placer la personne de ton choix. Je te donne tout pouvoir et je te fais confiance.

— Pour ne rien te cacher, mon roi, lui avoua Khéty, je n'ai pas d'animosité contre ce Didoumès. Mais si, au lieu de venir devant toi faire acte de soumission, il refusait d'obtempérer à ton ordre, comme on peut aussi bien le supposer, j'imagine que nous partirions en campagne contre lui.

— Nous ne pourrions faire autrement sans risquer de nous déconsidérer aux yeux de nos guerriers. Si j'ai pris le temps de réunir une si nombreuse armée, de l'équiper et de la préparer, c'est bien dans l'éventualité d'une résistance. Il est vrai que, pour l'instant, cette guerre n'est jamais qu'une parade militaire : on sait qu'il peut suffire de montrer sa force pour parfois vaincre sans combat. Mais nous ignorons ce que les dieux, et surtout nos adversaires, nous réservent. Pour le moment, nous ne sommes qu'aux portes de Misraïm. Je ne pense pas que Yaqebher ait à beaucoup combattre avant de s'emparer du Bas Pays, mais il n'en ira peut-être pas de même si ce Didoumès s'avisait de nous résister. Enfin, au cas où Didoumès refuserait de s'incliner devant nous, je doute qu'il ose de lui-même passer à l'offensive. Dans cette éventualité, nous attendrons que Yaqebher rentre victorieux de sa campagne : avec toutes nos forces réunies, je ne pense pas que l'armée de la ville du Sceptre puisse longtemps nous résister.

— J'ai même la conviction que nous n'aurons pas besoin de l'armée de Yaqebher pour vaincre Didoumès. Il te suffira de me confier seulement les hommes que j'ai commandés et qui ont formé l'arrière-garde, avec la charrerie, et je me fais fort de conquérir en ton nom tout le reste de la vallée jusqu'à la première cataracte, voire au-delà.

— Voilà une résolution qui me plaît, conclut le roi, au grand soulagement de Khéty qui ne voulait surtout pas que Yaqebher puisse renforcer son pouvoir et son prestige dans l'hypothèse où, victorieux au nord, il lui serait confié le commandement de la campagne vers le sud.

— Seigneur, lui rappela Khéty, n'oublie pas que ma connaissance du Sud et des forces réelles du roi qui règne dans la ville du Sceptre nous est d'un grand avantage, que tu me permettras d'exploiter pour ta plus grande gloire.

— Eh ! Mon fils, je ne l'oublie pas, et c'est bien pour cela que, quoi qu'il arrive, je te confierai le commandement de notre marche vers le sud. Finalement, il me semble même qu'il serait préférable pour le prince héritier ou, dans tous les cas, pour le père du prince héritier, d'être gouverneur du sud de Misraïm, entre Memphis et la cataracte, plutôt que gouverneur d'Avaris.

— Certainement, mon roi.

Deux jours plus tard, afin de ne pas laisser aux nomarques du Nord le temps de se ressaisir, Yaqebher fit mouvement à la tête de l'armée que lui avait confié le roi, tandis que ce dernier, commandant le reste de l'armée, se mettait en route pour Memphis.

29

Le départ du roi vers le sud et de Yaqebher vers le nord-ouest avait libéré Khéty d'un certain nombre de contraintes. Ce à quoi il n'avait guère prêté attention, c'est que Yaqebher avait laissé à Avaris Akirum, qu'il avait réussi à faire intégrer au corps destiné à demeurer en cantonnement dans la ville, à la tête d'un escadron d'une centaine de guerriers. Des guerriers qui tous appartenaient à la tribu dont Yaqebher était le chef.

— Ce sont tous des pasteurs qui ont vécu à la lisière du désert, dans la région de Beersheba, avait rappelé Yaqebher à Shareq. Ils paraissent tout désignés à ton serviteur pour assumer la police du désert.

Ainsi le roi avait-il été facilement persuadé d'accorder à Akirum le commandement d'un si faible corps de guerriers. Ce qu'aussi bien le roi que son fils adoptif ne soupçonnaient pas, c'est qu'Akirum avait reçu ordre de surveiller de près Khéty et, si jamais l'occasion s'en présentait, évidemment sans courir le moindre risque, il avait toute latitude pour prendre l'initiative de débarrasser son maître de celui que ce dernier regardait comme son seul rival.

La première chose qu'entreprit donc Khéty fut de se rendre dans l'ancien quartier égyptien, avec l'espoir d'y retrouver Sahathor, l'agent secret des maîtres du Château du serpent. Afin de ne pas effrayer les Égyptiens qui y résidaient encore et se faire aisément reconnaître, il avait seulement ceint ses reins du court pagne populaire qui avait été si longtemps son seul vêtement, et il avait quitté le palais sans se faire remarquer, par une porte dérobée, tout en ayant eu la prudence de jeter sur son dos sa longue épée de fer, glissée dans son fourreau en bois dur inséré dans une gaine en cuir.

Cependant, alors que Khéty, ainsi équipé, quittait ses appartements, il avait croisé Yawa, qui s'en était étonné :

— Seigneur, j'ose demander à mon ami où il se rend ainsi armé comme un Hittite et vêtu comme un Égyptien.

— Je vais dans le quartier ouest de la ville, le quartier égyptien, où je veux rendre visite à des gens de ma connaissance.

— Tu ne peux ainsi aller seul, sans escorte par les rues de la ville ! Oublies-tu que tu es le gouverneur de ce nome et le fils de notre seigneur le roi ?

— C'est parce que je dois l'oublier que je me suis habillé ainsi, car je préfère ne pas être reconnu.

— L'autre jour, alors que je m'apprêtais à sortir dans les rues ainsi vêtu du pagne de mon île, un garde, non pas un Hyksos mais un Aamou préposé depuis déjà quelque temps à la garnison de ce palais, m'a déconseillé de sortir ainsi vêtu : il m'a dit qu'on pouvait me confondre avec un Égyptien et que je risquais de me faire agresser. C'est pourquoi je me suis résolu à revêtir une tunique cananéenne.

— Je peux comprendre tes craintes, lui répondit Khéty, mais vois cette bonne épée : celui qui oserait m'assaillir ou même m'insulter connaîtrait le tranchant du nouveau métal dans lequel a été forgée cette arme.

Khéty se retrouva dans les rues brûlées par le soleil, qui brillait haut dans le ciel. Elles étaient à peu près désertes, et les quelques personnes qu'il croisa, des femmes pour la plupart d'entre elles, ne lui prêtèrent guère d'attention ou, en tout cas, ne lui cherchèrent pas querelle. Prudemment, avant de frapper à l'huis de la demeure de Sahathor, il s'assura que personne ne l'avait aperçu.

Le serviteur qui vint lui ouvrir la porte reconnut en lui l'ancien officier de l'armée de Sa Majesté assise sur le trône d'Horus, de sorte qu'il l'invita à se hâter d'entrer.

— Mon maître le seigneur Sahathor est bien ici, pour toi... Car voilà près de deux inondations qu'il vit retiré au fond de cette demeure sans jamais en sortir.

— Pourquoi, s'inquiéta Khéty, vit-il ainsi caché ?

— Il faut que tu saches, lui apprit alors le serviteur, que depuis que tu as éliminé Renséneb, la situation des Égyptiens n'a fait qu'empirer. Les Aamou sont devenus plus arrogants que jamais, et n'ont trouvé grâce à leurs yeux que ceux qui ont accepté de se vêtir comme eux, d'abandonner leurs coutumes ancestrales et d'adopter les lois, les mœurs et les dieux des Aamou. Ceux qui, comme toi tel que je te vois, ont continué de porter le pagne de chez nous, ont dans un premier temps dû subir les quolibets des Aamou, et même de voisins convertis aux nouvelles lois. Ceux-ci espèrent, en faisant du zèle, être bien vus des Aamou, qui néanmoins les méprisent au fond d'eux-mêmes. Finalement, les plus irréductibles, comme les gens de cette maison, ont été non seulement injuriés, mais souvent assaillis à coups de pierres. Je suis le seul à encore oser me hasarder dans la rue pour me rendre au marché, mais j'ai dû me résoudre à revêtir la robe bariolée propre aux Aamou, pour ne pas risquer de me faire tuer. Toi-même, tu prends de grands risques en paraissant ainsi vêtu dans cette ville.

Tout en parlant ainsi, le serviteur introduisit Khéty auprès de Sahathor, qui se tenait dans une arrière-cour de sa demeure, à l'ombre d'une treille, en compagnie de sa femme et de sa famille.

— Khéty, mon ami ! s'exclama l'Égyptien en le voyant surgir si soudainement. Quelle folie te conduit à reparaître dans cette ville où tu es condamné à mort par ce Zérach, qui fait ici la loi !

Cette exclamation permit à Khéty de comprendre que les gens de cette maison, dans laquelle ils restaient cloîtrés, ne savaient visiblement pas que leur visiteur était aussi le fils adoptif du roi des Hyksos et le nouveau gouverneur de la ville. Il jugea inutile de leur faire savoir la vérité, afin de ne pas éveiller chez eux une quelconque défiance, qui eût été bien injustifiée.

— Ne te fais pas de souci pour moi, se contenta-t-il de répondre à son hôte après l'avoir salué à la manière égyptienne.

— Pardonne-moi, Khéty mon ami, car je me fais, il est vrai, du souci pour toi, mais aussi pour nous. Si l'un de ces cafards t'a vu frapper à la porte de ma demeure et s'il t'a reconnu, moi-même et ma famille, nous courons de grands risques.

— Je puis t'assurer que nul ne m'a vu entrer chez toi, et je saurai en ressortir sans être vu.

— Je l'espère car désormais ne règne plus que la dénonciation ! Chacun épie l'autre, chacun fait du zèle pour dénoncer autrui, afin de se montrer un vrai Aamou, plus encore qu'on ne le demande… Mais apprends-moi donc ce que tu es devenu et pourquoi reviens-tu parmi nous ? Serais-tu envoyé par les gens du temple ? Par le seigneur Khentekéchou lui-même ?

— Sache que je n'ai pas remis les pieds dans le Château du serpent depuis plus de deux années.

— La dernière fois que nous t'avons vu, tu étais avec ton ami Nebkaourê et tu venais demander justice à Renséneb, le gouverneur renégat que tu as mis à mort ! Un geste que je comprends, mais qui a eu de terribles conséquences, puisque les Aamou en ont profité pour s'emparer réellement du pouvoir dans cette ville et nous persécuter, diviser les familles, nous obliger à trahir nos convictions et le legs de nos ancêtres… Même s'il était devenu un flagorneur des Aamou, Renséneb restait un

Égyptien et il cherchait malgré tout à nous protéger. Dès sa disparition, nous avons été placés devant l'alternative de nous exiler, en abandonnant tous nos biens et nos maisons, ou de nous convertir à des mœurs que nous avons en abomination. Rares sont ceux qui ont osé refuser de choisir entre ces deux issues et qui, comme moi, ont voulu rester tout en conservant leurs traditions ancestrales. Mais au risque de notre vie, en acceptant de vivre toujours cachés, à l'abri d'autrui ! Vois : tous les regards sont devenus hostiles ou, pour le moins, égarés par la peur.

— Sahathor, je rentre dans la Terre chérie après deux ans d'absence. Si je viens devant toi, c'est pour apprendre de ta bouche les nouvelles des gens que nous connaissons et avant tout des prêtres du Château du serpent.

— Je ne peux t'en donner, des nouvelles récentes : il nous est impossible de correspondre avec l'extérieur sans encourir de grands risques. Le dernier messager du temple qui est venu jusqu'à nous est arrivé bien avant la dernière inondation, et il a été massacré alors qu'il s'apprêtait à quitter la ville. Heureusement, personne n'a vu qu'il sortait de ma demeure ! Il avait eu l'imprudence de porter le pagne égyptien. Il a été interpellé et, comme personne ne le reconnaissait, car maintenant tous les Égyptiens de la ville sont connus des Aamou, on a crié qu'il était un espion et il a été lapidé. Tu vois pourquoi je crains pour toi, et aussi pour nous.

— Je le comprends, acquiesça Khéty, déjà décidé à faire changer les choses. Mais parle-moi alors de ce Zérach, puisque tu m'assures qu'il s'est en quelque sorte proclamé gouverneur de cette ville.

— Je ne saurais t'en parler longuement. Ce que tout le monde raconte, c'est qu'il a réussi à dresser les Aamou contre les gens de chez nous. Pris de peur, comme je te l'ai appris, la plupart des Égyptiens de cette ville se sont en hâte transformés en Aamou.

Je peux te dire qu'il s'est érigé en juge et qu'il a fait condamner à mort bien des pauvres gens assez fous pour s'opposer à ses décisions et qui prétendaient conserver les mœurs de nos ancêtres. C'est parce que nous avons vécu ici cachés et que nous avons gardé le silence qu'il ne nous a pas cherché querelle.

Comme Khéty faisait mine de se retirer, Sahathor ajouta :

— Je t'en prie, attends la nuit pour sortir d'ici. Lorsque tu es venu, tout à l'heure, chacun était chez soi, laissant passer la grosse chaleur du milieu du jour, mais maintenant les rues se raniment et l'on risque de te voir sortir de chez moi : ce serait dangereux autant pour toi que pour nous. Reste près de nous, on va te servir du vin ou de la bière, selon tes désirs.

Khéty accepta l'invitation afin de ne pas contrarier son hôte.

Ce que Khéty ignorait, c'est que Yawa n'avait pas été le seul à voir Khéty qui s'apprêtait à sortir. Akirum, lorsqu'il ne le surveillait pas personnellement, le faisait épier par l'un ou l'autre de ses complices discrets ; il apprit son départ et le fit suivre par deux de ses sbires. Au moment où Khéty entra dans la demeure de Sahathor, l'un resta pour faire le guet, tandis que l'autre courait aviser son maître. Ce dernier, qui avait pris le temps de fouiner dans la vie de Khéty, avait appris que Zérach était son ennemi personnel. Il savait aussi le pouvoir que s'était attribué ce dernier, pouvoir qui lui avait été retiré dès l'arrivée des Hyksos. Aussi se hâta-t-il de se rendre dans sa demeure :

— Vois, lui dit-il sans autre préambule, car il avait déjà pris contact en lui faisant savoir que Khéty avait aussi des ennemis dans le camp des Hyksos, et qu'ils pourraient unir leurs haines afin de former une conjuration, ce Khéty a ceint le pagne égyptien pour se rendre chez un indigène de la ville, dans le quartier égyptien. Tu as suffisamment d'autorité chez les Aamou pour attiser leur colère et les lancer contre cette demeure, afin d'y réclamer cet homme en le faisant passer pour un espion envoyé par le roi du Sud.

Zérach ne manqua pas de saisir une pareille occasion. Ainsi, alors que Khéty conversait avec ses hôtes dans l'ombre de la vigne où le raisin gonflé de sève pendait en lourdes grappes, on frappa à la porte de la maison, tandis qu'on percevait déjà une sourde rumeur en provenance de la rue. Le serviteur eut la prudence de ne pas ouvrir ; il monta sur le toit en terrasse qui donnait sur la rue, où il put voir que s'était rassemblée une foule menaçante. En l'apercevant, le meneur, un Aamou partisan de Zérach, qui lui-même avait pris soin de rester caché, lui cria :

— Il y a ici un espion, un Égyptien envoyé par l'usurpateur qui trône dans la grande ville du Sud ! Il est entré dans cette maison : qu'on nous le livre sans plus tarder !

— Je ne sais de qui tu parles, lui répondit le serviteur.

— Cours chercher ton maître, ce vil Sahathor, l'ennemi de notre dieu Southek ! Qu'il vienne devant nous et qu'il nie cette vérité, s'il le peut.

Le serviteur se dépêcha d'avertir son maître de ce qui arrivait.

— Que la déesse Sekhmet nous protège ! s'exclama Sahathor d'un ton horrifié. Je connais trop bien ces hommes ! Si je ne me présente pas à eux, si je n'ouvre pas ma porte, ils vont la défoncer, ils envahiront la maison et ils nous massacreront tous. Ils n'attendaient qu'un pareil prétexte pour mettre à exécution le pillage dont ils rêvaient depuis longtemps, avant même le jour où tu as pris la fuite avec tes compagnons, Khéty ! Mais alors, vous étiez nombreux, et il n'y avait que peu d'énergumènes prêts à vous massacrer. Tandis que je n'ai ici qu'une poignée de serviteurs, et ce ne sont pas des guerriers !

Les coups contre la porte devenaient si puissants qu'il parut évident que les assaillants avaient trouvé un bélier pour la défoncer.

— Nous allons tenter de fuir par la porte de derrière, suggéra Sahathor.

— La maison est entièrement cernée, lui fit savoir le serviteur, qui avait fait le tour des terrasses servant de toit et avait pu se rendre compte de la triste réalité.

Sahathor se décida à aller ouvrir, suivi de près par Khéty, dans l'espoir qu'il parviendrait à apaiser la fureur des assaillants. Il reconnut parmi la foule qui avait formé un arc de cercle devant la porte, quelques-uns de ses anciens voisins, passés du côté des Aamou.

C'est à eux qu'il songea à s'adresser en premier :

— Quoi ! s'exclama-t-il, que voulez-vous ? Vous me connaissez...

Il eut la parole coupée par un homme, un affidé de Zérach, qui lui cria :

— Livre-nous l'homme qui est entré chez toi, si tu ne veux pas qu'on incendie ta maison et qu'on massacre ta famille.

— Je ne le peux, c'est un hôte, et vous savez que, chez nous, un hôte est sacré.

— C'est un espion... Vois, il porte le pagne égyptien et il n'est pas de cette ville !

Aussitôt, les premières pierres jaillirent dans la direction de Sahathor, qui se protégea avec son bras.

Mais derrière lui, Khéty bouillait trop de colère pour continuer de s'interdire de parler. Il avait aperçu, suspendu à un mur, un haut bouclier égyptien dont il s'empara avant de sortir.

Aussitôt, l'homme qui l'avait réclamé le désigna en criant :

— Le voilà, voilà l'espion ! Tuez-le !

Il n'en put dire plus : déjà, Khéty avait dégainé sa redoutable épée et, d'un seul tournoiement, il lui ouvrit la gorge. L'homme était loin de s'attendre à une si foudroyante riposte... Ensuite, il chargea la foule avec intrépidité, toujours faisant danser l'épée qui chaque fois perçait une poitrine, coupait un poignet, zébrait un visage. Quelques assaillants plus déterminés que les autres et qui s'étaient saisis de pierres tentèrent bien de lui lancer leurs projectiles, mais il parait les chocs avec son bouclier et, bondissant comme une panthère du Yarden, il frappait à mort chacun des audacieux.

L'un des meneurs réussit à rassembler les Aamou, qui commençaient déjà à se disperser. Puis arrivèrent en renfort de nouveaux forcenés, appelés par des agents de Zérach. Et tous s'encouragèrent à charger celui qu'ils appelaient l'Égyptien et à mettre à sac la demeure de ce suppôt d'Osiris, de ce serviteur d'Horus qu'était Sahathor.

Malgré ses prouesses, sans doute Khéty aurait-il succombé à tant d'assauts si, soudainement, on n'avait perçu des hennissements de chevaux, des cris et des claquements de fouet. Avec une joyeuse stupeur, Khéty vit apparaître sur son char Asnath, dont le fouet sifflait de tous côtés, cinglant à droite, cinglant à gauche. Et derrière elle venaient en retrait une douzaine de chars, montés par les compagnons et quelques officiers de Khéty, suivis par une troupe d'une centaine de guerriers de la garde du prince héritier.

Aussitôt la foule commença à se débander. Le char d'Asnath passant à proximité, Khéty sauta derrière la jeune femme, après avoir percé de part en part les reins d'un énergumène qui avait osé tenter de se saisir de la princesse.

— Vraiment Khéty, lui dit Asnath en le sentant derrière elle, mais sans se retourner, car elle tenait les rênes d'une main et continuait de manier le fouet de l'autre, je vois qu'à chacune de nos nouvelles rencontres je dois intervenir pour te sauver la vie.

— C'est parce que tu es ma vie elle-même, lui répondit-il en l'enlaçant.

Il ne s'attarda toutefois pas en mièvreries et, en voyant Zilpa sur l'un des chars, il lui cria :

— Je veux qu'on capture tous ces hommes qui ont osé tenter d'assassiner le fils adoptif du roi Shareq et qui ont même eu l'audace de chercher à frapper sa fille, la princesse Asnath. Et surtout, saisissez-vous en premier lieu des meneurs. Qu'on les enferme dans les prisons du palais et qu'on les conduise devant mon tribunal dès demain, afin qu'ils répondent de leur crime.

Lorsque courut ainsi le vrai nom du prétendu espion qu'on avait assailli, les pierres tombèrent des mains, et chacun tenta de prendre la fuite.

— Quoi ! qu'ai-je entendu ! s'exclama Sahathor. Toi, Khéty, tu es aussi le fils du roi des Hyksos !

— Exactement. Et incline-toi devant la princesse Asnath, mon épouse, l'héritière du trône des Pasteurs.

Sahathor fut le premier à tomber le front dans la poussière, imité par tous ceux qui se trouvaient dans la rue et qui, quelques instants plus tôt, avaient tenté de lapider celui qu'ils avaient appelé, à la suite des meneurs, « l'espion du Sud », « ce chien d'Égyptien ».

Khéty sauta au bas du char et, relevant Sahathor, il lui dit :

— Je suis bien le gouverneur de cette ville. Et en tant que tel, je te dis qu'à partir de ce moment tu pourras sortir dans la rue sans plus de crainte. Tout Aamou qui osera injurier ou agresser un Égyptien devra en rendre compte devant mon tribunal.

30

Comme Khéty s'étonnait auprès d'Asnath, mais aussi admirait et se réjouissait de voir ainsi surgir, à un moment si opportun, son épouse bien-aimée, alors que le messager envoyé vers elle à Megiddo par son père était parti depuis à peine quelques jours, elle lui répondit avec un sourire charmeur :

— Mon Khéty, j'incline à croire que tu connais encore bien mal ton épouse ! Comment peux-tu imaginer que j'aurais pu attendre paisiblement le signal de mon père pour venir te retrouver ? Je m'étonne moi-même d'avoir manifesté autant de patience, et même de m'être montrée si obéissante aux ordres de mon royal père. Il n'y avait pas dix jours que tu étais parti avec nos guerriers que, déjà, je commençais à avoir des regrets. Et il n'a pas fallu beaucoup plus de temps pour que je perde complètement patience. Aussi ai-je attelé moi-même mon char et me suis-je mise en route, seule, sans escorte, et surtout sans en avertir le capitaine de mes gardes, qui se serait opposé à tout départ sans l'aval de mon père. C'est ainsi que j'ai croisé le messager royal avant même qu'il ne parvienne à Gaza. Me servant ensuite comme de gîtes des forts établis le long de la route par les soins des généraux de mon père, j'ai parcouru cette route en toute sécurité. Et voilà qu'en parvenant au palais de cette ville, j'ai trouvé tout le monde en émoi et Yawa qui criait que des traîtres, des gens de cette ville, étaient en train de tenter d'assassiner le prince héritier. Tu comprends qu'aussitôt j'ai fait tourner mes chevaux et je l'ai suivi vers la rue où l'on tentait de te faire un mauvais parti.

De son côté, Yawa avait avoué à Khéty que, en le voyant quitter en secret le palais, il l'avait discrètement suivi, craignant pour sa vie, et non à tort. Dès qu'il avait vu la foule se rassembler devant la maison, il s'était hâté d'aller chercher du secours au palais, ce dont Khéty lui fut profondément reconnaissant.

Comme l'avait exigé Khéty, le lendemain matin, les manifestants qui avaient pu être appréhendés comparurent devant son tribunal. Chacun se défendit en affirmant qu'on leur avait dit qu'un espion, un ennemi des Hyksos, s'était introduit dans telle maison, et ils dirent avoir été entraînés par l'homme que Khéty lui-même avait tué d'un coup d'épée.

— Il ne vous revient pas de faire vous-mêmes la police, déclara Khéty après avoir entendu chacun des captifs. Le temps est terminé où vous décidiez des affaires de cette ville et de ce qu'il convenait de faire. Désormais sont établies dans ce nome une administration et une police pour faire respecter l'ordre et les droits de chacun. Notre seigneur, le roi mon père, a déclaré devant tous les gens de cette ville que tous ses habitants étaient ses sujets et que nous ne ferions pas de distinction entre les Aamou et les Égyptiens. Chacun a le droit d'adorer les dieux qui lui conviennent, de se vêtir selon ses traditions. Toute personne qui en agressera une autre dans la rue parce qu'elle sera différente, parce qu'elle ne portera pas le même vêtement, sera sévèrement punie. Pour cette fois, je me contente de vous condamner chacun à apporter au palais la valeur d'un âne et de deux moutons... Qu'on libère ces gens après avoir noté leurs noms, afin qu'ils n'oublient pas de payer l'amende à laquelle ils sont condamnés.

Cependant, lorsque la salle d'audience se fut vidée, l'un des coupables, un Aamou, revint furtivement devant Khéty.

— Seigneur, lui dit-il, si je te livrais le nom de l'homme qui nous a incités à nous porter contre toi, sans d'ailleurs que nous sachions qu'il s'agissait de toi, me ferais-tu grâce de l'amende à laquelle tu m'as condamné ?

— Je ne te l'ai pas demandé car je n'aime pas les dénonciations.

— Pourtant, ne crois-tu pas qu'il en va de ta sauvegarde ? Je ne doute pas que cet homme savait qui tu étais en réalité. C'est donc la preuve qu'il voulait ta mort, et qu'il recommencera à te nuire chaque fois que s'en présentera l'occasion. Pour moi, maintenant que je sais que l'homme qu'on nous avait désigné comme un espion, un traître, c'est l'époux de la princesse, le fils adoptif du roi notre seigneur, je dis qu'il est de mon devoir de te révéler quel est l'ennemi qui reste dans l'ombre et qui envoie les autres risquer leur vie pour assouvir sa propre haine.

Khéty ne put s'empêcher de penser qu'il était dans le vrai, que Maât lui inspirait ses paroles, et qu'il était de son devoir de l'entendre.

— Je t'écoute, lui dit-il simplement.

— Cet homme, tu le connais, car tu as tué son fils, nous l'avons tous appris.

— Parles-tu de Zérach ?

— Seigneur, je n'ai prononcé aucun nom.

— Tu peux aller, je te dispense de payer l'amende ; visiblement, au moment où tu es venu m'agresser, tu ne savais pas qui j'étais, et j'accepte ta bonne foi lorsque tu déclares avec les autres que tu me croyais un espion envoyé par Didoumès.

Lorsque l'homme se fut retiré, Khéty sombra dans une longue méditation. Jusqu'à ce jour, bien qu'il eût fait surveiller en permanence la maison de Zérach, jamais la servante n'avait dépassé la place sur laquelle

elle faisait son marché. Quant à Zérach lui-même, il n'avait jamais quitté la maison. Khéty en conclut que Hanoun, sa famille et Amény, son propre fils, devaient s'être réfugiés en une demeure où se trouvait tout ce qu'il leur fallait pour subsister, une demeure située peut-être très loin d'Avaris. Il songea d'abord à faire arrêter Zérach, pour le contraindre à comparaître devant son tribunal et utiliser tous les arguments susceptibles de lui faire révéler où Amény était gardé. Il avait bien des moyens de pression : confisquer ses biens, le garder dans une prison, et même l'enfermer en compagnie d'un serpent de son choix, dont la morsure n'était pas mortelle, mais très douloureuse et susceptible de conduire à une amputation. C'étaient cependant là autant de subterfuges qui répugnaient à sa sensibilité, comme à la morale que lui avait inculquée Mersebek.

Finalement, il se décida à aller trouver Zérach dans sa demeure. Il s'y rendit seul, mais armé de son épée de fer, une arme d'autant plus précieuse à ses yeux qu'il l'entretenait soigneusement lui-même, aiguisant la lame ainsi que le lui avait montré un forgeron hittite.

Maaca, la seule servante que Zérach paraissait avoir gardée auprès de lui, lui ouvrit la porte et, sans lui poser de question, sans chercher à tergiverser, elle obtempéra dès que Khéty lui ordonna de le conduire auprès de son maître.

— Que me vaut l'honneur de la visite de mon gendre et de mon ennemi intime ? lui demanda Zérach, qui se tenait assis sur d'épais coussins, dans le jardin où il l'avait déjà reçu.

Avant que Khéty ne pût lui répondre, il reprit :

— Mais je t'en prie, assieds-toi sur ces coussins... Maaca va nous apporter à boire, selon tes désirs.

— Zérach, permets-moi d'admirer ton sang-froid et ton audace. Cependant, je ne viens pas devant toi pour rivaliser de politesse. Je le sais, c'est toi qui as lancé hier cette foule contre moi, alors que je rendais une visite à un Égyptien de ta connaissance.

— Je le reconnais bien volontiers et accorde-moi que c'est de bonne guerre. Car bien que tu sois mon gendre, tu es aussi mon ennemi juré... et tu rêves de plonger dans ma poitrine cette arme magnifique que je vois suspendue dans ton dos.

— Il est vrai que tu vises juste. Mais, tu dois maintenant le savoir, tu es connu de mes compagnons, qui sont aussi mes gardes. Et dans le cas où il m'arriverait quelque malheur, je crains que tu ne me survives pas longtemps.

— Je t'avoue que je l'ignorais. Aussi, je vais désormais me montrer plus circonspect. Ce qui va me conduire à te révéler quelque chose dont tu ne peux te douter.

— Ah oui ? Et que veux-tu me dire ?

— Personnellement, je ne savais pas que tu te rendais hier chez ce Sahathor. C'est un homme que je ne connais pas, visiblement un homme venant du palais, qui m'a sollicité pour lever des gens contre toi, un homme qui est donc proche de toi, ou qui t'épie car, autrement, comment aurait-il pu savoir où tu te rendais ?

— Je sais que j'ai des ennemis : c'est naturel, lorsque l'on a été choisi par le roi le plus puissant de la terre pour devenir l'époux de sa fille et peut-être lui succéder sur le trône.

— Cet homme que je t'aurais volontiers livré, si je savais qui il était, ne doit pas ignorer qu'il existe un petit différend entre nous. Sans cela, je ne vois pas pourquoi il s'est adressé à moi. Je suppose qu'il s'est intéressé à toi, et par conséquence à moi, au point de se renseigner en détail sur tout ce qui pouvait te concerner.

— Zérach, je te l'avoue, tu me déconcertes. Comment, toi qui finalement souhaites ma mort, peux-tu vouloir me confier tout cela ?

— Peut-être parce que, en fin de compte, je ne suis pas certain de désirer ta mort. Après tout, que je le veuille ou non, tu es mon beau-fils, l'époux de ma fille chérie Iset, même si tu as depuis épousé une autre femme.

— Pourquoi me parles-tu ainsi ? Je ne suis plus ton gendre. Iset est morte, assassinée par ton fils aîné. Mais qu'Osiris lui pardonne, puisque j'ai assumé la vengeance que réclamait l'âme-bâ d'Iset.

— Khéty, il faut alors que tu le saches : l'âme-bâ d'Iset, comme tu dis, ne risquait pas de réclamer cette vengeance. Car son âme est encore attachée à son corps. C'est pourquoi je peux dire que tu es encore mon gendre.

— Je ne te comprends pas !

— C'est pourtant clair.

— Ce qui est clair, c'est que la servante d'Iset l'a vue frappée d'un coup de poignard par ton fils et que nous n'avons retrouvé d'elle qu'une tache de sang. Et puisque nous sommes face à face, consentiras-tu à me dire ce que ce traître de Mermesha a fait de son corps ? La servante nous a affirmé que c'est lui qui l'a emporté.

— Ta servante, affolée, aura mal vu les choses. Dans sa colère, Nahash n'a pas réussi à frapper Iset. En faisant un saut en arrière, elle a évité le coup, mais elle a trébuché et elle est tombée à la renverse, sur la nuque. Le sang qui s'est trouvé répandu au sol a coulé de sa tête, sous le choc.

— Que me dis-tu là ?

— Rien d'autre que ceci : Iset n'est pas morte. Elle est toujours vivante.

Sous le coup d'une telle révélation, Khéty avait bondi.

— Rassieds-toi et reste calme, lui dit Zérach. Tiens, bois une coupe de vin pour te remettre.

D'un geste automatique, Khéty prit la coupe et la vida d'un trait.

— Où est-elle ?

— Je n'en sais rien. Nous l'avons ramenée ici, dans cette demeure, mais nous avons dû alors nous rendre à une terrible réalité : un dieu ennemi lui avait fait perdre la mémoire et la parole. Malgré tous les soins que nous lui avons apportés, avec l'aide de tous les médecins que je connaissais, elle n'a retrouvé ni l'une ni l'autre. Et lorsque l'homme que j'avais choisi comme époux a voulu l'approcher, elle a poussé des cris, sans articuler de mots, comme une bête traquée, et elle a cherché à le griffer. Je ne savais plus que faire d'elle. Or, ce Mermesha en était visiblement amoureux, et comme il me jurait que si je la lui abandonnais, il se ferait fort de rendre vie à sa langue et à sa tête, je me suis décidé à la lui sacrifier.

— C'est lui qui l'a emmenée ?

— C'est lui. Cependant, il est revenu vers nous un mois plus tard, peu après ton passage à Avaris, trois ou quatre jours après que tu eus mis à mort cet hippopotame de Renséneb, un lâche que je méprisais. Tu ne peux imaginer, malgré la colère que j'ai manifestée, le plaisir que tu m'as fait en frappant ce chacal. D'autant plus que j'ai pu profiter de sa disparition pour imposer aux gens de cette ville la loi qui me convenait.

— Et moi, j'ai maintenant le plaisir d'annuler cette loi...

— Je ne l'ignore pas. Ainsi ces gens vont-ils retomber dans leurs vices ! Ils vont s'abandonner à leurs dévergondages sans plus de retenue.

— Garde pour toi ces vitupérations stupides. Et dis-moi ce qu'a bien pu te dire alors cet autre chacal qu'est ce Mermesha.

— Simplement qu'il l'a vendue à un groupe d'Ismaéliens qui se rendaient en Canaan. Ils ont dû la céder là-bas à leur tour, sur je ne sais quel marché...

— Moi, je le sais : sur un marché de Jéricho.

Car, désormais, Khéty ne doutait plus que la danseuse muette de Sodome, Watie, n'était autre qu'Iset. Il ne s'était pas trompé en croyant la reconnaître.

Et, sous le choc d'une telle révélation, il oublia qu'il était venu chez Zérach pour le contraindre à lui révéler où était caché son fils. Il se leva, sans ajouter un mot, et il sortit en chancelant comme un homme ivre.

DU MÊME AUTEUR

(suite)

Essais, ouvrages de synthèse, dictionnaires

Dictionnaire de la civilisation égyptienne, Larousse, 1968. Nouvelle édition revue, mise à jour et augmentée, France Loisirs, 1998.

Dictionnaire de la civilisation grecque, Larousse, 1969. Nouvelle édition revue, mise à jour et augmentée, 1992.

Dictionnaire de l'archéologie, coll. « Bouquins », Robert Laffont, 1983-1994.

Dictionnaire des civilisations de l'Orient ancien, coll. « les Référents », Larousse, 1999.

Archéologie de la Grèce préhistorique, Marabout Université, 1969.

L'Univers de l'archéologie, Marabout Université, 1970.

Préhistoire et Gaule celtique, tome 1 de « Histoire de la France », C.A.L., 1973.

La Gaule romaine, tome 2 de « Histoire de la France », C.A.L., 1973.

La Tragédie grecque, Payot, 1973.

Des mondes disparus, Hachette, 1976.

Guide-Explo de l'archéologie, Hachette, 1978.

Vie et activité des hommes dans l'Antiquité, Hachette, 1981.

Préhistoire et cultures primitives, Céliv, 1983.

L'Archéologie et ses secrets, Nathan, 1983.

Delphes, Robert Laffont, 1984.

La Grèce et Rome, Nathan, 1986.

L'Égypte, coll. « Merveilles du Monde », Nathan, 1986.

L'Égypte mystique et légendaire, Sand, 1987.

Égypte, Sun, 1989.

Tunisie, Sun, 1989.

Voyage en Égypte de David Roberts (choix d'aquarelles et commentaires par G. Rachet), Bibliothèque de l'Image, 1992.

Voyages en Égypte, images, histoires et impressions, Sélection du Reader's Digest, 1992.

Civilisations et archéologie de la Grèce préhellénique, Le Rocher, 1993.

Le Livre des Morts des anciens Égyptiens (Le Papyrus d'Ani, traduction, introduction, commentaires et notes par G. Rachet), Le Rocher, 1996.

La Route du Roi. Le Voyage de Jordanie (en collaboration avec C. Vincent), Le Rocher, 1996.

Le Pèlerinage de Grèce, Le Rocher, 1996.

Le Maroc, Hermé, 1998.

Syrie, Jordanie et Liban, Hermé, 1998.

Les Matins de la France, Bartillat, 1999.

La Grèce, Hermé, 2000.

CHEZ LE MÊME ÉDITEUR

GUY RACHET

LE SEIGNEUR DES SERPENTS
LES LARMES D'ISIS *

Fils d'un paysan pauvre des rives du Fayoum – la « grande mer » intérieure qu'alimente le Nil nourricier –, Khéty n'a pas seize ans lorsque son grand-pèrc Djédethotep le présente au temple de Sobek, le dieu crocodile, dont le prêtre Mersebek fera l'éducation théologique et sentimentale.

C'est pour apporter des offrandes que Djédethotep est monté jusqu'en ce lieu. Ses cobras et ses aspics, le vieux dresseur les réserve pour le don mensuel au temple d'Amenemhat. Quant à l'emploi auquel ces reptiles sont destinés, nul ne le sait. Ni pourquoi cette forteresse, dont la masse domine la vallée, est appelée Château du serpent. On raconte que même les prêtres initiés se perdent dans son dédale...

Une inconnue à la troublante beauté, Iset, surgie des marais où Khéty chassait les passereaux, va conduire malgré lui le jeune homme à percer ce mystère. Car deux fils de la tribu des Aamou, dont les coutumes gagnent sur celles de la sage Égypte, ont juré la perte d'Iset, qui a osé braver la loi de leur dieu pour se marier avec un fils de Rê. Pour la protéger et se sauver lui-même, Khéty devra mettre en œuvre les secrets transmis par son aïeul, qui l'ont rendu insensible à la morsure des cobras et capable de leur commander. Le destin de l'Égypte déclinante, soumise aux poussées conquérantes des peuples asiatiques, reposerait-il entre les mains d'un simple « maître des serpents » ?

ISBN 2-84187-834-1 / H 50-3198-4 / 312 pages / 19,95 €

Gerald Messadié

L'ŒIL DE NÉFERTITI

ORAGES SUR LE NIL *

Sur la terrasse d'été du palais des Princesses, une jeune fille de sang royal se penche au parapet. Gouverneurs provinciaux, scribes de rangs divers, propriétaires terriens arrivés par le Grand Fleuve, chefs de garnisons accourus à bride abattue... Jamais elle n'a vu tant de monde dans les rues de la nouvelle capitale. Tous sont venus présenter leurs hommages à la dépouille de son père, le roi Akhen-Aton. Il y a même des prêtres de Thèbes et de Memphis. Leurs dieux, pourtant, avaient été rejetés à l'unique bénéfice d'Aton, le Disque solaire...

Qui succédera au souverain sacrilège ? Car ce roi étrange ne laisse aucun descendant mâle. Le jeune régent Semenkherê, son demi-frère et favori, sera-t-il en mesure de relever l'autorité de la couronne ? Houmose et Néfertep, chefs de l'ancien culte, accepteront-ils d'honorer plus longtemps un dieu qu'ils ne reconnaissent pas ? Aÿ, oncle du défunt, laissera-t-il fuir le pouvoir hors de son clan ? Le brutal général Horemheb sera-t-il tenté d'user de la force ?

À la cour, chacun redoute un coup d'État. Lorsque se produit l'invraisemblable : la reine Néfertiti, dont la beauté n'a d'égale que son œil maléfique, s'empare du trône auquel elle n'a nul droit. Affront inouï, que seule une fiole de poison pourrait laver...

Dépossédé de son empire, ses provinces abandonnées au pillage et à la corruption, ses finances asséchées, le royaume d'Égypte est au bord de l'explosion.

« S'appuyant sur des faits historiques établis et des preuves archéologiques négligées, Gerald Messadié démasque la vérité sous la légende dorée, et retrace l'histoire d'une fronde qui faillit gagner jusqu'au petit peuple de l'Égypte ancienne, ici restituée comme elle l'a rarement été. »

La République du Centre

ISBN 2-84187-556-3 / H 50-2870-9 / 396 pages / 19,95 €

Gerald Messadié

LES MASQUES DE TOUTANKHAMON

ORAGES SUR LE NIL **

Tel le dieu Toth, les ibis blancs saluent le lever du soleil sur le Nil. Rien ne laisse supposer le drame de la nuit. Pharaon est mort.

Aussitôt, la succession s'organise, réveillant d'anciennes rivalités. Nombreux sont ceux qui rêvent de conquérir le trône. Tout-Ankh-Amon, dernier fils d'Aménothep le Troisième, n'a pas dix ans lorsqu'il se retrouve propulsé à la tête d'un empire menacé de dislocation. Son couronnement résulte d'une suite d'intrigues entre les clergés, l'armée et le terrible Aÿ, grand seigneur de province et père de la défunte reine Néfertiti.

L'autorité royale rétablie, le pays devrait retrouver l'harmonie. Mais les luttes de pouvoir reprennent. Et les ambassadeurs étrangers s'inquiètent de voir le royaume des Deux Terres, autrefois si puissant, aux mains de ce garçonnet chétif qui semble à peine tenir sur ses jambes. Est-ce l'image que l'on entend donner d'un dieu vivant ? La jeunesse et la fragilité de Tout-Ankh-Amon font de lui une proie facile pour ceux qui convoitent sa couronne. Néanmoins, l'enfant-roi a des ressources insoupçonnées : il fait preuve d'une étonnante maturité en rétablissant l'ancien culte d'Amon. Or, voici que, saisi d'un délire mystique, il entreprend de faire ériger dans tout le pays des statues de dieux à son image. Un acte sacrilège ! La reine Ankhensep-Amon est son unique alliée, mais elle est à peine plus âgée que lui. Elle a vu mourir ses parents et l'une de ses sœurs et sait que compte au-dessus de tout la stabilité du royaume. Qu'adviendrait-il si le nouveau Pharaon venait à disparaître ?

« Gerald Messadié restaure dans sa vérité la vie de Tout-Ankh-Amon, mort à 19 ans, voici près de trente-cinq siècles. S'appuyant sur des fouilles archéologiques négligées, il dévoile un détail troublant : l'un des masques mortuaires retrouvés du roi n'est pas le sien mais celui de son prédécesseur. Comment s'est faite la substitution ? »

Libération Champagne

ISBN 2-84187-564-4 / H 50-2878-2 / 374 pages / 19,95 €

Gerald Messadié

LE TRIOMPHE DE SETH

ORAGES SUR LE NIL ***

Veuve du pharaon Tout-Ankh-Amon, la princesse Ankhensep-Amon devient reine pour la seconde fois : elle épouse son propre grand-père, le seigneur Aÿ, de trente-cinq ans son aîné. Elle sait que le royaume d'Égypte, affaibli par de nombreux règnes successifs, a besoin d'un homme fort à sa tête. Mais si le nouveau roi, non content d'avoir causé la mort de ses prédécesseurs, avait précipité celle de l'amant qu'elle chérissait entre tous ?

Le mythe du dieu Seth, meurtrier et sauveur du monde, est accompli. Car c'est bien un assassin qui occupe le trône.

Ainsi, après tant d'années de convoitise, le vieil Aÿ conquiert enfin l'objet de ses désirs : la couronne des Deux Terres. Mais il doit faire face aux ambitions de son éternel rival, le général Horemheb, soutenu par une grande partie de l'armée. De plus, la lignée royale ne compte aucun héritier mâle ; le pays le sait et s'agite.

Bientôt, Ankhensep-Amon a-t-elle d'autre choix que d'écrire au roi hittite Souppilouliоumas une lettre des plus pathétiques, le suppliant de ne pas laisser s'éteindre avec elle la dynastie des Thoutmosides ?

« Le dernier volet d'une trilogie qui tient à la fois du thriller et du roman historique. »
Ouest France

ISBN 2-84187-565-2 / H 50-2879-0 / 374 pages / 19,95 €

Ouvrage a été composé
par Atlant' Communication
aux Sables-d'Olonne (Vendée)

Impression réalisée sur CAMERON par

BRODARD & TAUPIN
GROUPE CPI

La Flèche (Sarthe)
en septembre 2006
pour le compte des Éditions de l'Archipel
département éditorial
de la S.A.R.L. Écriture-Communication

Imprimé en France
N° d'édition : 945 – N° d'impression : 37202
Dépôt légal : octobre 2006